Desarrollo de aplicaciones móviles para Android con Kodular

Desarrollo de aplicaciones móviles para Android con Kodular

Axel Daniel Saldívar Zaldivar

Daniel Zaldivar Navarro

Erik Cuevas Jiménez

Marco A. Pérez Cisneros

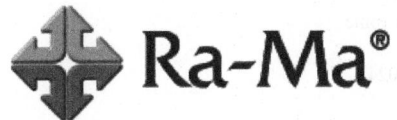

La ley prohíbe
fotocopiar este libro

Desarrollo de aplicaciones móviles para Android con Kodular
Thema: UGB Gráficos y diseño web
Bisac: COM060180
© Axel Daniel Saldívar Zaldivar, Daniel Zaldivar Navarro, Erik Cuevas Jiménez, Marco A. Pérez Cisneros
© De la edición: Ra-Ma 2024

Editado por:
RA-MA Editorial
Calle Jarama, 3A, Polígono Industrial Igarsa
28860 PARACUELLOS DE JARAMA, Madrid
Teléfono: 91 658 42 80
Fax: 91 662 81 39
Correo electrónico: *info@grupoeditorialrama.com*
Internet: *www.ra-ma.es* y *www.ra-ma.com*
ISBN impreso: 978-84-10181-08-3
ISBN ePub: 978-84-1018-109-0
Depósito legal: M-2144-2024
Maquetación: Antonio García Tomé
Diseño de portada: Antonio García Tomé
Filmación e impresión: Safekat
Impreso en España en febrero de 2024

ÍNDICE

PRÓLOGO

¡Por favor, lee toda la introducción para que no tengas problemas ni confusiones en un futuro!

Este libro te enseñará a **desarrollar aplicaciones móviles**, robustas, completas, visualmente atractivas, que puedan intercambiar información con un servidor web y sobre todo que sean completamente funcionales y eficientes; para el sistema operativo que actualmente domina el mercado de los dispositivos móviles, así es, hablamos de **¡Android!** Y lo haremos de forma muy sencilla, dinámica y lo mejor **¡Sin saber nada de programación**[1]**!** Y no solo eso, también aprenderemos a crear **MockUp** o prototipos de diseño, con el fin de darles la mejor apariencia posible a nuestras aplicaciones.

---

1 Veremos nada más un poquito de HTML y PHP, porque es necesario para agregarle funcionalidades en red a nuestras aplicaciones. Pero ya lo veremos con detalle en el desarrollo de los proyectos, además, te prometo que no será tan difícil.

Las explicaciones serán bastante sencillas y estaremos trabajando directamente sobre 3 proyectos para que todos los conceptos y definiciones que se van a tratar queden claros como el agua. De esto se habla con detalle en el apartado ¿qué aprenderemos en este libro?

¿PARÁ QUIÉN VA DIRIGIDO ESTE LIBRO?

Este texto va dirigido para cualquier persona que desee aprender a desarrollar aplicaciones móviles para dispositivos Android de forma rápida y sencilla, ya sea, para uso personal o para su trabajo o compañía; que sean atractivas visualmente, que sean fáciles de utilizar y sobre todo que sean lo más eficientes posibles, así como, que puedan comunicarse con un servidor web que les permita intercambiar información con otros usuarios, en donde quiera que estos se encuentren.

¿QUÉ APRENDEREMOS EN ESTE LIBRO?

En este libro vamos a desarrollar 3 proyectos.

- Una aplicación de juego tres en raya (gato).
- Una aplicación de quiz de banderas del mundo.
- Una mini red social.

El objetivo es que aprendas a utilizar el entorno de desarrollo Kodular y que seas capaz de crear aplicaciones móviles robustas y de calidad, implementando las herramientas necesarias según el tipo de aplicación que se busque desarrollar. En este caso, realizaremos una aplicación que trabajará con información de forma local, es decir, en el dispositivo móvil y otras dos con información almacenada en la web, a la cual se puede acceder desde cualquier parte del mundo.

Como ya lo mencionábamos, también aprenderemos a diseñar Mokups, es decir, aprenderemos a crear y esbozar prototipos del proyecto que se quiere implementar, los cuales tienen por objetivo dejar bien establecidos los elementos de la interfaz gráfica y las funciones de cada pantalla, de esta manera, se evita gastar tiempo y esfuerzo en la implementación corrigiendo detalles que, por no estar bien planeada, la aplicación no luce como queríamos o incluso no funciona como teníamos pensado en un inicio.

También busco que desarrolles la habilidad del pensamiento lógico, puesto que la programación en cualquiera de sus formas (es decir, aunque no trabajemos con líneas de código como tal) requiere de mucho procesamiento lógico-matemático por parte del desarrollador, el cual, le permitirá plantear, razonar y analizar de mejor manera los problemas a los que se les quiere dar solución, así como el camino que se debe seguir para lograr la obtención de esa solución y el ser capaz de dar solución a los obstáculos que se presenten en el trayecto.

¿CÓMO TRABAJAR CON ESTE LIBRO?

Primero que nada, las instrucciones para descargar el contenido vienen en el último apartado del libro llamado **Material adicional**.

Una vez obtenido y descomprimido el archivo *ZIP* encontrarás 6 carpetas, que se corresponden con los primeros 6 capítulos del libro.

Dentro de la carpeta del capítulo 1, encontrarás un documento *PDF*, el cual contendrá todos los enlaces a los que se hacen referencia en este documento, para que puedas abrirlos de una manera más rápida y sencilla desde tu equipo.

Dentro de la carpeta del capítulo 2, encontrarás un archivo *STUDIO* y un par de recursos que nos servirán para construir el MockUp propuesto en el capítulo, así como algunas imágenes expuestas en el texto, pero a colores, para que puedas visualizarlas a detalle.

Dentro de la carpeta del capítulo 3, encontrarás en imágenes, los bloques con las instrucciones que implementamos para ejemplificar los conceptos que allí se tratan.

Dentro de las carpetas de los capítulos 4, 5 y 6, encontrarás un archivo *AIA* y uno *APK* que se corresponden con el proyecto en Kodular realizado por mí, para que te sirva de apoyo cuando desarrolles el propio, un archivo *STUDIO* que se corresponde con el MockUp de la aplicación que vamos a desarrollar, una primera carpeta, la cual contendrá un par de recursos que pongo a tu disposición para la implementación de los proyectos y una segunda carpeta, la cual contendrá las imágenes correspondientes a los bloques de las instrucciones que se implementaron en la parte de los códigos de las aplicaciones.

De todo esto trataremos con detalle mientras avanzamos por el libro, de momento, solo es importante que conozcas los recursos con los que cuentas, para desarrollar los temas de la obra.

CONTACTO Y REDES SOCIALES

Síguenos en nuestras redes sociales para que estés al pendiente de novedades y actualizaciones, y para que puedas contactar con nosotros, en caso de que se te presente alguna duda. Búscanos en Facebook, estamos como @TipsExcel2020 y en nuestra página de Instagram, estamos como @tips_excel_2021. Podrás ubicarnos con el siguiente logotipo (podrá variar mínimamente según la temporada del año).

También puedes acceder a nuestra página web (en caso de que el enlace llegase a cambiar, podrás checarlo en nuestras redes sociales).

https://sites.google.com/view/tips-excel-2021/inicio

1

INTRODUCCIÓN A KODULAR

Kodular es un entorno web construido en base a la plataforma de código abierto desarrollada por el *MIT* (Massachusetts Institute of Technology) llamada *App Inventor* en la cual podremos realizar aplicaciones móviles para el sistema operativo de Android sin necesidad de tener conocimientos en programación pues cuenta con una interfaz muy amigable que le permitirá al usuario "arrastrar y soltar" los bloques con las instrucciones deseadas para ir construyendo los algoritmos y las funciones de la aplicación, así como los elementos de la interfaz gráfica y configurar su interacción.

Existen otras plataformas para crear aplicaciones móviles que implementan el mismo paradigma de arrastrar y soltar, por ejemplo, está el mismo *App Inventor*, *Kodular* y *Thunkable*. Las pongo sobre la mesa para que conozcas de la existencia de algunas alternativas a Kodular, con el objetivo de, cuando finalices con la lectura de este libro, puedas explorarlas y elegir la plataforma que más te agrade o la que más se adapte a tus necesidades.

1.1 INGRESANDO A KODULAR

Para acceder a la plataforma de Kodular, debemos ingresar a su sitio web, el cual se expone a continuación. Se nos desplegará una ventana como la siguiente.

www.kodular.io

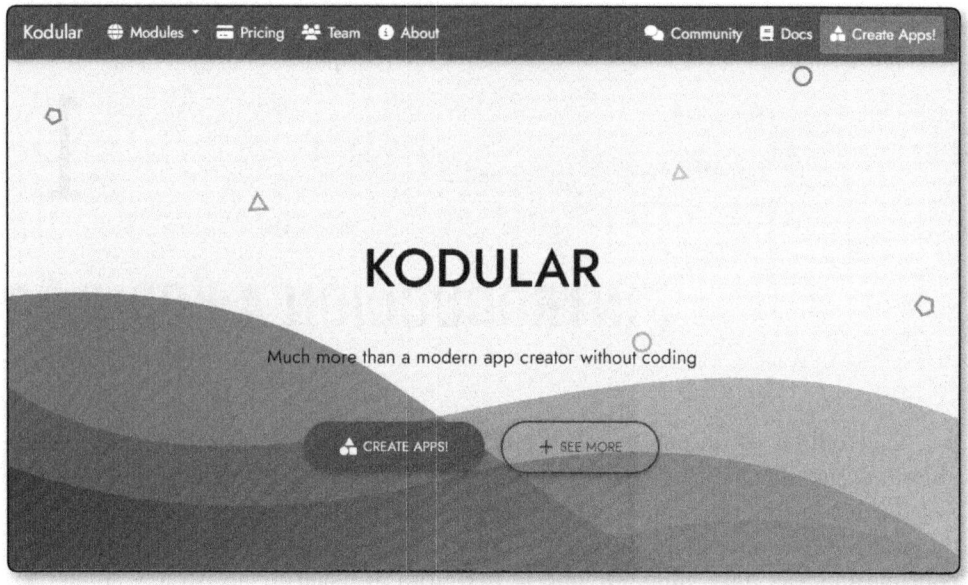

Imagen 1.1 Pantalla de bienvenida de Kodular

Puedes pasearte por la página principal para que conozcas más sobre esta plataforma y lo que tiene para ofrecer a sus usuarios, pero, para acceder al entorno de desarrollo, sobre el cual vamos a empezar a crear nuestras aplicaciones móviles, debemos hacer clic sobre el botón *CREATE APPS*.

A continuación, se nos pedirá iniciar sesión. Si no tenemos una cuenta, debemos crear una dando clic sobre *Create Account*, o bien, podemos acceder directamente con nuestra cuenta de Google, de GitHub o de Twitter, pero si ya contamos con una cuenta, simplemente introducimos el correo electrónico y la contraseña con la que nos registramos.

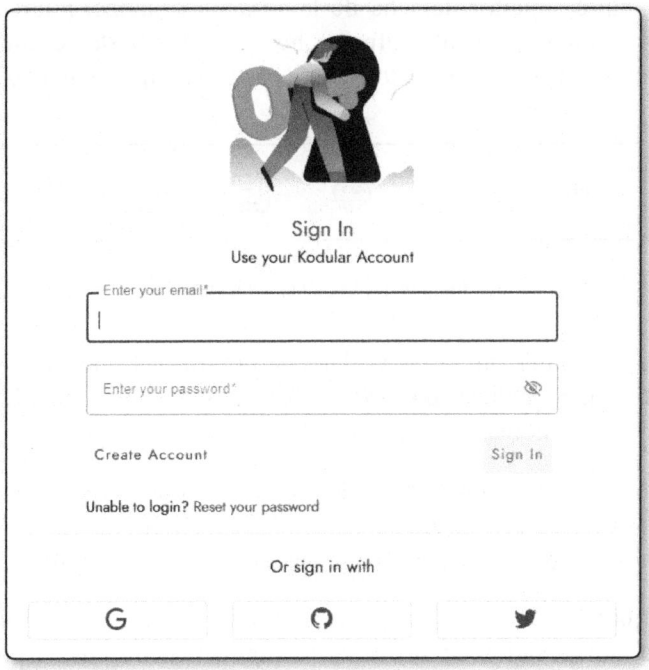

Imagen 1.2 Iniciar sesión

Una vez ingresamos, se muestra la pantalla principal de la plataforma.

Imagen 1.3 Pantalla principal de Kodular

En la parte superior derecha de la ventana principal podremos encontrar los siguientes botones, los cuales ofrecen herramientas bastante interesantes, que, aunque no vamos a profundizar tanto en esta parte, es importante que las conozcas.

Imagen 1.4 Opciones de Kodular

Desde el primer botón de la derecha **cuenta** (el que tiene forma de una personita) podrás personalizar tu **perfil**, configurar la visualización de la pantalla de Kodular, cambiar el idioma, cerrar sesión, entre otras acciones.

Desde el botón con forma de signo de dinero, podrás **donar** a los desarrolladores de Kodular ya que, al ser una plataforma gratuita, solo se mantiene por las donaciones y por los usuarios que pagan la suscripción *premium*.

En el botón con forma de papeles, podrás encontrar **documentación** que Kodular pone a disposición de sus usuarios por si tienen dudas o por si necesitan más información sobre algún componente o instrucción, o de la plataforma en sí. Es importante mencionar, que toda la información se encuentra redactada en el idioma inglés.

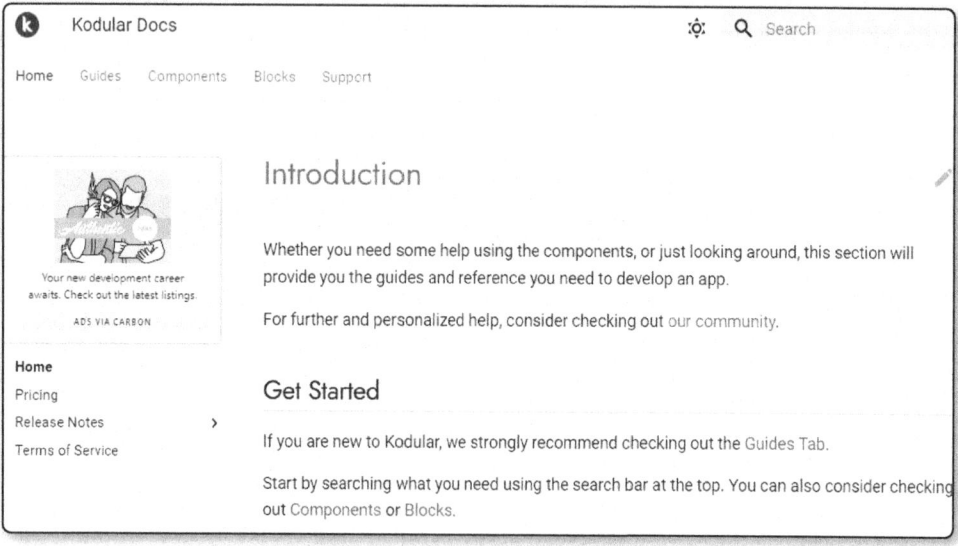

Imagen 1.5 Documentación de Kodular

Y finalmente en el botón con forma de múltiples personitas podrás acceder a la **comunidad** de Kodular desde la cual podrás encontrar **ayuda** que brindan otros usuarios sobre cómo realizar ciertas acciones, o soluciones a problemas que presenta la plataforma, entre otros temas; también podrás encontrar **extensiones** para la plataforma[2], **aplicaciones** que otros usuarios de Kodular han desarrollado y que comparten de forma gratuita e incluso **proyectos de código abierto** que puedes utilizar como plantillas para desarrollar tus propios proyectos.

Para poder navegar libremente por la comunidad, la plataforma nos pide crearnos "Otro perfil", pues no basta con el registro que realizamos previamente.

Adicionalmente, tú también puedes compartir en la comunidad de Kodular, creando temas de conversación, solicitando ayuda a los otros miembros de la plataforma, e incluso publicando tus aplicaciones, ya sea en código para que otras personas lo puedan utilizar en sus proyectos, o solamente el ejecutable de la aplicación como tal; de todo esto hablaremos en el capítulo 7. Además, puedes responder a las conversaciones creadas por otros usuarios (y a las creadas por ti mismo), aportando tus propias ideas y opiniones.

Imagen 1.6 Comunidad de Kodular

---

2   Hablaremos sobre las extensiones que podemos incorporar a Kodular en el capítulo 1.5.

La parte de **Free** de la imagen 1.4 nos indica el plan con el que estamos inscritos en la plataforma, como se mencionó anteriormente, existen dos planes para utilizar Kodular, el *gratis* y el *premium*. Para el desarrollo de este libro no será necesario pagar la suscripción, todo se puede realizar desde el plan gratis.

1.2 ¿CÓMO DESPLAZARSE POR KODULAR?

En este apartado tomaremos un pequeño tour alrededor de Kodular, en el cual veremos algunas de las funciones y herramientas más importantes de esta plataforma. Iniciaremos este tour, conociendo los menús que se encuentran en la parte superior de la ventana, desde los cuales podemos realizar múltiples acciones. El primero de ellos es el menú **Proyectos**, desde este menú podemos:

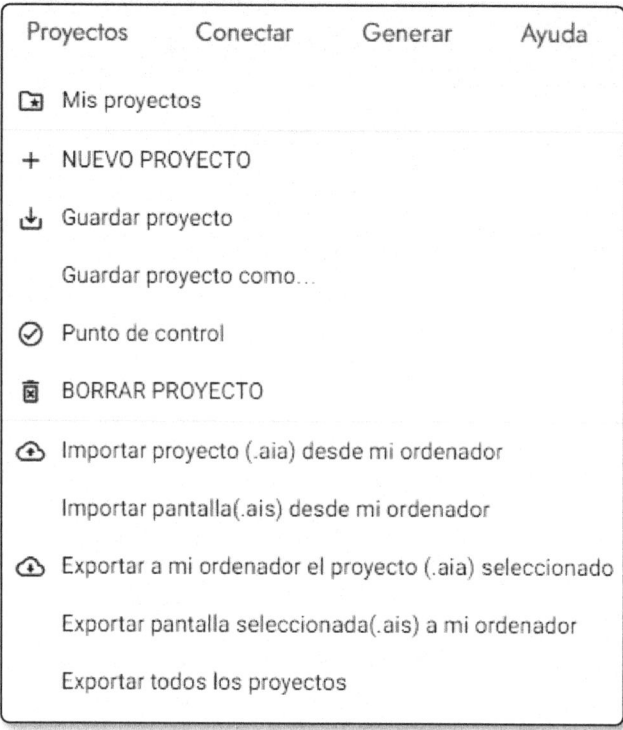

Imagen 1.7 Proyectos

▼ Dirigirnos a la pantalla principal de Kodular.

▼ Crear un nuevo proyecto.

▼ Guardar los cambios del proyecto actual (esto se hace de forma automática, pero yo te recomiendo por buena práctica, siempre guardar tu trabajo de forma manual antes de cerrar el navegador).

▼ Te permite crear una copia del proyecto actual, tanto la opción Punto de control como la opción Guardar proyecto como.

▼ Eliminar el proyecto actual.

▼ Importar un proyecto en formato *AIA*.

▼ Importar una pantalla en formato *AIS*.

▼ Exportar el proyecto en formato *AIA*.

▼ Exportar la pantalla actual en formato *AIS*.

▼ Exportar todos los proyectos, cada uno en formato *AIA*.

¿Qué es esto del formato *AIA*? Kodular nos permite exportar, o descargar nuestros proyectos a nuestro equipo en un archivo con extensión *AIA*. Podemos utilizar esta función para respaldar el código fuente de la aplicación o para transportar un proyecto de una cuenta a otra pues Kodular no es una plataforma multiusuario y, por consiguiente, más de una persona no puede trabajar en el mismo proyecto a la vez de forma colaborativa.

El poder exportar e importar pantallas en archivos *AIS* nos permite reutilizar los elementos que hayamos insertado en la interfaz gráfica de la misma, así como el código generado detrás de la pantalla entre los proyectos que estemos desarrollando.

Cabe mencionar que estos archivos con extensión *AIA* y *AIS* únicamente son legibles por Kodular y por App Inventor.

Si no te quedan muy claros estos conceptos no te preocupes, todos se van a ir aclarando conforme avancemos por los capítulos.

Desde el menú **Conectar** podemos:

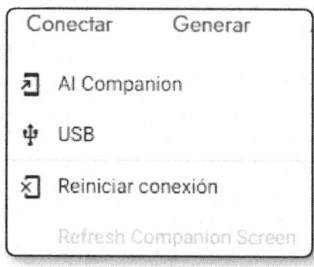

Imagen 1.8 Conectar

▶ Probar nuestro proyecto desde un dispositivo móvil mientras realizamos cambios en tiempo real mediante la aplicación de Kodular o mediante un cable USB que comunique el dispositivo móvil con la computadora.

▶ Reiniciar una conexión establecida (más bien es cerrar la conexión entre el móvil y Kodular).

▶ Refrescar la aplicación sin perder la conexión (como si cerráramos la aplicación que estamos probando y la volviéramos a abrir).

Si no tienes un dispositivo móvil con Android físico, puedes instalar uno virtual en tu ordenador, en el **apéndice A** te muestro paso a paso cómo hacerlo, cabe mencionar que la conexión se realiza de la misma manera. En el capítulo 3.1 veremos la funcionalidad completa de esta parte. Y la aplicación móvil de Kodular se puede descargar directamente desde Play Store.

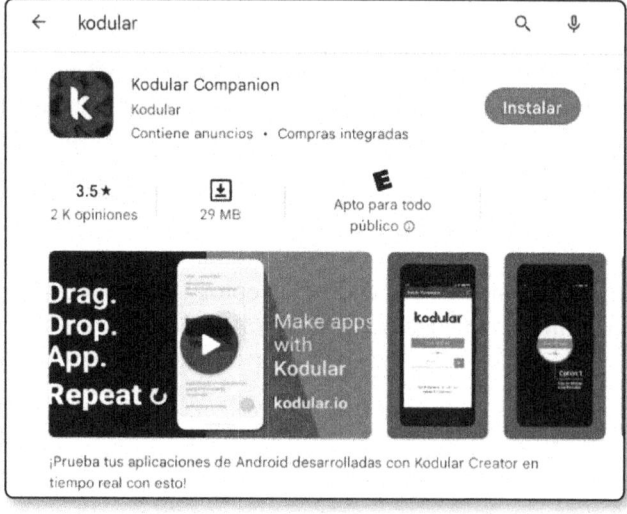

Imagen 1.9 App de Kodular en Play Store

Desde el menú **Generar** podemos:

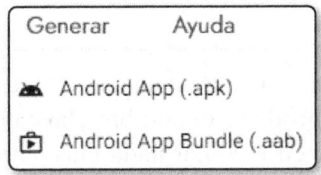

Imagen 1.10 Generar

▸ Generar un archivo ejecutable para Android (*APK*).
▸ Generar un archivo "Contenedor modular" para Play Store (*AAB*).

Para poder instalar tu aplicación en tu dispositivo móvil, necesitas un archivo ejecutable *APK,* pero si quieres publicar tu aplicación en la Play Store, Google no te pedirá el *APK* sino el *AAB* del proyecto[3]. Esto se tratará con detalle en el capítulo 7, cuando veamos como publicar una aplicación en Play Store.

Desde el menú "Ayuda" podemos:

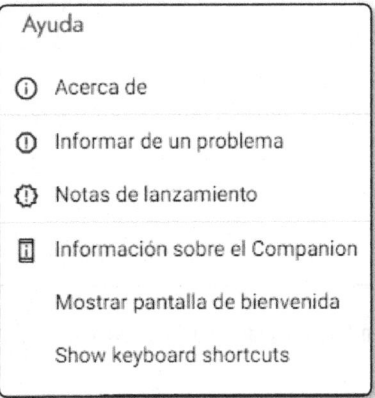

Imagen 1.11 Ayuda

▸ Encontrar información relevante de Kodular.
▸ Reportar algún error o un problema de la plataforma.
▸ Revisar la evolución de Kodular a lo largo de sus actualizaciones.
▸ Ver la pantalla de bienvenida (imagen 1.14).
▸ Ver los atajos del teclado que podemos utilizar en Kodular.

---

3 Si quieres conocer más sobre estas extensiones de archivos te recomiendo leer el siguiente artículo de internet, el cual no es de mi autoría, por lo que aprovecho para darle todos los créditos necesarios al autor.
   https://www.xataka.com/basics/archivos-aab-android-que-estos-archivos-que-se-diferencian-apk

1.3 CREANDO NUESTRO PRIMER PROYECTO

Vamos a crear nuestro primer proyecto, para ello daremos clic sobre el botón *Crear proyecto* de la página principal (imagen 1.3), esto abrirá un mensaje como el siguiente, allí debemos introducir el nombre clave de nuestro proyecto, es decir, como lo vamos a identificar en Kodular nada más, en este caso, vamos a crear un proyecto de ejemplo, que nos servirá para familiarizarnos con el entorno, por lo tanto, lo llamaremos: "Ejemplo".

Imagen 1.12 Asignación del nombre clave del proyecto

A continuación, debemos introducir un par de configuraciones, por ejemplo, debemos darle un nombre a la aplicación (por defecto tomará el nombre clave del proyecto, si no introducimos uno), el tema (lo veremos a detalle en el capítulo 1.6), el SDK mínimo (desde que versión de Android se puede ejecutar), los colores por defecto, etcétera. Por el momento solamente le asignaremos el nombre: Ejemplo y cambiaremos el SDK mínimo por el de *Android 6.0*[4]. Estas configuraciones se pueden modificar posteriormente, ya te mostraré como.

---

4   ¿Por qué elegimos esta versión? Los siguientes artículos proporcionados por el mismo Google (recordemos que Android es propiedad de la empresa Google), definen la respuesta a esta pregunta.
    https://developer.android.com/about/versions/marshmallow/android-6.0?hl=es-419
    https://developer.android.com/studio/releases/platforms?hl=es-419

Imagen 1.13 Configuración básica del proyecto

Una vez demos clic sobre *Finish*, se nos mostrará una pantalla de bienvenida, la cual nos muestra información referente a las novedades de la última actualización de Kodular.

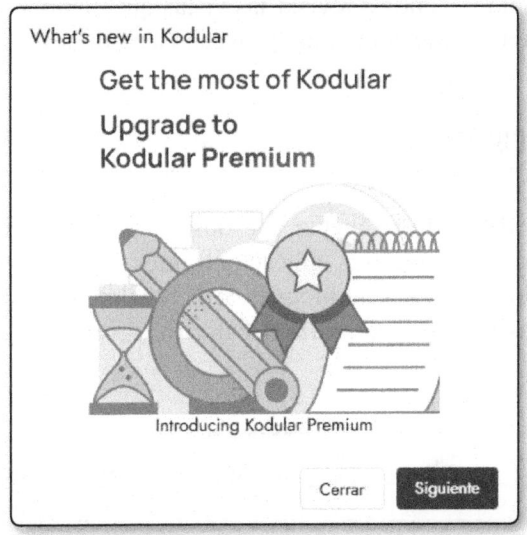

Imagen 1.14 Pantalla de bienvenida

A continuación, podremos visualizar una pantalla como la siguiente (si no es exactamente la misma tal vez sea por el tipo de dispositivo que se esté visualizando, te recomiendo cambiarlo para mantener el estándar del Samsung Galaxy S9), esto se explica en el siguiente apartado, en la imagen 1.18 específicamente).

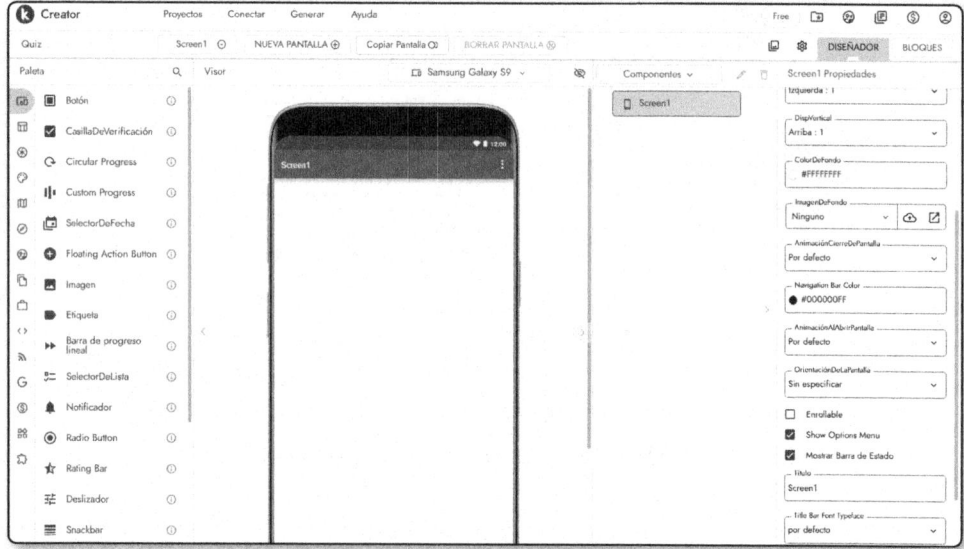

Imagen 1.15 Entorno de trabajo de Kodular

A continuación, vamos a revisar las vistas que componen a la plataforma y cómo utilizarlas para sacarle el máximo provecho a Kodular.

1.4 VISTAS EN KODULAR

El entorno de Kodular cuenta con dos vistas principales sobre las cuales vamos a poder desarrollar nuestras aplicaciones móviles, estas se mencionan como la vista de diseñador y la vista de bloques. Adicionalmente, el entorno cuenta con algunas otras vistas que nos permitirán realizarle configuraciones subsidiarias al proyecto.

Imagen 1.16 Vistas en Kodular

1.4.1 Vista de diseñador

En esta vista tenemos 3 paneles, al primero se le conoce como panel **Paleta** (imagen 1.17). Desde este panel podemos arrastrar los componentes que necesitemos para diseñar la interfaz gráfica de nuestra aplicación hacia el panel conocido como **Visor** (imagen 1.18).

Algunos de los componentes que Kodular nos ofrece en el panel **Paleta**, los explicaremos a detalle cuando estemos desarrollando los proyectos propuestos, y digo algunos porque Kodular pone a nuestra disposición tantos componentes y tantas herramientas que podemos agregarle a nuestra aplicación, que para explicarlos todos necesitaríamos más de un libro.

Te recomiendo desplazarte por este primer panel para que te vayas familiarizando con los componentes y su agrupación en categorías, para que en un futuro, cuando comencemos a añadirlos y a trabajar con ellos, sepas en qué parte del panel se encuentran.

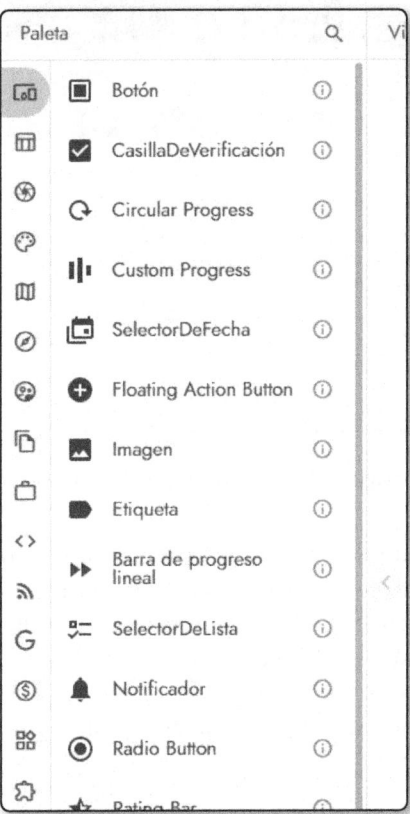

Imagen 1.17 Panel "Paleta"

En el panel **Visor** vamos a poder visualizar y acomodar los elementos que vayamos insertando desde el panel **Paleta** sobre un dispositivo móvil virtual, el cual se puede cambiar, esto con la intención de poder visualizar nuestra aplicación en distintos tamaños de pantalla. Este lo podemos cambiar desde la lista desplegable que se encuentra en la parte superior del mismo móvil virtual. En este caso, en la imagen 1.18 se está mostrando un *Samsung Galaxy S9*.

También podemos elegir si visualizar o no los componentes visibles ocultos (ya veremos más adelante lo que esto significa, pero a manera de introducción, podemos ocultar y mostrar los componentes visibles de la interfaz gráfica a nuestro gusto) haciendo uso del botón con forma de ojo junto a la lista desplegable que indica el tipo de dispositivo móvil virtual que se está mostrando.

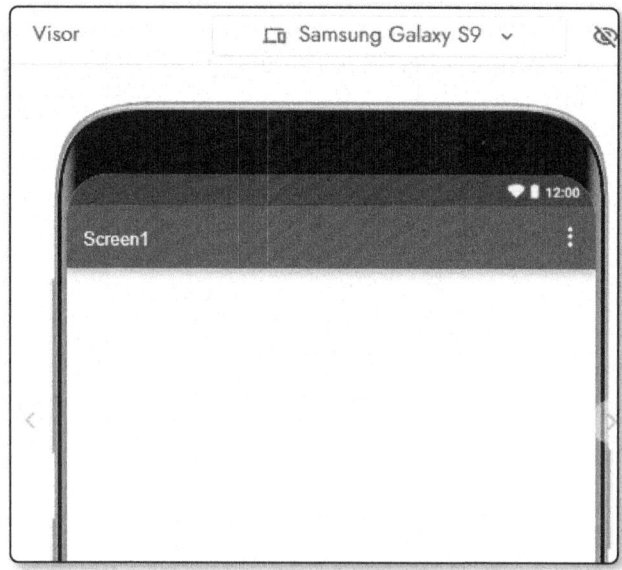

Imagen 1.18 Panel **Visor** en la vista diseñador

Finalmente tenemos el panel de **componentes**, en el cual podemos darles una configuración inicial a los elementos de la interfaz gráfica, la cual podemos alterar posteriormente en el código de forma dinámica, es decir, en tiempo de ejecución[5]; así como visualizarlos en forma de árbol (ya que empecemos a trabajar con disposiciones o *layout* vamos a ver la funcionalidad completa de la vista de árbol). Además, podemos filtrar la vista de árbol según el tipo de componente

---

5   Este concepto se explicará con detalle en el capítulo 3.3.4.

(visible y no visible) desde la lista desplegable *Componentes*, así como renombrarlos y eliminarlos.

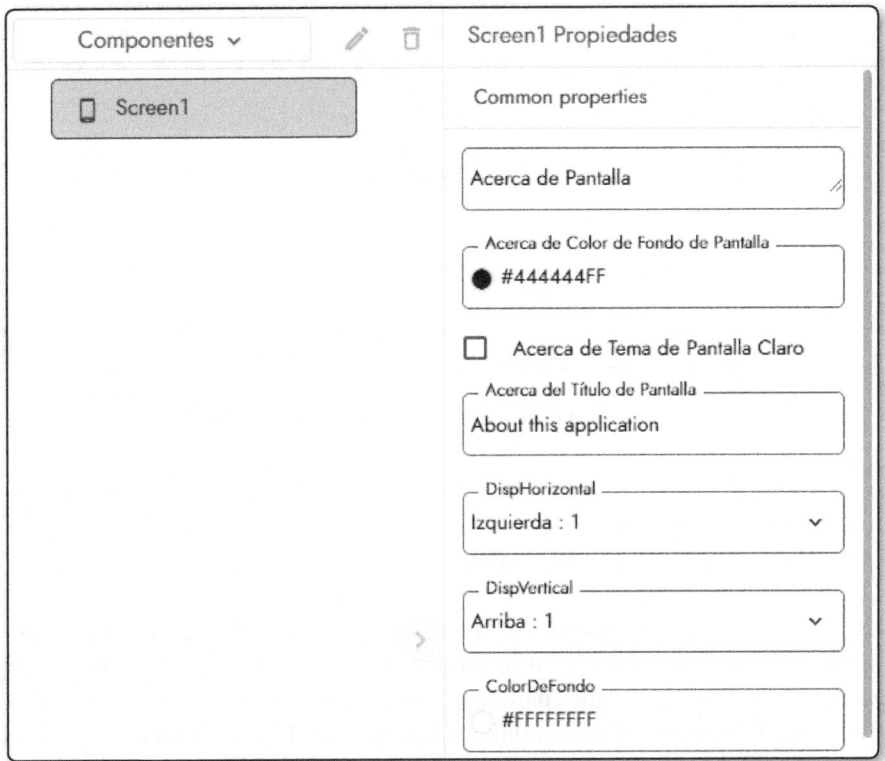

Imagen 1.19 Panel de **componentes**

Todos los paneles de esta vista se pueden ocultar y mostrar, dando clic sobre el botón en color gris con forma de ">" o "<" según sea el caso.

1.4.2 Vista de bloques

En esta vista tenemos dos paneles que no se pueden ocultar, el primero es el panel de **Bloques** (parte izquierda de la imagen 1.20), desde el cual, podemos arrastrar los bloques con las instrucciones que necesitemos para construir los algoritmos y funciones que nuestra aplicación va a realizar hacia el panel **Visor** (parte derecha de la imagen 1.20). Estas instrucciones las explicaremos a detalle más adelante. Cabe mencionar que debemos tener cuidado de no confundir el panel **Visor** de la vista de diseñador y el panel **Visor** de la vista de bloques, por llamarse iguales.

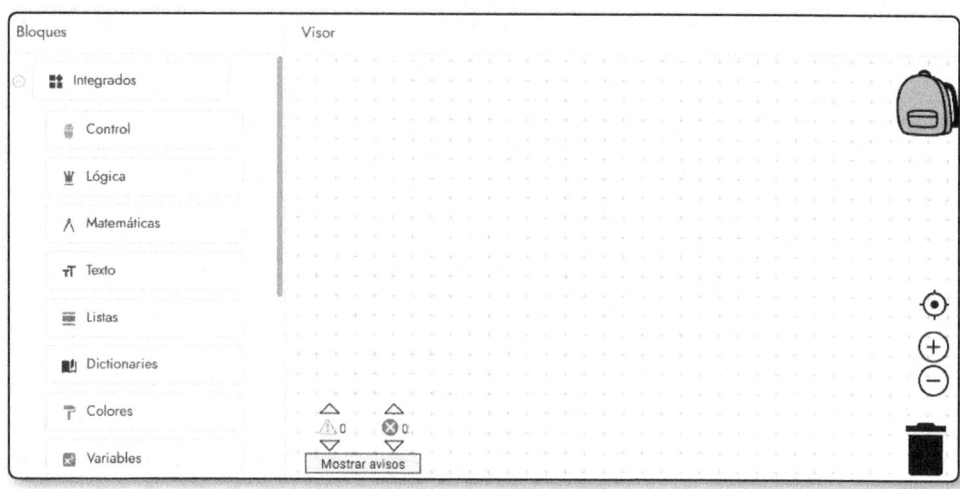

Imagen 1.20 Vista de bloques

Como decía, en el panel **Visor** vamos a poder visualizar y acomodar las instrucciones que vayamos insertando desde el panel de **Bloques**, pero lo que faltó mencionar es que esto se hace sobre un lienzo infinito. Además, en este panel, Kodular nos ofrece un par de herramientas muy interesantes que nos serán de muchísima utilidad para cuando empecemos a desarrollar nuestras aplicaciones móviles, por ejemplo, tenemos una mochila en la esquina superior derecha, en la cual podemos almacenar conjuntos de bloques para reutilizarlos ya sea en otros proyectos o en otras pantallas. Podemos controlar el zoom con los botones de la esquina inferior derecha, así como dirigirnos al "Punto cero" en el lienzo si es que nos perdemos dentro de este. Adicionalmente contamos con una papelera en donde, cuando arrastramos el código hasta ella lo elimina.

También tenemos como en todo compilador, en la esquina inferior izquierda unos botones que nos permitirán dirigirnos hacia las instrucciones que generen algún *Warning* o algún *Error*. Este tema de los errores se tratará con detalle en el capítulo 3.3.4.

1.4.3 Pantallas

El entorno de Kodular cuenta con una barra en la parte superior de la ventana, en la cual podemos cambiar el nombre clave del proyecto, agregar pantallas, copiarlas, borrarlas y desplazarnos entre ellas.

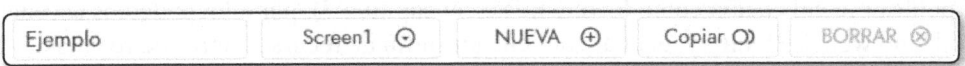

Imagen 1.21 Barra superior de la ventana

Todos estos conceptos se van a ir aclarando cuando empecemos a desarrollar los proyectos, porque sé que, de momento, pueden parecer confusos.

1.4.4 Vistas adicionales

En este apartado, vamos a explicar la funcionalidad de los dos botones que quedaron pendientes, cuando expusimos la imagen 1.16.

El botón con forma de imágenes nos permitirá administrar los archivos (o recursos) que utilicemos para la aplicación, es decir, desde ahí podemos cargar a la plataforma imágenes, audio, videos y cualquier recurso que deseemos incluir en la aplicación, además podemos acceder a una vista previa del recurso.

> ### ⓘ NOTA
>
> En la imagen 1.24 se muestra el administrador de archivos con el ícono de la aplicación *Flags Quiz* subida en la plataforma. La carga de la imagen la realizaremos en el siguiente apartado. Esta imagen se encuentra en la carpeta con los recursos del capítulo 5.

Y el botón con forma de engrane nos permite realizarle ajustes a la aplicación, por ejemplo, darle un ícono, cambiarle el nombre a la aplicación, entre otras opciones que vamos a ir viendo en el desarrollo de los proyectos.

1.4.5 Asignándole un ícono a la aplicación

El ícono es la imagen que le da una identidad a nuestra aplicación, además del nombre, pues es lo que la distingue del resto. Las aplicaciones que voy a desarrollar contigo a lo largo de los siguientes capítulos, contienen un icono de mi autoría[6]. Si no quieres ponerte a diseñar un logotipo propio, puedes descargar uno de internet, cuidando siempre que no se infrinjan las leyes de derechos de autor (si llegaras a

---

6   Bueno, fueron imágenes obsequiadas por un gran diseñador, por el hermano del autor Axel Saldívar, Isaac Saldívar. ¡Saludos Isaac!

publicar tu aplicación como lo veremos en el capítulo 7), por ello, podemos acceder al sitio web de **Pixabay**, el cual contiene un sinfín de recursos libres de regalías.

https://pixabay.com/es/

Imagen 1.22 Pixabay

> **ⓘ NOTA**
>
> Para practicar conmigo esta parte, puedes usar el logotipo de la aplicación *Flags_quiz*, la cual, como ya se mencionaba, se encuentra en la carpeta de los recursos del capítulo 5.

Una vez tengamos nuestro logotipo (es necesario indicar que el formato de imagen debe ser PNG), accederemos a las configuraciones del proyecto (imagen 1.23) y daremos clic sobre el botón *SUBIR ARCHIVO*, un botón con forma de nube dentro del título **Icono**; esto nos abrirá el administrador de archivos (imagen 1.24) desde el cual debemos dar clic en el botón *Subir archivo* para cargar la imagen con ayuda del explorador de archivos de nuestro equipo. Finalmente debemos seleccionarla desde la lista desplegable donde por el momento el ícono es *Ninguno*.

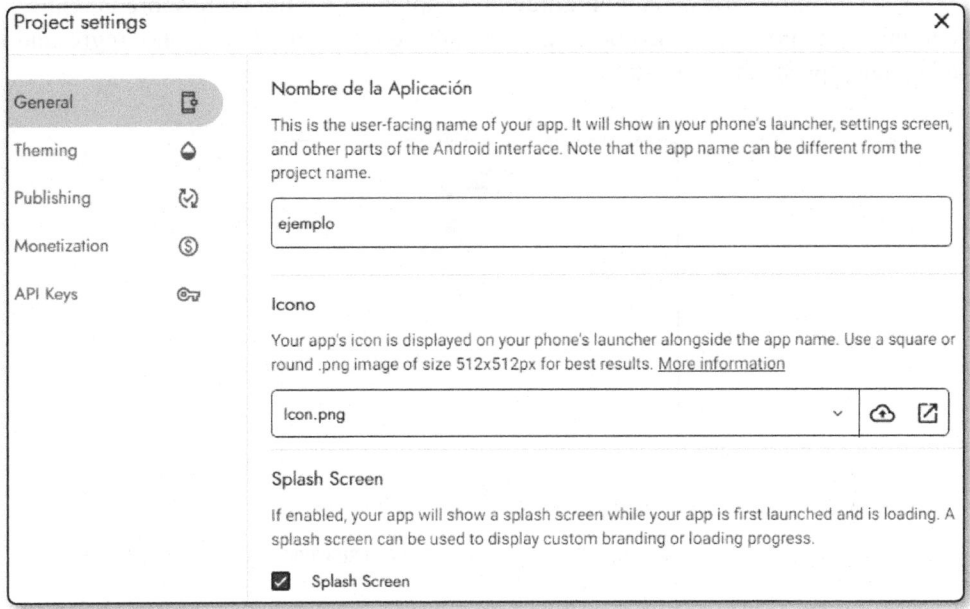

Imagen 1.23 Configuraciones del proyecto

Imagen 1.24 Administrador de archivos en Kodular

Podemos salir de la configuración simplemente dando clic sobre la equis, a continuación, podemos corroborar que se cargó correctamente el ícono, regresando a la página principal de Kodular.

Imagen 1.25 Proyecto ejemplo con su ícono

Y aquí termina nuestro tour por Kodular, pero no la introducción, pues en los siguientes apartados de este primer capítulo, trataremos un par de temas interesantes que nos van a permitir darle un mejor acabado a nuestras aplicaciones móviles.

1.5 EXTENSIONES

Las extensiones son códigos (libres o de pago) realizados por los mismos integrantes de la comunidad de Kodular con habilidades de programadores (en el lenguaje Java específicamente) y que nos permiten agregar componentes adicionales a Kodular que se suman con los que ya cuenta la plataforma. Los archivos que contienen extensiones en Kodular se caracterizan por tener la extensión *AIX*.

Para el desarrollo de los proyectos, no vamos a requerir de ninguna, únicamente trabajaremos con los componentes integrados en Kodular, puesto que apenas estamos familiarizándonos con el entorno y no queremos meternos con complejidades adicionales, pero si al finalizar la elaboración de las aplicaciones, encuentras alguna interesante en la comunidad, puedes agregarla y mejorar en gran manera las propuestas de aplicaciones aquí presentadas. Y si quieres, ¡Puedes compartir tus propuestas conmigo! (Aunque no agregues extensiones ni modifiques las aplicaciones del libro, igual puedes compartirme tus avances, así podré acompañarte en tu proceso de crecimiento, de desarrollo de aplicaciones móviles con Kodular. Ya mencioné en el prólogo los métodos disponibles de comunicación).

1.6 MATERIAL DESIGN

El que nuestra aplicación sea fácil de utilizar, efectiva, rápida y eficiente es igual de importante de cómo luce y del impacto visual que genera en el usuario. La apariencia de nuestra aplicación es muy importante pues es la encargada de generar una buena primera impresión, por ello, en este apartado vamos a conocer un par de herramientas que nos van a permitir darle un buen diseño (sobre todo de colores) a nuestras aplicaciones.

¿Pero qué es Material Design en sí? Únicamente es un paradigma de diseño, creado por Google, con el fin de apoyar a los desarrolladores de aplicaciones móviles para Android a crear proyectos visiblemente más atractivos.

Antes de meternos de lleno con este tema, vamos a definir los elementos que componen la interfaz gráfica de una aplicación móvil.

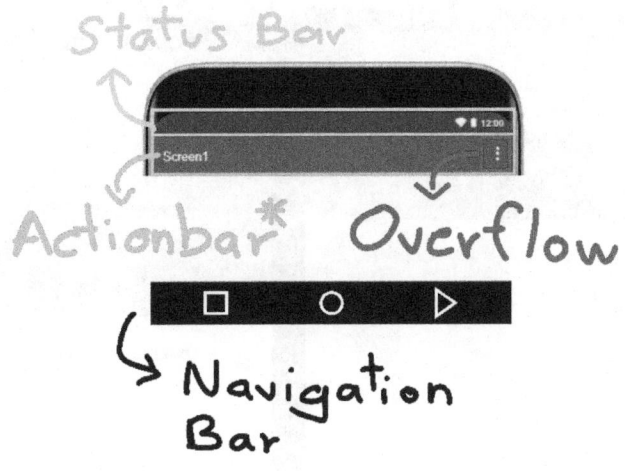

Imagen 1.26 Elementos de la interfaz gráfica

¿Por qué *actionbar* tiene un asterisco en la imagen 1.26? Por dos razones, la primera es porque esta sección de la interfaz apareció por primera vez en la versión 3 de Android[7] y la segunda es porque a este elemento también se le conoce como *toolbar*.

---

7   No debemos preocuparnos por eso, puesto que en Kodular desarrollaremos aplicaciones para Android 5 y superiores. Esto solo lo menciono como un dato histórico.

Te recomiendo leer los artículos que te comparto a continuación, los cuales también fueron elaborados por Google, para que aprendamos más sobre este tema, ya que considero, contienen muchísima información relevante.

https://m2.material.io/design/color/the-color-system.html
https://m3.material.io/styles/color/the-color-system/key-colors-tones
https://m1.material.io/style/color.html#color-color-palette

¿Viste a qué parte de la interfaz se aplica el color primario? ¿Y a qué parte se le aplica el color secundario? Bueno, pues estos conceptos aprendidos y con toda la información adicional que adquiriste de los artículos anteriores, ya podemos seleccionar una buena combinación de colores para el estilo de nuestra aplicación, para ello, vamos a entrar a la siguiente página llamada **Material Palette**.

https://www.materialpalette.com/

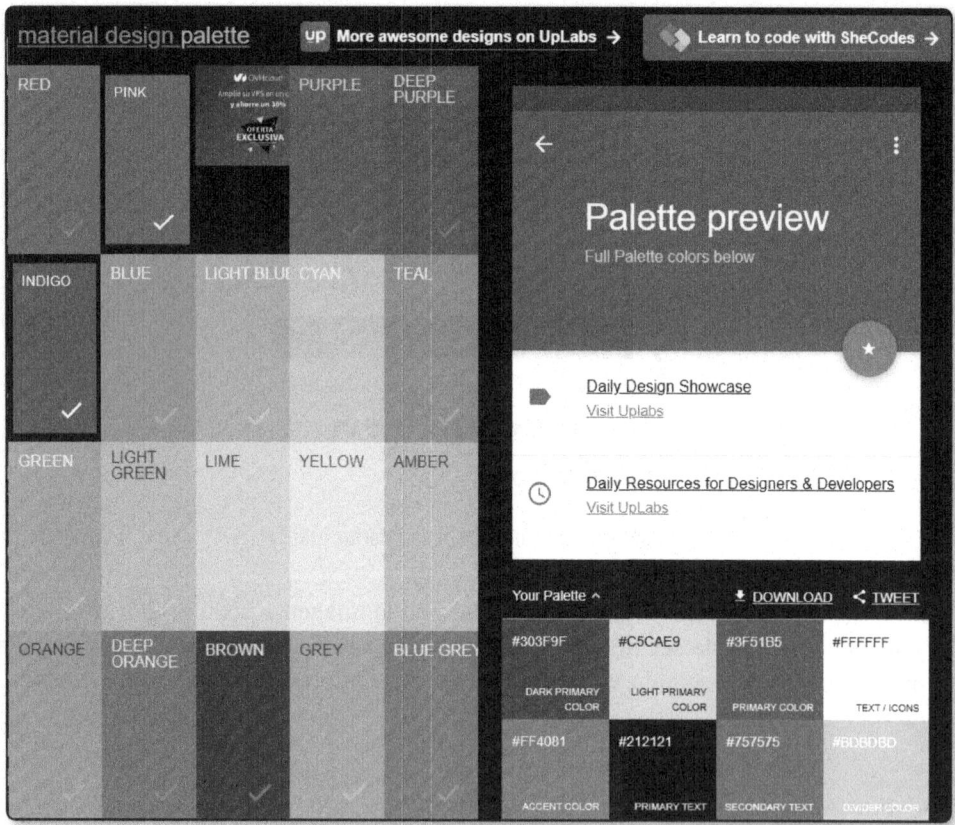

Imagen 1.27 Material Palette

Allí se nos presentan una gran variedad de colores, de los cuales tenemos que seleccionar dos. El primero se asignará como color primario y el segundo como el secundario. El tema por defecto de Kodular se crea seleccionando el color índigo como primario y el color rosa como secundario.

Una vez elegidos los dos colores, la página nos dará una vista previa sobre un ejemplo de aplicación móvil, de cómo se aplican los colores a la interfaz; tal cual se muestra en la imagen 1.27. (Sé que el libro está impreso en blanco y negro así que para que puedas visualizar esta imagen a colores, te la dejé en la carpeta del capítulo).

Justo debajo de la vista previa, la página nos comparte un par de colores adicionales, los cuales, cada uno tiene un objetivo específico, hacia los elementos en lo que se pueden implementar.

Puedes jugar con las combinaciones de los colores hasta que encuentres el estilo que más te agrade o que más te llame la atención. Estas combinaciones las puedes probar, no solamente en la vista previa de la página *Material Palette*, que mostramos en la imagen 1.27, puesto que contamos con un par de sitios adicionales que se exponen a continuación.

https://m2.material.io/resources/color/#!/?view.left=0&view.right=1&primary.color=3F51B5&secondary.color=FF4081
https://m3.material.io/theme-builder#/dynamic
https://m3.material.io/theme-builder#/custom

¿Y cómo se cambia el estilo del tema en Kodular? En las configuraciones del *theming*.

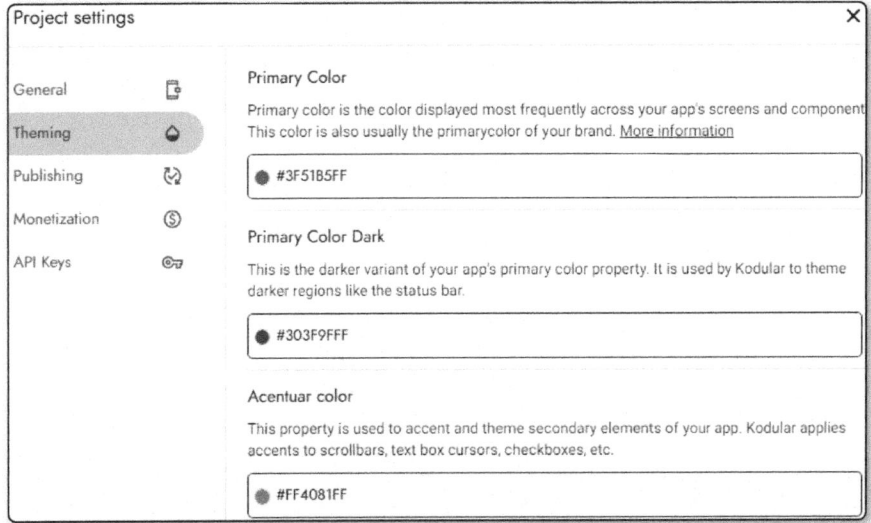

Imagen 1.28 Configurar el *theming* de nuestra aplicación en Kodular

2

HACIENDO MOCKUPS CON INVISION STUDIO

InVision Studio es un software de escritorio que nos permite diseñar prototipos de proyectos web y móviles de las más famosas en su área (diseño de interfaces gráficas y experiencia de usuario).

En este software, no solamente podemos diseñar el prototipo de la interfaz de usuario con la gran variedad de herramientas que este nos ofrece sobre las pantallas que se buscan implementar en un proyecto web o móvil de forma estática, sino que podemos agregar interacciones y animaciones sobre los elementos para que el prototipo se asemeje lo mejor posible a la aplicación final ya implementada.

Pero.. ¿Para qué nos sirve hacer prototipos de los proyectos que queremos poner en marcha? Primeramente, un prototipo es el primer acercamiento que tiene el desarrollador posterior al surgimiento de la idea con su implementación, es decir, es el primer paso que debe realizar el desarrollador para materializar su idea. Por lo tanto, si no se destina un poco de tiempo para diseñar un prototipo de lo que se busca poner en práctica, lo más seguro es que en la implementación formal surjan múltiples inconvenientes que pueden llegar a retrasar la entrega del proyecto porque, supongamos que a la mitad, ya que se destinó bastante tiempo y esfuerzo en el proyecto, se tenga que empezar desde cero porque si se continua con lo que se tiene no se van a cumplir los objetivos planteados o quizá, el proyecto sí resulta funcional pero el diseño de la interfaz gráfica quedó poco atractiva para el usuario o incluso que la interacción con la aplicación se vuelva complicada y difícil de usar. Es por esto por lo que la fase del prototipo en el desarrollo de un proyecto es de suma importancia.

2.1 DESCARGA E INSTALACIÓN DE INVISION STUDIO

Para descargar el software de InVision y poder realizar el diseño de los prototipos de las aplicaciones que vamos a construir en los siguientes capítulos, debemos acceder al siguiente sitio web.

https://projects.invisionapp.com/studio/releases/

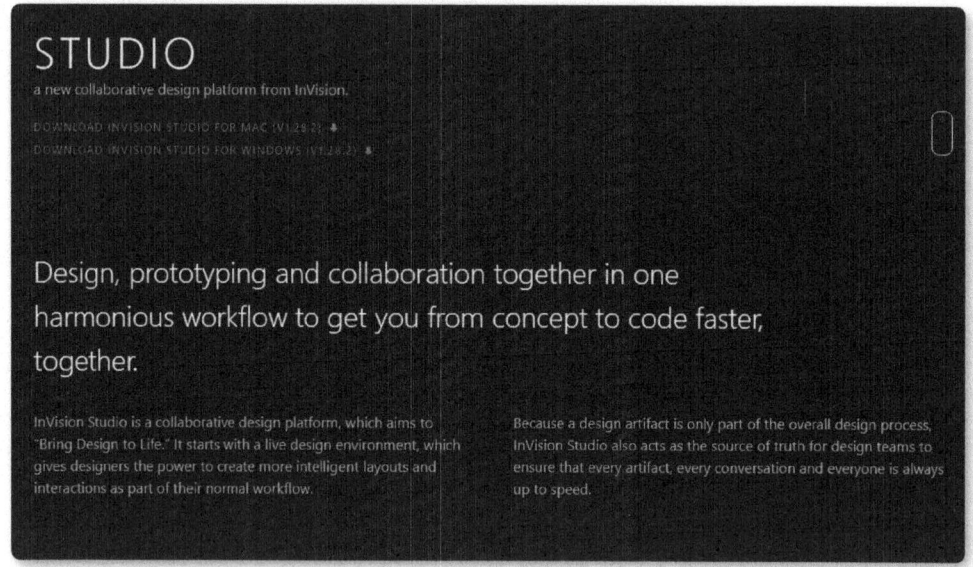

Imagen 2.1 Sitio web de InVision Studio

A continuación, daremos clic sobre el enlace de descarga que corresponda con nuestro sistema operativo (actualmente está disponible para Windows y Mac) y esperamos a que el instalador se descargue. Una vez tengamos el ejecutable en nuestro equipo vamos a empezar a instalar el software.

Lo primero que veremos al iniciar la instalación será la pantalla de carga del programa. Posteriormente nos solicitará iniciar sesión, si ya tenemos una cuenta de InVision podemos instalarla dando clic sobre el botón *Sign in to InVision* pero si es la primera vez que tenemos contacto con el software, debemos dar clic sobre el botón *Get Started*, esto nos abrirá un navegador en donde podremos crear una cuenta.

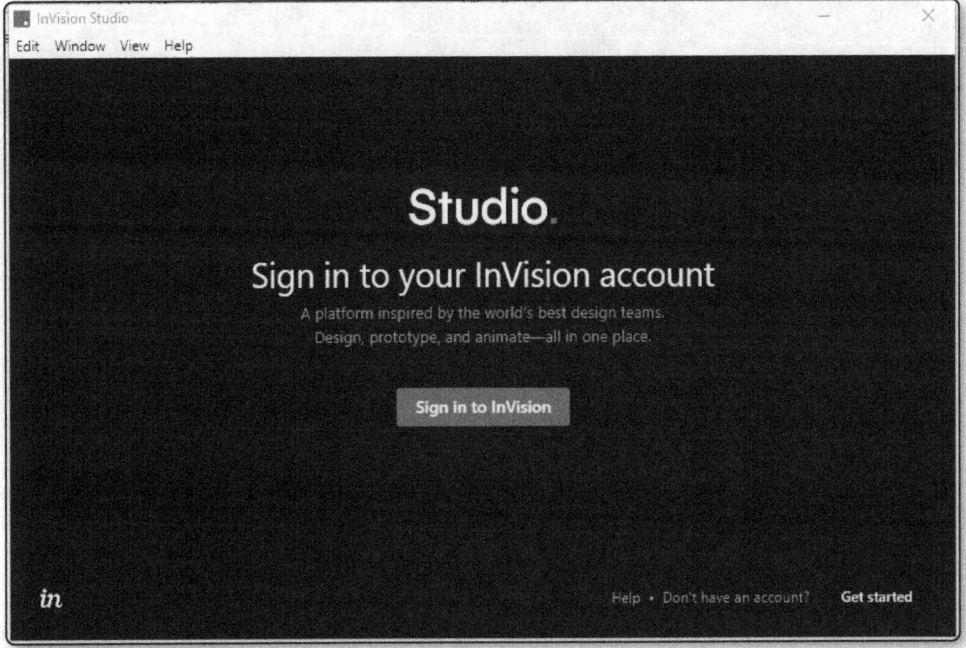

Imagen 2.2 Iniciar sesión

Con esto finaliza el proceso de instalación de InVision Studio.

2.2 ARRANCANDO INVISION STUDIO

Una vez abrimos la aplicación, podremos visualizar la pantalla principal.

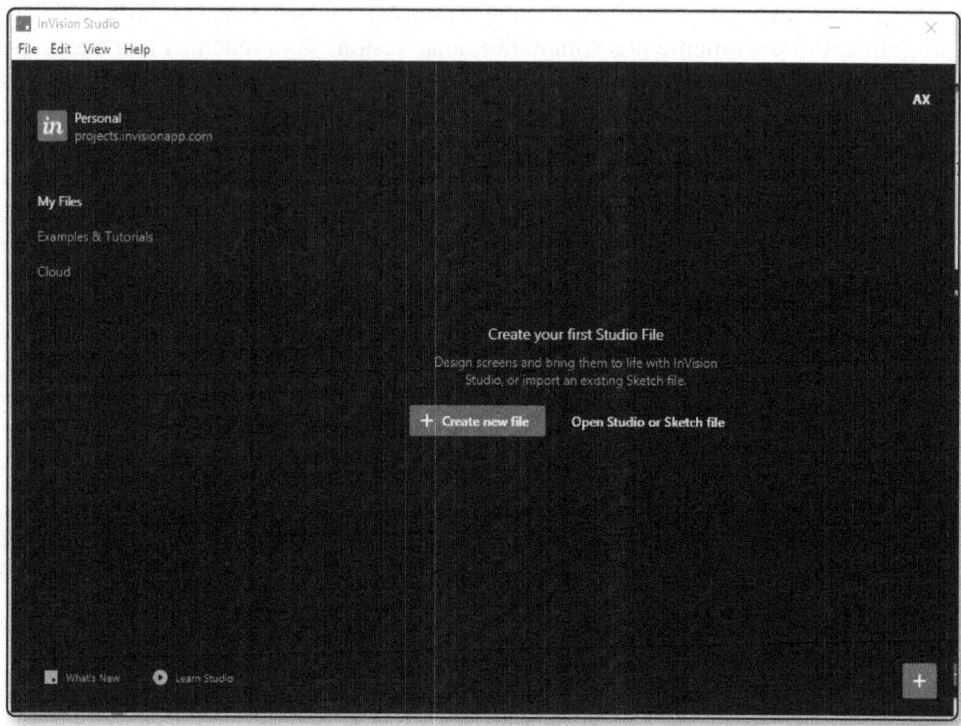

Imagen 2.3 Pantalla principal de InVision Studio

Desde el panel de la izquierda podemos seleccionar la opción *My Files* la cual nos permitirá visualizar todos los proyectos que nosotros hayamos creado. La opción *Examples & Tutorials* nos permitirá crear proyectos desde plantillas predefinidas y con algunos consejos de introducción. La opción *What's New* nos mostrará un cuadro de dialogo con las novedades de la versión actual del software y la opción *Learn Studio* nos llevará al sitio web de InVision en el cual podremos tomar un curso de 64 minutos dividido en 18 clases (videos en demanda grabados en el idioma inglés) para familiarizarnos con el entorno.

Para crear nuestro primer proyecto vamos a dar clic sobre el botón *Create new file* y vamos a seleccionar en qué tipo de dispositivo queremos basar el prototipo, en este caso, vamos a crear un prototipo de aplicación móvil por lo que seleccionaremos la opción **iPhone XS**.

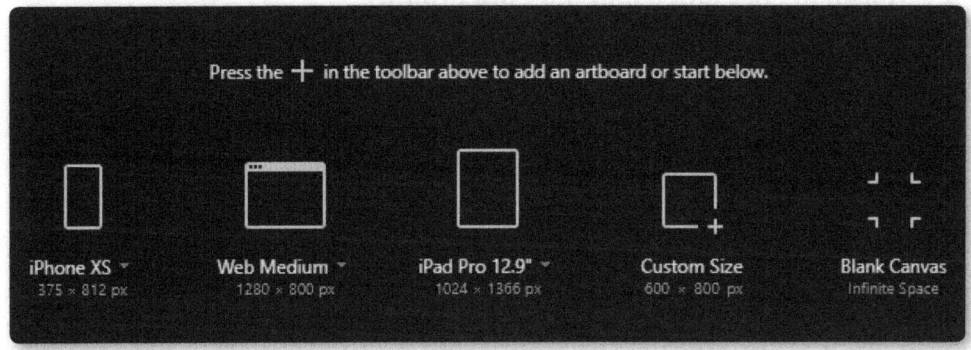

Imagen 2.4 Dispositivos para crear prototipos

Se nos desplegará una ventana como la siguiente. Para no perder el trabajo que vamos a ir realizando, vamos a guardar el proyecto con el nombre de "Google", para ello daremos clic sobre el menú contextual *File* en la opción *Save*.

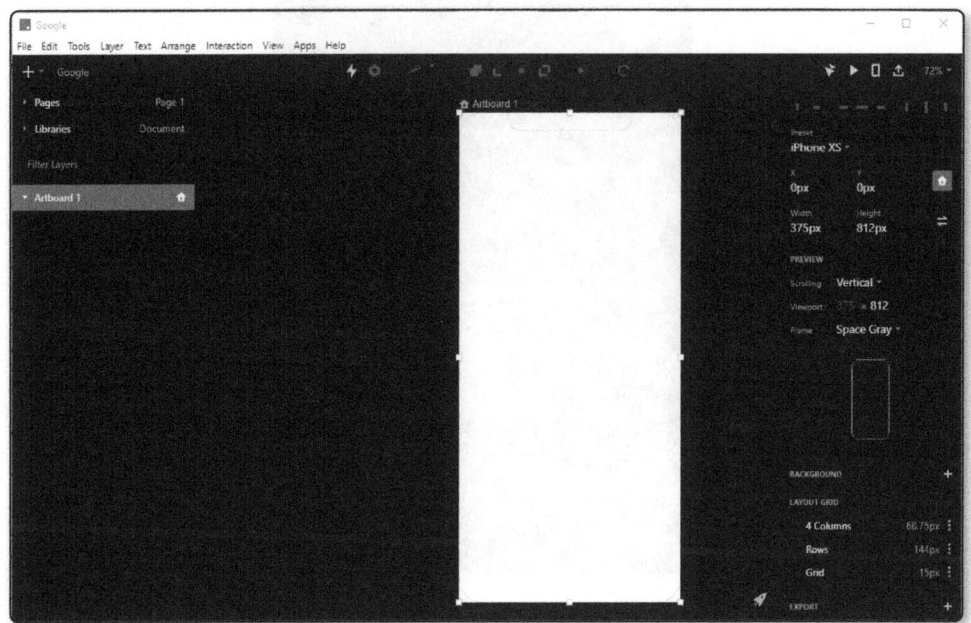

Imagen 2.5 Entorno de trabajo de InVision

2.3 ¿CÓMO DESPLAZARSE POR INVISION STUDIO?

Al igual que en Kodular, en InVision tenemos algunos menús desplegables en la parte superior que cuentan con bastantes opciones, así como 3 paneles en el área de trabajo que, para homogeneizar ambas plataformas, les daremos los mismos nombres.

El panel **Visor** se encuentra en la parte central de la imagen 2.5 y al igual que en Kodular, es en donde acomodaremos los elementos de la interfaz gráfica sobre un lienzo con forma de pantalla, el panel de **Componentes** se encuentra dividido a diferencia de en Kodular, pues muestra la vista de árbol en la parte izquierda de la imagen 2.5 y la configuración de los componentes en la parte derecha y el botón que tiene forma de más (+), que se ubica junto al nombre del proyecto y que se muestra desplegado en la imagen 2.6; podemos decir que hace la función del panel **Paleta**, pues nos va a permitir introducir los elementos necesarios hacia el panel **Visor** para crear nuestros Mockups.

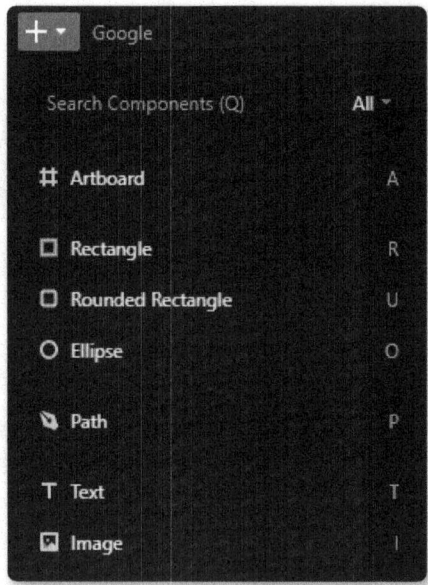

Imagen 2.6 Agregar elementos

Desde los botones que se encuentran en la parte superior derecha de la ventana (imagen 2.7), vamos a poder visualizar el prototipo en acción desde InVision (preview) o desde nuestro dispositivo móvil (mirror to device), exportar nuestro proyecto (publish to InVision) o ajustar el zoom del área de trabajo. En este último apartado también se pueden realizar acciones como centrar la vista hacia una selección (cuando el proyecto cuenta con muchas pantallas, algunas pueden salir de la vista y para trabajar con ellas es necesario centrarlas), hacer zoom sobre una selección para que se visualice en la pantalla con un tamaño específico, etcétera.

Imagen 2.7 Botones importantes

Menciono lo anterior, puesto que, a diferencia de Kodular, en InVision tenemos todas las pantallas en una misma zona. No hemos tratado la parte de tener múltiples pantallas en Kodular, pero cuando desarrollemos el segundo proyecto, te darás cuenta de que, cada pantalla tiene su área de trabajo particular; por este motivo, no podemos ajustar el zoom de la pantalla en dicha plataforma.

2.4 CREANDO NUESTRO PRIMER PROTOTIPO DE INTERFAZ

Vamos a replicar sobre el lienzo, la interfaz gráfica de la aplicación de Google que se muestra en la siguiente imagen. (Podrás consultarla a colores en la carpeta del capítulo).

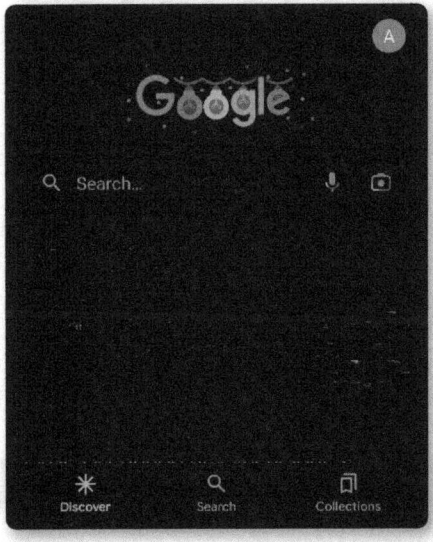

Imagen 2.8 Interfaz de la aplicación móvil de Google

Para comenzar, debemos cambiar el color del lienzo a negro, para ello debemos añadirle un fondo dando clic sobre el botón en forma de más (+) junto al título *Background* que se encuentra en el panel de componentes (aparece cuando seleccionamos el lienzo) y le asignaremos un color sólido negro (hexadecimal: 000000). Podemos seleccionarlo directamente desde los colores predefinidos, desde la paleta, con el cuentagotas, escribirlo en formato hexadecimal o incluso crearlo en base a una combinación de colores RGB.

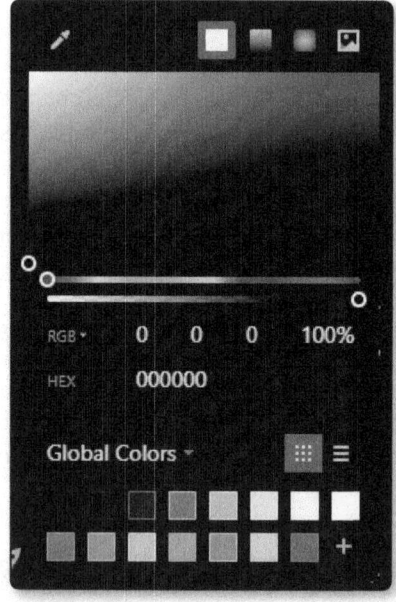

Imagen 2.9 Cambiando el color del fondo

Ahora vamos a introducir un par de elementos, para ello, debemos dar clic sobre el botón de la imagen 2.6, seleccionar el que deseamos y dibujarlo en cualquier parte del lienzo, esto porque en la siguiente tabla los vamos a configurar. Los argumentos (x, y) indican la posición del elemento dentro del lienzo, los argumentos (width, height) indican el tamaño del elemento y para cambiarles el color del fondo, se hace de la misma manera que con el lienzo (imagen 2.9), solamente que en lugar de que título se llame *Background* se llama *Fills*. Recuerda que para poder configurar los elementos debes seleccionarlos ya sea desde el lienzo o desde la vista de árbol.

ⓘ **NOTA**

El *Rectangle 2* es un *Rounded Rectangle*.

Figura	X	Y	Width	Height	Características
Rectangle	0	0	375	160	Color de fondo: 042240
Rectangle 1	100	73	175	60	Imagen de fondo: Logotipo de Google[8]*
Ellipse	315	30	40	40	Color de fondo: 3399FF
Text***	328	36	-	-	Texto: la inicial de tu nombre Color: 000000
Rectangle 2	13	140	350	45	Color de fondo: 131313
Ellipse 1	25	148	30	30	Imagen de fondo: Ícono**
Rectangle 3	320	148	30	30	Imagen de fondo: Ícono**
Rectangle 4	280	148	30	30	Imagen de fondo: Ícono**
Text 1***	60	148	-	-	Texto: Search... Color: FFFFFF
Rectangle 5	0	732	375	80	Color de fondo: 131313
Ellipse 2	50	742	30	30	Imagen de fondo: Ícono**
Ellipse 3	173	742	30	30	Imagen de fondo: Ícono**
Ellipse 4	296	742	30	30	Imagen de fondo: Ícono**
Text 5***	24	772	-	-	Texto: Discover Color: FFFFFF
Text 6***	155	772	-	-	Texto: Search Color: FFFFFF
Text 7***	262	772	-	-	Texto: Collections Color: FFFFFF

*   Para asignarle una imagen a un elemento, vamos a seleccionar el fondo del elemento (dentro de *Fills*), pero en vez de seleccionar un color o un degradado, debemos seleccionar la opción en forma de imagen y dar clic en *select*. Allí, con ayuda del explorador de archivos de nuestro equipo podemos seleccionar la imagen que deseemos.

---

8   Esta imagen la podrás encontrar en la carpeta del capítulo.

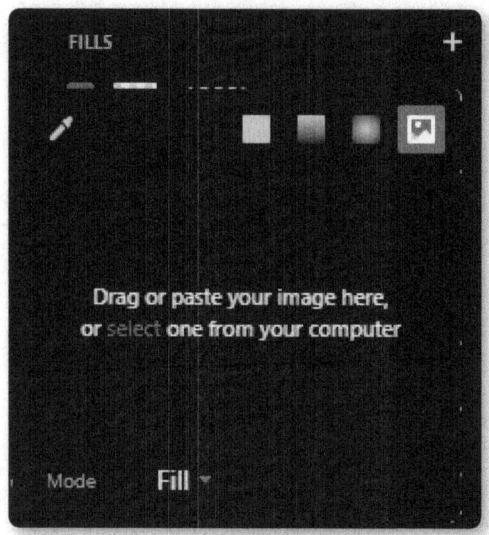

Imagen 2.10 Asignar una imagen como fondo de un elemento

**   La parte de los iconos lo veremos en el siguiente apartado.

***   Para cambiar el color del texto de los elementos *Text* se debe seleccionar el cuadro de color junto al tipo de letra. El tamaño de la letra se cambia desde el campo *Size* (en este caso, todos tendrán un tamaño de 20 puntos).

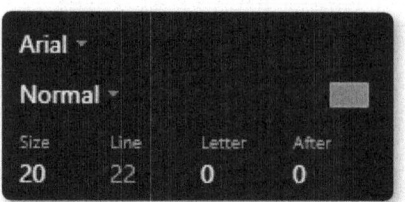

Imagen 2.11 Cambiar el color del texto de un elemento *Text*

Hasta el momento, el lienzo debe verse como el de la imagen 2.12. Si lo notas, el fondo de la imagen 2.12 es claro (en todas las anteriores había sido oscuro), pero no te asustes, esto únicamente porque cambie el *theme* de *dark* a *light* puesto que al ser el color del fondo de la ventana negro y el lienzo también, la imagen se volvía poco clara. El tema *light* lo verás solamente en las imágenes 2.15, 2.20 y 2.24. Las cuales también encontrarás en la carpeta del capítulo, con el fin de que puedas visualizarlas a colores. El tema del fondo de la ventana de InVision se puede cambiar desde el menú contextual *View*.

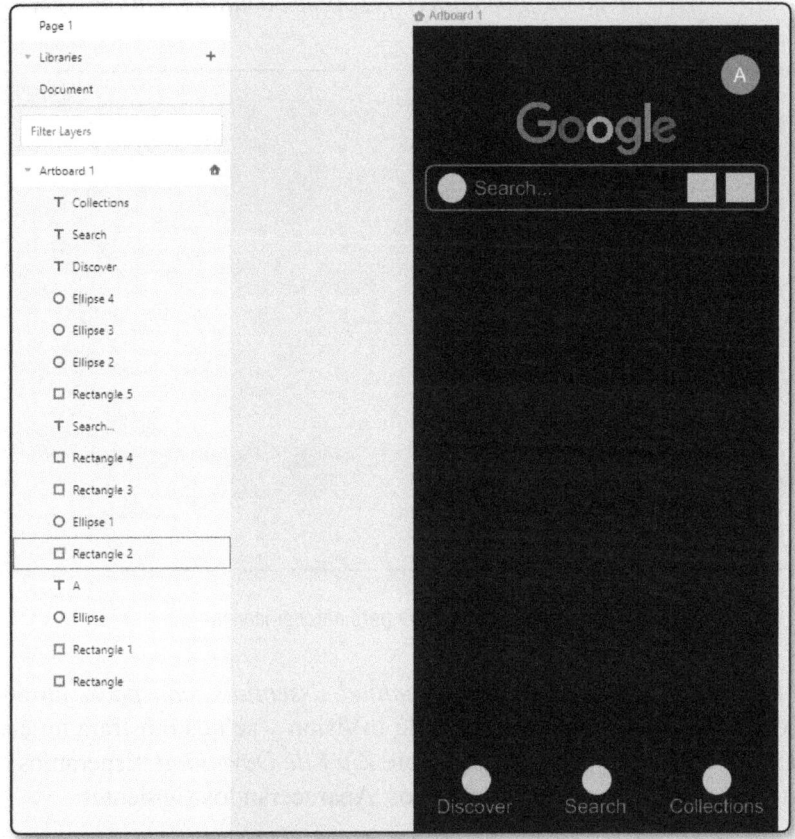

Imagen 2.12 Primera parte del prototipo

Si necesitas cambiar el nombre de los elementos, puedes dar doble clic sobre ellos desde la vista de árbol o si necesitas que un elemento se muestre por encima de otro (o debajo) puedes dar clic secundario sobre él y del menú desplegable seleccionar *Forward* o *Backward*.

A continuación, vamos a descargar los íconos para los elementos que nos quedaron pendientes.

2.4.1 Descargar íconos

InVision pone a nuestra disposición un recurso que cuenta con múltiples iconos que podemos utilizar en nuestros proyectos y para obtenerlos debemos dirigirnos a la siguiente página.

https://www.invisionapp.com/free-resources/detail/essentials-icon-pack

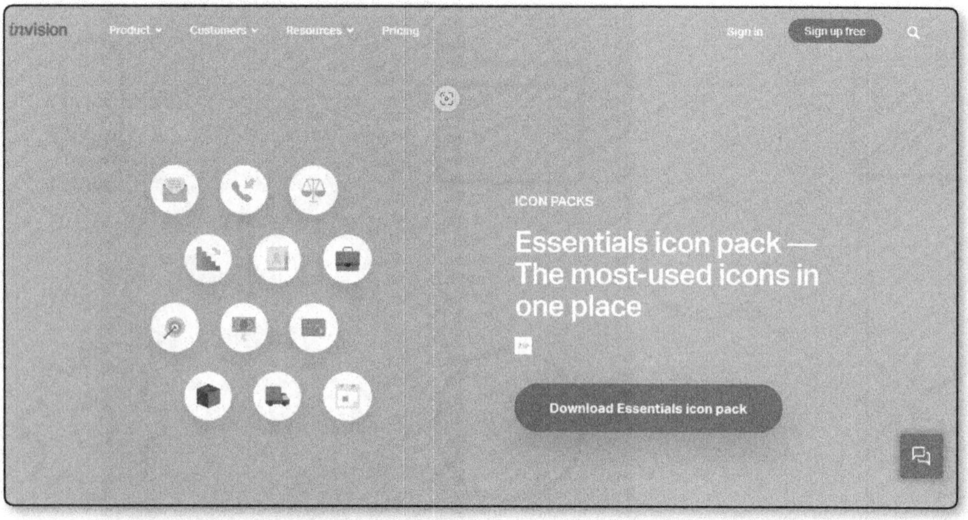

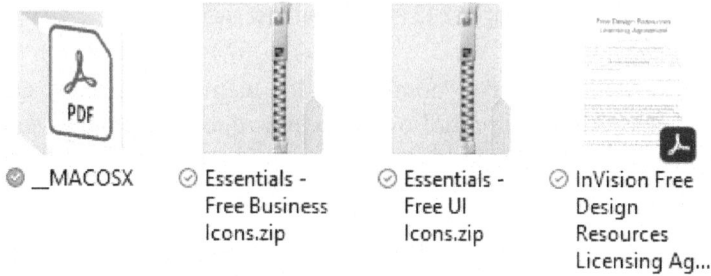

Imagen 2.13 Página para obtener íconos

Damos clic sobre el botón *Download Essentials icon pack*, introducimos el correo electrónico de nuestra cuenta de InVision y se nos mostrará un cuadro de dialogo sobre el cual hay que dar clic sobre *Zip File Download*. Esperamos a que se descargue el archivo y lo descomprimimos. Aparecerán los siguientes.

Imagen 2.14 Archivos para los íconos

La carpeta "MACOSX" no nos servirá si estamos en Windows, además debemos leer el *PDF* que contiene la licencia de uso de los iconos.

Los íconos están contenidos dentro de los 2 archivos *ZIP* que aparecieron al descomprimir el *ZIP* original, así que hay que descomprimirlos también.

Para asignarle un ícono a un elemento, seguimos los pasos que implementamos para establecer una imagen, pero, en el caso de los iconos, en el explorador de archivos de nuestro equipo debemos acceder a la carpeta recién descomprimida "Essentials – Free UI Icons" / "png" / "white" y para el caso del elemento *Ellipse 1* y *Ellipse 3* seleccionar el ícono llamado "14. Loupe.png".

Al elemento *Rectangle 3* le vamos a asignar el ícono "31. Photo camera", al *Rectangle 4* el ícono "32. Microphone.png", al *Ellipse 2* el ícono "51. Start.png" y al *Ellipse 4* el ícono "35. Layers.png" que son (en mi criterio) los que más se parecen.

Así debe verse el lienzo hasta el momento.

Imagen 2.15 Segunda parte del prototipo

2.4.2 Creando componentes

Un componente (específicamente en Invision) es un conjunto de elementos que se pueden manipular (e insertar) como uno mismo. Como vamos a utilizar nuevamente el circulo con la inicial de nuestro nombre, vamos a crear un componente y para ello seleccionaremos ambos elementos desde la vista de árbol (seleccionamos ambos con la tecla CTRL presionada) y damos clic secundario del ratón, esto desplegará un menú contextual en el cual elegiremos la opción *Create Component*.

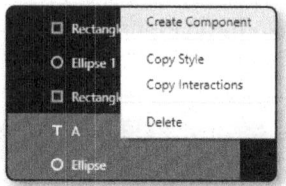

Imagen 2.16 Creando un componente

A continuación, se mostrará un cuadro de dialogo en el cual debemos asignarle un nombre, en este caso, nuestro componente se llamará *Cuenta*. Esto nos abrirá el panel *Editing Component* en el cual podemos manipular el componente en un lienzo independiente (porque ya no se podrá manipular en el lienzo normal, únicamente se podrá cambiar el texto de los componentes *Text*). Para regresar a la vista del prototipo damos clic sobre *Back to Page 1*.

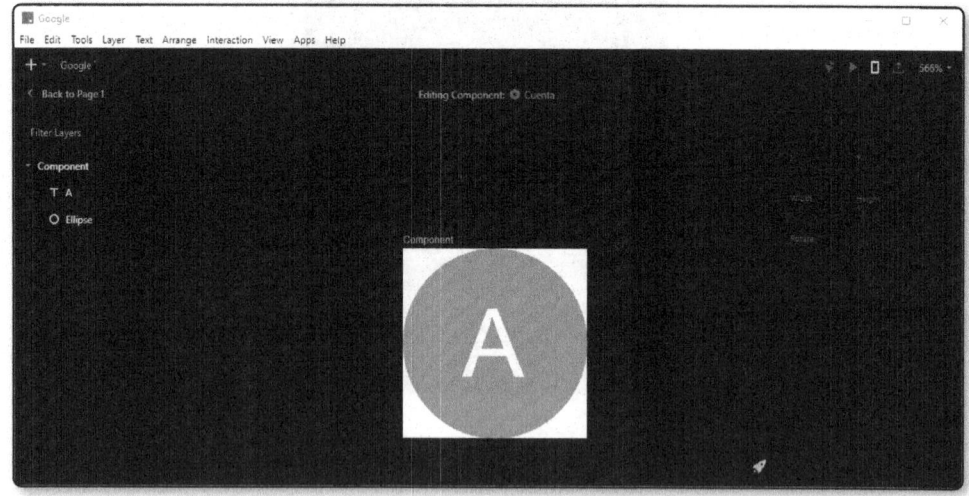

Imagen 2.17 Panel para editar componentes

El componente en la vista de árbol debe mostrarse de la siguiente forma.

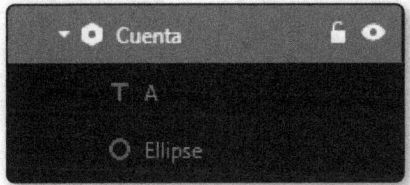

Imagen 2.18 Un componente

Cabe mencionar, que los componentes personalizados que realicemos solo estarán disponibles en el prototipo en el que fueron creados, pero puedes copiarlos y pegarlos en otros proyectos para poder utilizarlos sin problema alguno.

2.4.3 Agregando interacciones

Ahora, vamos a hacer que cuando se dé clic sobre el botón con la inicial de nuestro nombre, aparezca un cuadro de diálogo como el siguiente. Esta imagen la puedes consultar a colores en la carpeta del capítulo.

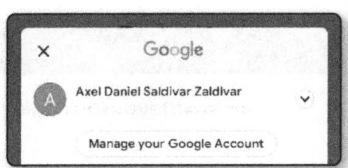

Imagen 2.19 Opciones de cuenta de Google

Para simular este efecto, primero duplicaremos la pantalla, para ello, seleccionamos el *Artboard 1* completo, desplegamos el menú contextual *Edit* y seleccionamos *Duplicate*. El resultado debe verse como el siguiente.

Imagen 2.20 Duplicar una pantalla

Ahora, sobre el *Artboard 2* vamos a insertar los siguientes elementos.

> ### (i) NOTA
>
> El *Rectangle 7* y el *Rectangle 9* son un *Rounded Rectangle*.

Figura	X	Y	Width	Height	Características
Rectangle 6*	0	0	375	812	Color de fondo: 000000
Rectangle 7	33	100	310	170	Color de fondo: FFFFFF
Cuenta**	45	165	40	40	-
Rectangle 8	124	115	127	41	Imagen de fondo: Google.png
Text	95	165	-	-	Texto: *Tu nombre completo y tu correo* Color: 000000 Tamaño: 15
Ellipse**	310	170	20	20	Imagen de fondo: Ícono Rotación: 90°
Rectangle 9****	81	221	220	30	Color de fondo: FFFFFF
Text 1	92	227	-	-	Texto: Manage your Google Account Color: 000000 Tamaño: 15

* El color de fondo de este elemento será 75% opaco, es decir, tendrá algo de transparencia lo que permitirá ver los elementos que se encuentren debajo de él. Para modificar esto debemos cambiar el número con el porcentaje.

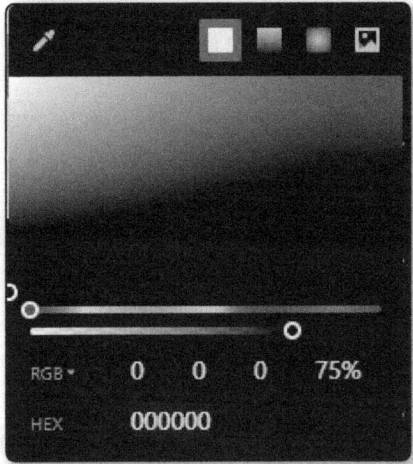

Imagen 2.21 Color de fondo con transparencia

** ¿Recuerdas que te dije que los componentes se pueden instalar? Pues, simplemente debemos buscarlo por su nombre.

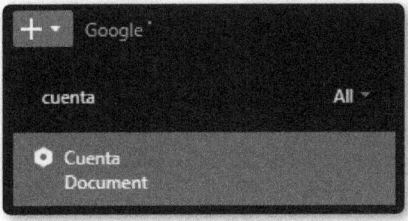

Imagen 2.22 Insertando un componente en el lienzo

*** El ícono "71. Play.png" esta vez lo seleccionaremos desde la carpeta "black" (ya no "white").

****El elemento *Rectangle 9* llevará borde, para ello debemos activar la casilla de verificación *Borders*.

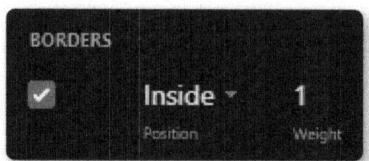

Imagen 2.23 Activando borde

El resultado debe verse como el siguiente.

Imagen 2.24 Prototipo completado

Ahora sí vienen las interacciones. Vamos a dar clic sobre el componente *Cuenta* de nuestro *Artboard 1* y vamos a dar clic sobre el botón de más (+) en el título *Interactions* y le asignaremos los siguientes parámetros.

- Trigger (disparador): Click (al presionarlo).
- Navigate to (dirigirse a): Artboard 2 (el segundo lienzo).
- Transition (transición): Preset (definido).
- Type (tipo de transición definida): Fade in (aparición desvanecida).

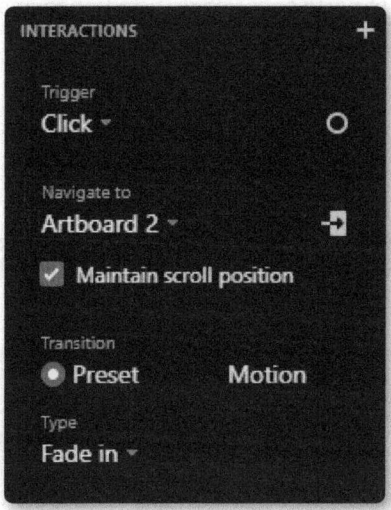

Imagen 2.25 Creando una interacción

En el lienzo debió aparecer una flecha como la que se muestra en la imagen 2.26.

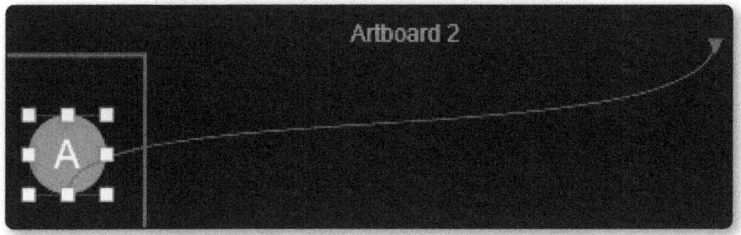

Imagen 2.26 Interacción agregada correctamente

Cabe mencionar, que las interacciones, no solamente se pueden agregar a un componente en específico, sino que también se puede agregar a todo un *Artboard*, para que se ejecute una acción si se da clic sobre cualquier parte de este.

2.5 VISUALIZAR EL PROTOTIPO

Vamos a dar clic al botón *Preview* (expuesto en la imagen 2.7) para visualizar nuestro prototipo como si se implementara de forma real. Pregunta, ¿por qué la visualización cargó el *Artboard 1* y no el segundo? Esto se debe a que el *Artboard 1* es el *Home*, si te fijas, en la parte superior de este lienzo aparece una casita junto a su nombre, cosa que el *Artboard 2* no tiene. Cabe mencionar que solo puede haber un *Home* por prototipo pues no puede haber más de una pantalla de carga inicial.

La imagen 2.27 podrás consultarla en la carpeta del capítulo a colores.

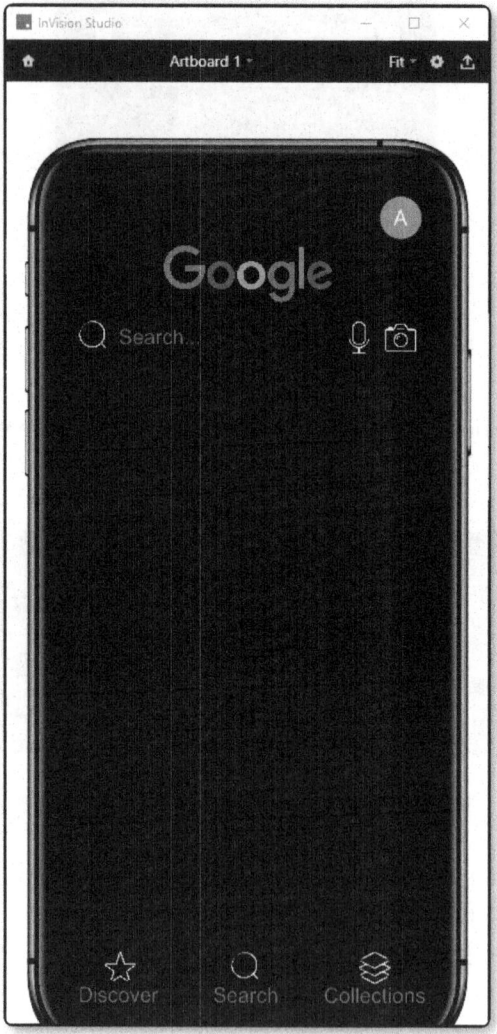

Imagen 2.27 Preview

Si damos clic sobre cualquier parte de la pantalla durante la visualización, InVision nos dice, qué componentes cuentan con interacciones.

Imagen 2.28 Componentes con interacciones señalados

Y si damos clic sobre el componente *Cuenta*, el segundo lienzo va apareciendo de forma desvanecida. Así que, todo funciona correctamente y nuestro diseño quedó muy bonito además ¡Felicidades ya eres todo un experto diseñando e implementando Mockups!

2.6 PROTOTIPOS FUTUROS

Los Mockups de las aplicaciones que desarrollaremos en este libro ya están realizados, esto con el fin de pasarnos directamente a implementación en Kodular y no entretenernos con eso.

Los Mockups están diseñados sobre un **Samsung Galaxy S8**. Para cambiar la forma del lienzo, accedemos al menú desplegable *Preset* en las configuraciones del componente *Artboard* y de la lista desplegable seleccionamos *Phone / Samsung Galaxy S8* (recordemos que queremos mantener el estándar del Samsung Galaxy S9 en Kodular y el S8 es el que más se asemeja en InVision).

Imagen 2.29 Cambiando el tipo de dispositivo

Otro dato importante es que cuando rellenamos el fondo del lienzo con una imagen, por defecto en InVision se aplica el estilo *Fill* pero en Kodular se rellena de forma *Stretch*, así que, para que el prototipo se asemeje al diseño en Kodular, se lo cambiamos como se muestra en la imagen 2.30.

Imagen 2.30 Imagen de fondo del lienzo con un modo distinto

Además, para los Mockup de cada una de las aplicaciones que vamos a desarrollar, los cuales, los puedes encontrar en los recursos de su respectivo capítulo, necesitamos crear los siguientes componentes.

Componente	Elementos que lo compone	Características
Button1 (Gato)	Rectangle	Width y Height: 70 y 70 Fondo: FFFFFF
	Text	Color: 000000 Tamaño: 30
Floating Button (Gato)	Circle	Width y Height: 70 y 70 Color: 2196F2 Sombra: Imagen 2.31*
	Image	Imagen: 4. To refresh**
TextBox (Flags quiz) (Social bug)	Rectangle	Width y Height: 262 y 38 Fondo: FFFFFF Borde y grosor: 808080 y 3
	Text	Color: 000000 Tamaño: 20

Button (Flags quiz) (Social bug)	Rounded Rectangle	Width y Height: 200 y 43 Fondo: 333333 Sombra: Imagen 2.31.
	Text	Color: FFFFFF Tamaño: 20
CheckBox (Flags quiz) (Social bug)	Rounded Rectangle	Width y Height: 30 y 30 Fondo: FFFFFF Borde y grosor: 000000 y 5
	Text	Color: 000000 Tamaño: 20
Card (Flags quiz)	Rounded Rectangle	Width y Height: 310 y 180 Fondo: FF3366 Borde y grosor: 000000 y 3 Sombra: Imagen 2.31
	Rectangle	Width y Height: 270 y 130 Fondo: Imagen
	Text	Color: 000000 Tamaño: 30 Tipo de letra: DejaVu Serif Estilo de letra: Bold
SpriteImage (Flags quiz)	Rectangle	Width y Height: 214 y 66 Fondo: FFFFFF Color del borde: 000000 Posición del borde: Inside Weight: 6
	Text	Color: 000000 Tamaño: 60 Tipo de letra: Times New Roman
Button2 (Social bug)	Rounded rectangle	Width y Height: 86 y 43 Fondo: 3335FF
	Text	Color: 000000 Tamaño: 20
File (Social bug)	Rectangle	Width y Height: 270 y 60 Fondo: 000000 Borde: 4F4F4F
	Button	Width: 120 Texto: Choose File
	Text	Color: 333333 Tamaño: 18 Texto: No file choosen

En la imagen 2.31 te muestro como añadirle sombra a un elemento en la parte inferior.

Imagen 2.31 Sombra para el *Button*

*   La sombra para el *Floating Button* es de: 0, 10, 4.

**   Este es un ícono, almacenado en la carpeta "Essentials - Free UI Icons" / "png" / "white".

3

GENERALIDADES DE KODULAR

Antes de empezar con el desarrollo de las aplicaciones, es de suma importancia que tratemos algunos conceptos generales relacionados con los componentes de la interfaz gráfica y de los bloques del código.

3.1 PROBAR LA APLICACIÓN EN TIEMPO REAL

Como ya mencionamos, tenemos dos opciones para estar probando nuestra aplicación en tiempo real mientras la diseñamos. En este apartado veremos cómo conectarla por medio de la aplicación. Para ello, de la lista desplegable *Conectar* que mostramos en la imagen 1.8 seleccionamos la opción *AI Companion* lo que nos generará un código QR y un código en texto.

Imagen 3.1 Generación del código para probar la aplicación en tiempo real

A continuación, debemos abrir la aplicación de Kodular que ya instalamos en nuestro dispositivo móvil, la cual tiene una interfaz como la de la imagen 3.2. Allí podemos escanear el código QR con la cámara del dispositivo o escribir el código en el campo de texto directamente.

Imagen 3.2 App de Kodular en Android

Una vez, empiece a correr la aplicación en nuestro móvil, cada cambio que realicemos en la interfaz gráfica (en el código no) va a reiniciar la ejecución de la aplicación, simulando el cierre y reapertura de la aplicación.

Te recomiendo leer el siguiente artículo, que Kodular pone a nuestra disposición, si en lugar de implementar la conexión entre la plataforma y el móvil mediante la aplicación, lo harás por medio del cable USB[9].

3.1.1 Primer acercamiento

Para que comiences a familiarizarte con el actuar de la plataforma, te recomiendo que realices las siguientes acciones sobre el proyecto de ejemplo que creamos en el capítulo 1.3.

1. Agrega un botón a la pantalla, para ello arrástralo desde el panel *paleta* hacia el panel *visor*, el cual debe verse como el mostrado en la imagen 3.3. Este cambio se debió ver reflejado de manera casi inmediata en el dispositivo móvil donde se está probando la aplicación en tiempo real.

2. Agrega el código de la imagen 3.4, para ello cambia a la vista de *bloques*, da clic sobre el componente *Botón1* y arrastra el bloque **ponerBotón1. Texto.como** hacia el lienzo.

---

9   *https://docs.kodular.io/guides/live-development/usb/*

3. Conecta a la instrucción anterior el primer bloque de la categoría de texto (imagen 3.5) y escribe sobre este "Ejemplo".

4. Da clic secundario sobre la instrucción y del menú contextual elige *Do it* (imagen 3.6) … ¿Qué sucedió? ¿Cambió el texto del botón?

5. Ahora ¿cómo lo devolvemos a su forma original? Tenemos dos opciones, la primera es modificar alguna configuración desde la vista *diseñador* y la segunda es desde el menú *Conectar* seleccionar la opción *Refresh Companion Screen*.

6. Para cerrar la sesión (te recomiendo que por el momento no lo hagas), desde el menú *Conectar* selecciona la opción *Reiniciar conexión*.

Imagen 3.3 Insertando un botón

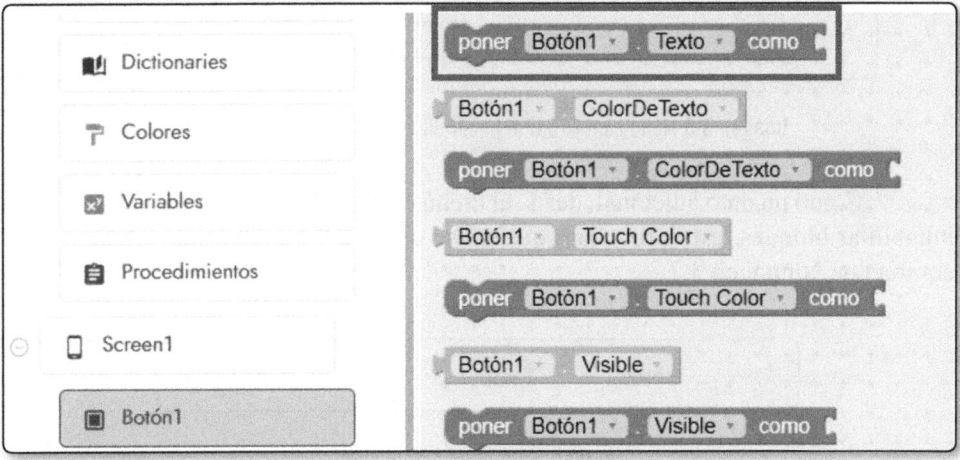

Imagen 3.4 Propiedades del *Botón1*

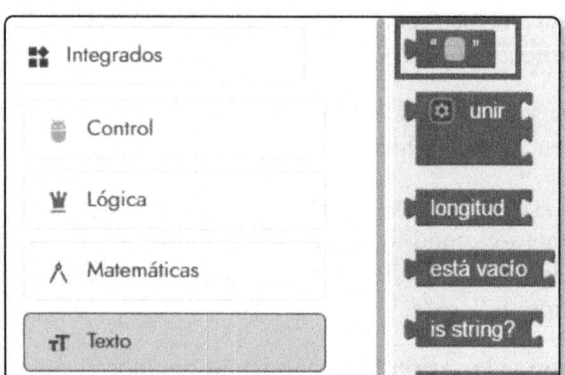

Imagen 3.5 Código integrado de texto

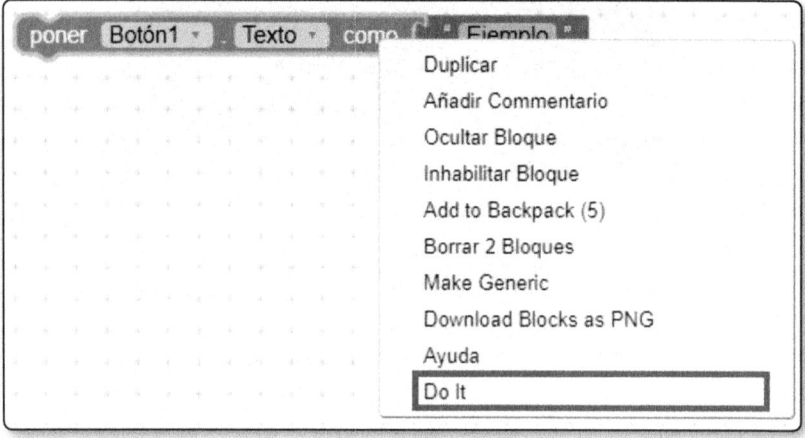

Imagen 3.6 Menú contextual al hacer clic secundario sobre el código

Como un dato adicional, desde el menú contextual de la imagen 3.6 podemos inhabilitar bloques, esto provocará que no se ejecute. El código inhabilitado se ve como el de la imagen 3.7.

Imagen 3.7 Bloque inhabilitado

3.2 CARACTERÍSTICAS GENERALES DE LOS COMPONENTES

Para no ser redundantes y explicar en cada componente las mismas configuraciones, mejor las vamos a definir en este apartado. Por lo general, todos los componentes tienen las configuraciones que se explican a continuación.

Configuración	Posibles valores	Significado
Color de fondo / Imagen	Un color en hexadecimal o una imagen previamente cargada en Kodular	Define el estilo del fondo del componente
Clickable / Habilitado	Si / No	El componente se vuelve sensible a los clics del usuario
Alto / Ancho	Capítulo 3.2.1	Define el tamaño del componente
Visible	Si / No	Muestra u oculta el componente de la pantalla

Y los que manejan texto (como los botones, las etiquetas, los campos de texto, entre otros), cuentan con las siguientes.

Configuración	Posibles valores	Significado
Color de texto	Un color en hexadecimal	Define el color del texto
Negrita	Si / No	Cambia el estilo del texto
Cursiva	Si / No	Cambia el estilo del texto
Tamaño de letra	Número	Cambia el estilo del texto (se pueden poner números decimales)
Tipo de letra	Imagen 3.48	Cambia el estilo del texto
Texto	Texto	Se ingresa el texto a mostrar
Posición del texto	Centro, Izquierda, Derecha	Desplaza el texto dentro del componente

Si necesitas más información sobre algún componente en específico, puedes consultar el **apéndice B**.

3.2.1 El tamaño de los elementos

Podemos definir el tamaño de los componentes con 4 posibles valores:

- ▶ Números absolutos.
- ▶ Números relativos.
- ▶ Automático.
- ▶ Ajustar al contenedor.

Los **números absolutos** definen el tamaño de un componente sin importar el tamaño de la pantalla, estos números se establecen con la medida **px**, por ejemplo, 95px.

Los **números relativos** definen el tamaño de un componente en base al tamaño de la pantalla, estos números se establecen con la medida **%**, por ejemplo, 95%.

El valor **automático** define el tamaño de un componente en base a su contenido ni más grande ni más pequeño.

El valor **ajustar al contenedor** extiende o reduce el tamaño del elemento al tamaño del contenedor en el que se encuentra incrustado.

Vamos a aplicar con un ejemplo práctico todos estos conceptos. En la aplicación de prueba con la que estamos trabajando, ingresa otros tres botones. Establece el ancho del primero a *100px*, del segundo como *50%*, del tercero déjalo en *automático* y del cuarto cámbialo por *ajustar al contenedor*.

El panel visor de la vista *diseñador* de Kodular te dá una idea de cómo se visualiza la interfaz gráfica en base al tamaño del dispositivo emulado (en este caso un Samsung Galaxy S9) como se observa en la imagen 3.8, pero dependiendo del tamaño de la pantalla del dispositivo, la vista cambia, observa los siguientes ejemplos. ¿Cómo se visualiza la interfaz en tu dispositivo?

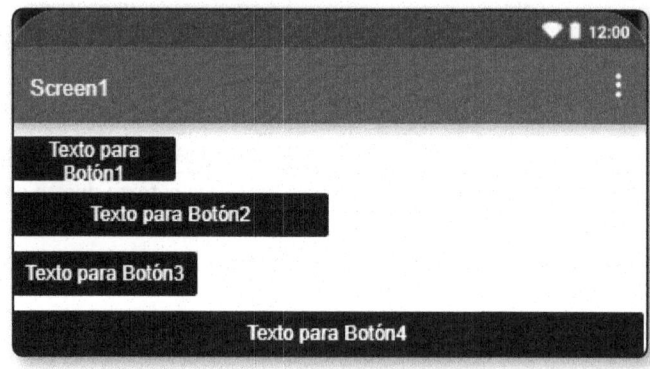

Imagen 3.8 Vista previa en Kodular con un Samsung Galaxy S9

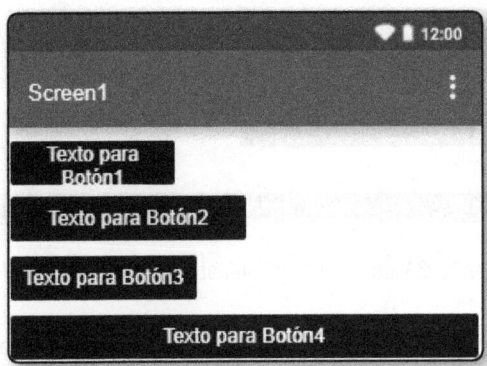

Imagen 3.9 Vista previa en Kodular con un LG Nexus 5X

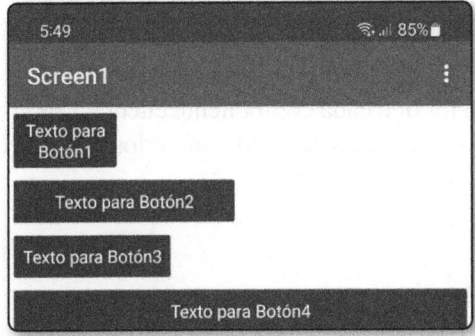

Imagen 3.10 Aplicación de prueba visualizada en un Samsung Galaxy A51 físico

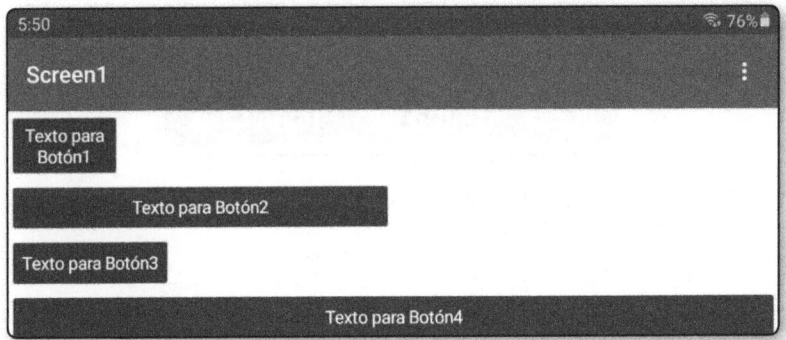

Imagen 3.11 Aplicación de prueba visualizada en un Samsung Galaxy Tab A 10.5 física

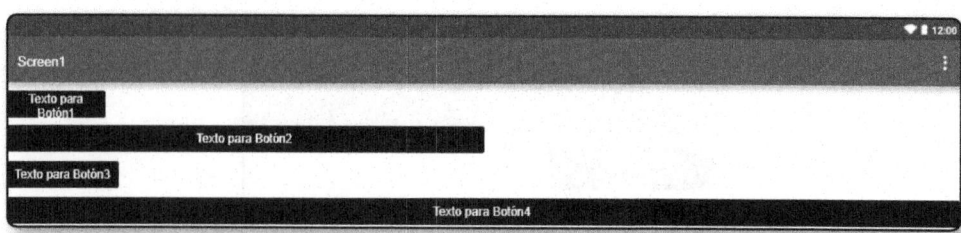

Imagen 3.12 Vista previa en Kodular con un Microsoft Surface 3

Por este motivo es **muy poco recomendable trabajar con valores absolutos**, lo mejor es **utilizar valores relativos**.

3.3 CÓDIGO DE LOS COMPONENTES

Para empezar a programar en Kodular, es necesario que primero veamos los bloques de código con los que cada componente cuenta. Los componentes tienen tres tipos de bloques de instrucciones: eventos, métodos y propiedades. De todos ellos hablaremos en los siguientes apartados.

3.3.1 Métodos

Los métodos son las funcionalidades que un componente puede realizar. Por ejemplo, los botones tienen un método que simulan el clic del usuario sobre ellos. Algunos métodos requieren el uso de parámetros, los cuales trataremos a lo largo de los proyectos. Los bloques de métodos son de color morado (recuerda que las imágenes de los bloques las podrás encontrar en la carpeta del capítulo).

Imagen 3.13 Método *button click* de los botones

3.3.2 Propiedades

Las propiedades de un componente permiten modificar o leer sus características, las cuales se muestran en la vista *diseñador* (en ocasiones habrá otras que solamente se puedan ajustar desde el código, pero serán casos muy particulares en los que realizaré este énfasis). Los bloques para establecer propiedades son de color verde oscuro y los bloques para leer propiedades son de color verde claro.

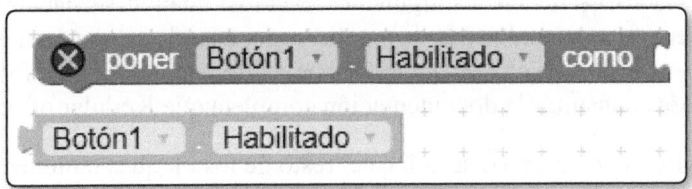

Imagen 3.14 Ejemplo de propiedades de los botones

3.3.3 Errores

Este es un buen momento para explicar lo siguiente. ¿Por qué aparece una tache junto a la propiedad que establece si el botón estará habilitado o no? Porque la instrucción está **incompleta y provoca un error**. Kodular no nos va a negar el probar nuestra aplicación en tiempo real si tiene errores, pero no podremos generar un *APK* hasta que lo corrijamos.

Podemos clasificar en dos categorías los errores que se nos pudieran presentar, los que aparecen en **tiempo de diseño** y los que aparecen en **tiempo de ejecución**.

Vamos a definir primero estos conceptos. Nos referimos a **tiempo de diseño** cuando, como programadores, estamos construyendo la aplicación, es decir, estamos creando componentes, configurándolos, dándoles interacciones (código), etcétera. Y nos referimos a **tiempo de ejecución** cuando la aplicación está en operación, es decir, funcionando en base a lo previamente configurado.

Un error en tiempo de diseño es fácil de identificar como lo vimos en la imagen 3.14, porque el mismo Kodular nos muestra exactamente el lugar de su aparición y si damos clic sobre la tache nos dirá incluso el qué lo provoca, pero los errores ocurridos durante el tiempo de ejecución serán más complejos de ubicar, puesto que, significa que la parte del código es correcta, es decir, no hay errores de sintaxis, pero lo que está mal es la ejecución de la instrucción como tal, es decir, hay un error de rutina.

Veremos un ejemplo de errores de rutina cuando tratemos el tema de las listas en el capítulo 3.4.6.

3.3.4 Eventos

Un evento se activa cuando el usuario interactúa con el componente. Por ejemplo, los botones tienen los siguientes eventos: cuando se hace clic sobre él, cuando obtiene foco, cuando se le da un clic largo, cuando se pierde el foco, cuando se presiona y cuando se suelta. Si quieres saber la diferencia entre clic, foco, presionar y soltar, puedes consultar la documentación completa que Kodular ofrece[10].

Dentro de los eventos se coloca el resto de los bloques tanto de propiedades como de métodos para construir una respuesta a ese evento. Los bloques de eventos son de color amarillo.

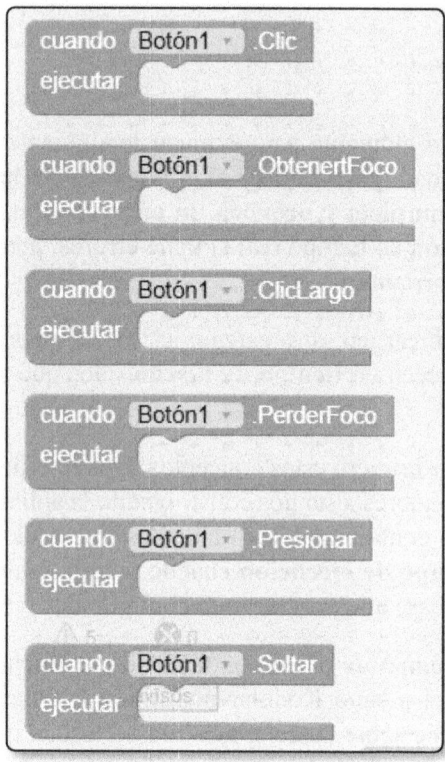

Imagen 3.15 Eventos de los botones

Cabe mencionar que no podemos tener más de un mismo evento para un mismo componente, por ejemplo, no podemos tener dos eventos **cuandoBotón1. Clic**.

---

10 *https://docs.kodular.io/components/user-interface/button/#events*

3.4 CÓDIGO INTEGRADO

El código integrado nos va a permitir tomar decisiones y hacer tareas repetitivas (control), hacer comparaciones lógicas (lógica), hacer operaciones aritméticas (matemáticas), manipular texto (texto), generar listas (listas), agrupar ciertos elementos en las listas (diccionarios), seleccionar colores (colores), crear variables globales o locales (variables), así como crear funciones auxiliares que apoyen la ejecución del algoritmo principal (procedimientos).

Si los conceptos que vamos a ver en este apartado te resultan poco digeribles, no te preocupes, cuando construyamos el código de las aplicaciones y pongamos todo esto en práctica comenzarán a ponerse más claros.

Para que sigas practicando, en los siguientes apartados necesitarás agregar cuatro etiquetas a la interfaz y un campo de texto. Te recomiendo que les cambies el tamaño del texto a 30 puntos.

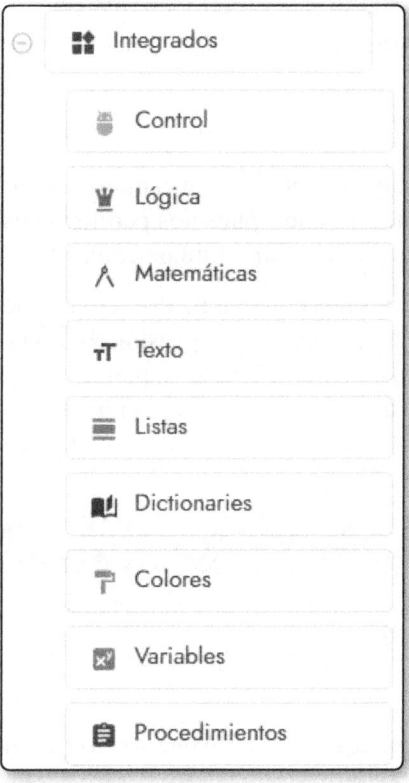

Imagen 3.16 Categorías de código integrado

3.4.1 Estructuras de control

Las estructuras de control tanto en Kodular como en cualquier lenguaje de programación nos permiten tomar decisiones en base a condicionales *Si entonces, sino*; es decir, podemos evaluar algún criterio para que la aplicación realice una determinada acción. También nos permiten realizar tareas repetitivas (o iterativas) con ayuda de los ciclos (*bucles*).

Además, en Kodular, desde esta categoría de bloques, podemos abrir y cerrar pantallas con y sin mensajes, así como recuperar esos mensajes en la pantalla que se está abriendo o en la que se encuentra detrás de la que se está cerrando[11].

Si en algún momento necesitas más información sobre cómo utilizar alguna estructura de control (pues no vamos a profundizar en todas), puedes visitar el sitio con la documentación oficial de Kodular[12].

A lo largo de este capítulo vamos a realizar múltiples ejemplos con las estructuras de control, de momento en este apartado no realizaremos ninguno pues requerimos de información que vamos a exponer a continuación para poder comprender a ciencia cierta lo que hacen y en qué situaciones podemos aplicarlos. Estos bloques son de color amarillo (al igual que los eventos).

3.4.2 Lógica

La lógica es de suma importancia en el mundo de la informática, y en especial para codificar aplicaciones móviles, pues nos permite construir las condiciones que después serán analizadas por una estructura de control[13].

¿Cómo construimos una condición? Primero hay que entender este concepto. Una **condición** o un **criterio** es una **expresión binaria** que al evaluarse puede **cumplirse o no**. Vamos a poner un ejemplo, supongamos que la estructura de control *Si entonces, sino* debe evaluar la condición de la imagen 3.18 ¿cuál será el texto de la etiqueta si lo ejecutamos? Los bloques lógicos se caracterizan por ser de color verde no tan oscuro ni tan claro.

> ### ⓘ NOTA
>
> Para modificar la estructura *Si entonces, sino* debemos dar clic en el engrane azul, como se muestra en la imagen 3.17.

---

11 El orden de apertura y cierre de las pantallas lo veremos en el capítulo 5.6.2.

12 *https://docs.kodular.io/blocks/control/*

13 *https://docs.kodular.io/blocks/logic/*

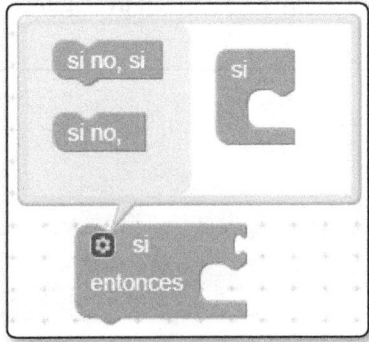

Imagen 3.17 Modificar un bloque

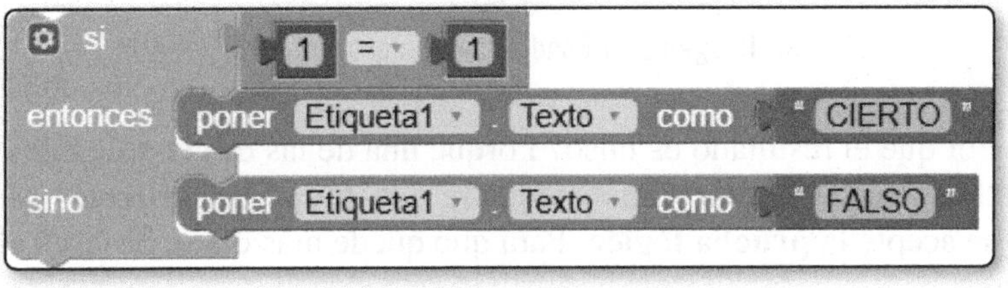

Imagen 3.18 Un condicional simple

El resultado es verdadero y lo podemos comprobar en la aplicación.

Imagen 3.19 Resultado de evaluar una prueba lógica

Tenemos dos operadores lógicos que podemos utilizar para construir condiciones lógicas más complejas que se muestran a continuación.

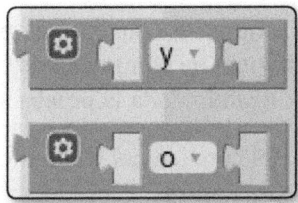

Imagen 3.20 Condicionales Y y O

¿Qué hace el condicional Y? Vamos a averiguarlo con un ejemplo.

(Se muestra un bloque de código:)

```
Do It Result: false
---

si   ☐ ?   [ 1 ] = ▾ [ 1 ]   y ▾   " Kodular "  ≠ ▾  " Kodular "
entonces   poner  Etiqueta1 ▾ . Texto ▾  como  " CIERTO "
sino       poner  Etiqueta1 ▾ . Texto ▾  como  " FALSO "
```

Imagen 3.21 Condicional con el operador Y

¿Por qué el resultado es falso? Porque una de las dos condiciones no se está cumpliendo y este operador lógico requiere que **todos los criterios se cumplan** para que se acepte la **prueba lógica**. Para que quede más claro, observa el siguiente diagrama.

```
Si            Cierto              Cierto
1 = 1    Si Kodular ≠ Kodular    "CIERTO"

                                  Falso
              Falso              "FALSO"
             "FALSO"
```

Imagen 3.22 Diagrama del funcionamiento del condicional Y

Vamos a definir rápidamente el concepto de prueba lógica para no caer en ambigüedades. Las **pruebas lógicas** se componen de uno o más criterios y según el operador lógico que se esté utilizando, toda la prueba se acepta o se rechaza.

Ahora bien, ¿qué hace el condicional O? Vamos a averiguarlo con el mismo ejemplo anterior.

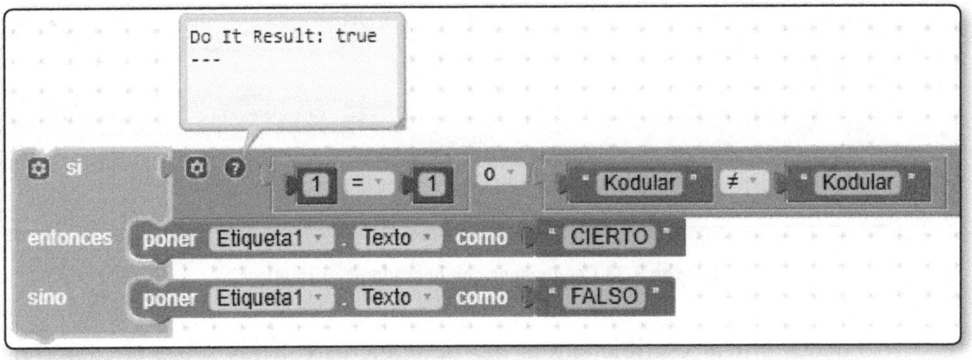

Imagen 3.23 Condicional con el operador O

¿Por qué el resultado es cierto? Porque una de las dos condiciones se cumple y este operador lógico requiere que **al menos uno de los criterios se cumpla** para que se acepte la prueba lógica.

3.4.3 Matemáticas

Los bloques de matemáticas nos van a permitir trabajar con números y realizar cálculos aritméticos pues podemos sumar, restar, multiplicar, dividir, obtener el residuo de una división, elevar, obtener la raíz cuadrada, el valor absoluto, redondear; así como cálculos trigonométricos pues podemos obtener el seno, el coseno y la tangente de un número o convertirlo de grados a radianes. Además, podemos transformar números a diferentes bases, por ejemplo, de decimal a hexadecimal o de decimal a binario y viceversa. Incluso podemos extender la creación de condiciones al evaluar si un número es mayor que otro, menor, mayor o igual, menos o igual, igual, diferente y hasta saber si lo que estamos evaluando si quiera es un número[14].

Vamos a realizar un ejemplo en donde vamos a evaluar la edad que ingrese el usuario en el campo de texto. Si el valor ingresado es un número y es mayor o igual que 18, le vamos a decir en la *Etiqueta1* que es mayor de edad, si ingresó un número y es menor que 18 le vamos a decir que es menor de edad, pero si ingresó algo diferente le vamos a decir que ingresó un número invalido. Para ello utilizaremos el código de la imagen 3.24. Los bloques de matemáticas son de color azul oscuro.

_____

14 *https://docs.kodular.io/blocks/math/*

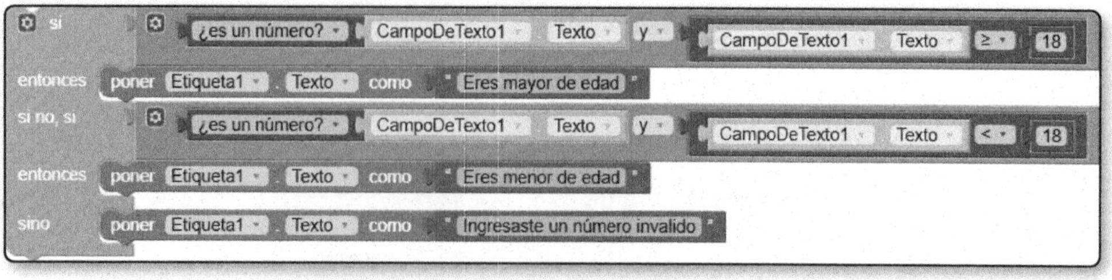

Imagen 3.24 Condiciones con operadores aritméticos

Puedes probar escribiendo un par de números o letras sobre el campo de texto y ejecutando esta estructura de control.

3.4.4 Texto

Estos bloques nos van a permitir interactuar con cadenas de texto, por ejemplo, vamos a poder ingresar una cadena, concatenarlas, medir su longitud, evaluar si está vacía, comparar textos, etcétera. Ya hemos utilizado cadenas de texto en los ejemplos anteriores, por lo que no requerimos de mayores explicaciones. Estos bloques los mostramos en la imagen 3.5 y son de color rosa[15].

3.4.5 Variables

En todos los lenguajes de programación, una variable es, de forma gráfica, una caja en la cual podemos almacenar algún elemento independiente o una lista (*array*). Existen dos tipos de variables, las **globales** y las **locales**. Estos bloques son de color naranja[16].

Las variables globales son aquellas que se declaran fuera de cualquier procedimiento o algoritmo y a las que se puede acceder desde cualquier parte del código de la pantalla. Es importante mencionar que el identificador de la variable (o su nombre) no puede empezar con caracteres especiales (como puntos, comas, diagonales, etcétera).

---

15 *https://docs.kodular.io/blocks/text/*

16 *https://docs.kodular.io/blocks/variables/*

Imagen 3.25 Declaración de una variable *variable1* global vacía

Las variables locales son aquellas que se declaran dentro del código de algún algoritmo y a las que se puede acceder únicamente desde el código que contengan en su interior.

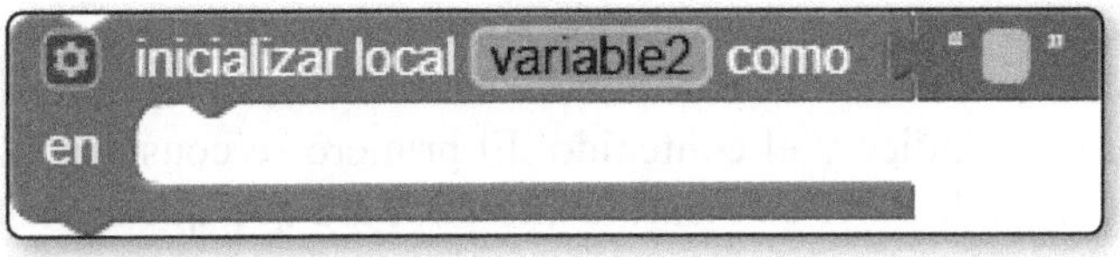

Imagen 3.26 Declaración de una variable *variable2* local vacía

Vamos a poner en práctica esto con el siguiente código.

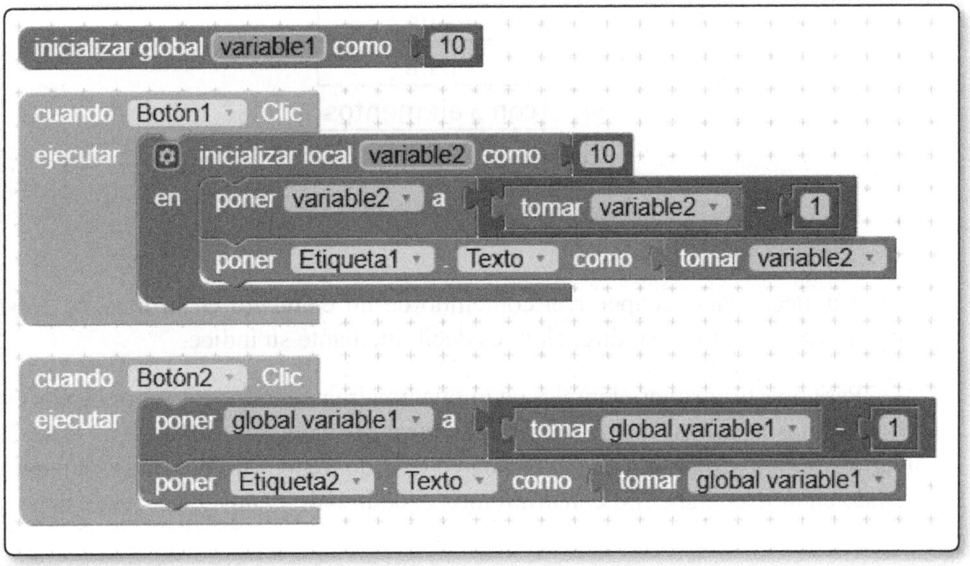

Imagen 3.27 Ejemplo haciendo uso de variables

¿Qué es lo que hace? Inicializa a ambas variables en 10; el *Botón1* le resta uno a la variable local cuando se da clic sobre él y muestra su valor en la *Etiqueta1* mientras que el *Botón2* le resta uno a la variable global y muestra su valor en la *Etiqueta2*. ¿Qué crees que pase? ¿Ambas disminuirán su valor al mismo tiempo cada vez que demos clic en los botones? Haz la prueba. Decidí ponerte la respuesta a la pregunta en el pie de página para no arruinar tu experimento[17].

3.4.6 Listas

Vamos a ver tres ejemplos haciendo uso de las listas, tanto en variables locales como en variables globales. Los bloques de las listas son de color azul claro[18].

Antes que nada, ¿qué es una lista? Una lista es una estructura que permite almacenar múltiples datos en su interior, a diferencia de una variable simple que solamente puede almacenar un dato único. Cada elemento en una lista cuenta con dos propiedades, el índice y el contenido. El primero se considera la dirección del elemento y el segundo es el elemento como tal. Para que quede más claro observa la imagen 3.28.

Índice	Contenido
1	Esto
2	es una
3	lista
4	con 5 elementos
5	2023

Imagen 3.28 Representación gráfica de una lista

Entonces, para recuperar el contenido de un elemento en la lista, se debe acceder a él por medio de su dirección, es decir, mediante su índice.

Para nuestro primer ejemplo, en el que pondremos todos estos conceptos en práctica, vamos a utilizar la estructura de control *por cada elemento en la lista*, el cual agregará al texto de la *Etiqueta1* una cadena de texto ", 1" por cada elemento contenido en la lista, para ello construiremos el código de la imagen 3.29. ¿Cuántas

---

17 ¿Qué pasa cuando damos el primer clic en ambos botones? Ambas variables bajan de 10 a 9, hasta el momento todo bien, pero ¿qué pasa cuando seguimos dando clics? Únicamente la variable global continúa disminuyendo y la variable local se mantiene en 9 ¿por qué? Porque cada que damos clic sobre el *Botón1* se crea la variable, se inicializa en 10, se le resta 1, se muestra su valor en la etiqueta y se destruye. En cambio, la variable global mantiene su valor de forma permanente y no se destruye hasta que se cierre la aplicación.

18 *https://docs.kodular.io/blocks/lists/*

veces se le añadió la cadena de texto previamente indicada a la etiqueta? Y ¿cuántos elementos tiene la lista?

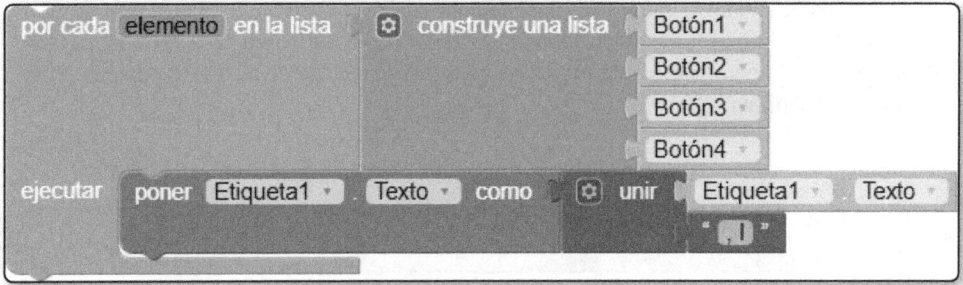

Imagen 3.29 Lista dentro de un ciclo

Cabe mencionar que, en este primer ejemplo, la lista no está contenida en ninguna variable, por lo que únicamente se puede comunicar con el ciclo, es decir, nadie más puede modificarla, acceder a ella, ni realizar alguna acción sobre la misma.

Para nuestro segundo ejemplo, vamos a utilizar la estructura de control *mientras*, la cual agregará al texto de la *Etiqueta2* una cadena de texto ", I" por cada elemento contenido en la lista, adicionalmente va a ir eliminado los elementos de la lista de forma aleatoria, para ello construiremos el código de la imagen 3.30 y 3.31.

Recuerda que se accede a los elementos mediante su índice, por eso la instrucción de la imagen 3.31 devuelve un entero entre 1 y la longitud de la lista, es decir, entre 1 y la cantidad de elementos de la lista; para que el elemento almacenado en la ubicación sorteada se elimine.

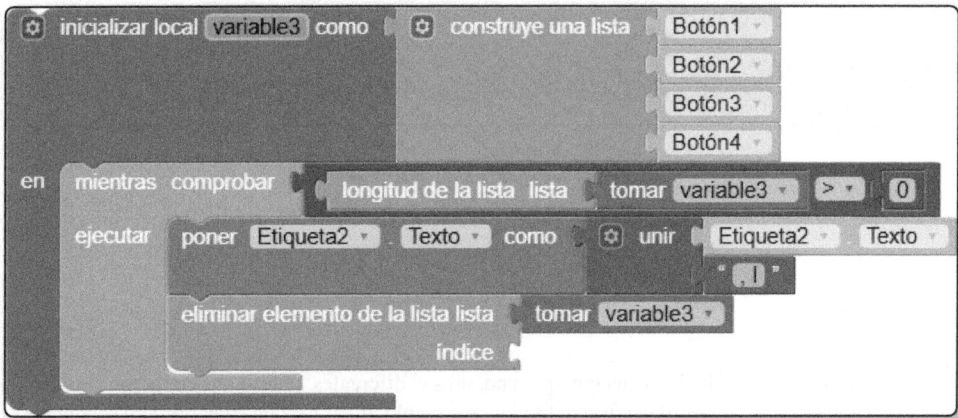

Imagen 3.30 Lista en variable local

NOTA

La instrucción que va colocada dentro del parámetro *índice* del bloque *eliminar elemento de la lista* expuesto en la imagen 3.30, se muestra en la imagen 3.31. Lo tuve que separar porque el bloque es muy extenso horizontalmente. Esto sucederá constantemente a lo largo del documento, pero recuerda que puedes visualizar el bloque completo en la carpeta del capítulo.

Imagen 3.31 Índice del elemento a eliminar de la lista *variable3*

Este código en conjunto entonces inicializa una lista sobre una variable local llamada *variable3* la cual contiene 4 elementos, posteriormente se ingresa a un ciclo, el cual va a ejecutar las instrucciones en su interior mientras que la longitud de la lista sea mayor que cero, es decir, mientras la lista contenga al menos un elemento, y las acciones que va a realizar este ciclo ya se explicaron previamente. ¿El resultado fue diferente al anterior?[19]

Para nuestro tercer y último ejemplo vamos a insertar los siguientes bloques.

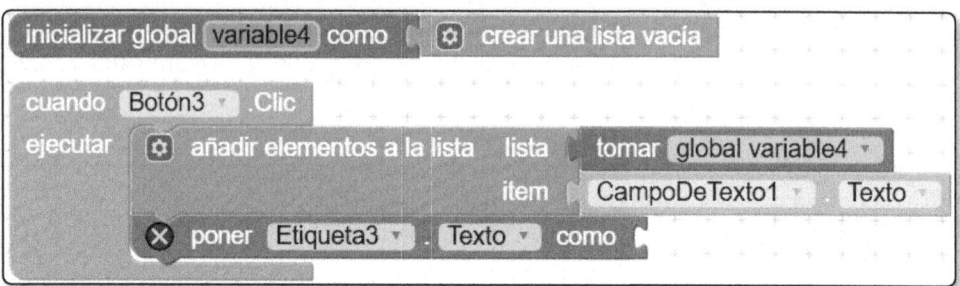

Imagen 3.32 Lista en variable global

---

19 El resultado del ejemplo dos y del ejemplo uno, no son diferentes, puesto que se fueron eliminando uno por uno los elementos de la lista del segundo ejemplo, mientras que en el primero solamente se obtuvo la longitud de la lista, y ese número fueron las veces que se ejecutó el ciclo. Entonces ambos ejemplos ejecutaron 4 veces su respectivo ciclo.

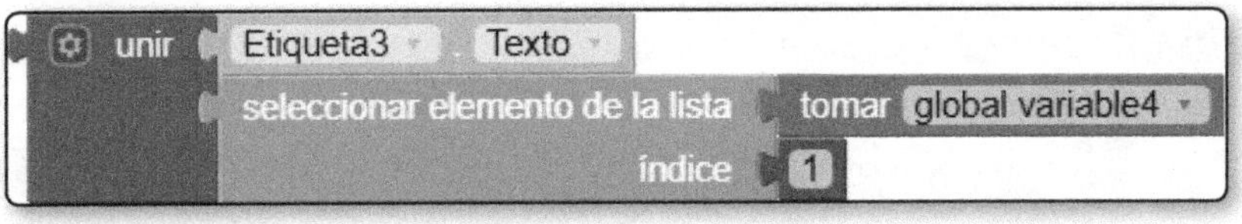

Imagen 3.33 Etiqueta3.Texto

¿Qué estamos haciendo? Primero estamos inicializando una variable global llamada *variable4* como una lista vacía. A continuación, estamos indicando que cada vez que se presione el *Botón3* se agregue a la lista el contenido en el campo de texto. Finalmente recuperamos el contenido del elemento que ocupa la posición número 1 de la lista y se lo concatenamos al texto de la *Etiqueta3*.

¿Esto funciona correctamente? ¡No! Porque siempre va a estar concatenando el primer elemento ingresado y no el más reciente, así que vamos a cambiar el método para insertar elementos a la lista por el siguiente. Al igual que en el evento anterior, en la instrucción **Etiqueta3.Texto** se ponen los bloques de la imagen 3.33.

Imagen 3.34 Corrección en la lista con variable global

Vemos entonces, que con la instrucción **insertar elemento en la lista** podemos especificar la posición en donde queremos insertar el elemento, en cambio, con la instrucción **añadir elementos a la lista**, los nuevos elementos siempre se insertan al final.

Es importante mencionar que podemos crear listas de lo que sea, por ejemplo, en los dos primeros ejemplos trabajamos con listas de componentes (hacíamos referencia a los botones) y en el tercer ejemplo trabajamos con una lista de texto (que se construía por la interacción con el usuario).

Ahora te dejó a ti y a tu creatividad el probar todas las demás operaciones que se les pueden aplicar a las listas.

Para cerrar con este tema de las listas, vamos a ver un ejemplo de cómo se puede generar un **error en tiempo de ejecución** o un **error de rutina**. Supongamos que tenemos el código de la imagen 3.35.

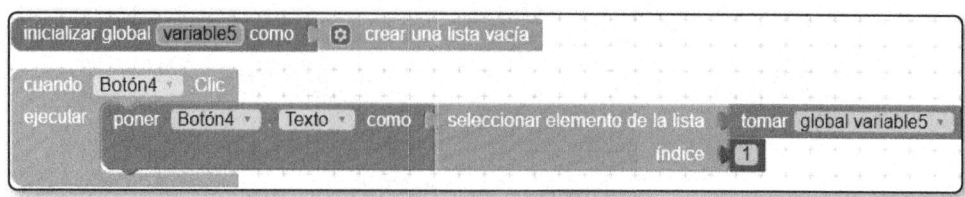

Imagen 3.35 Código que provoca un error de rutina

¿A simple vista parece que hubiera algún error? Parece que no, Kodular no nos alertó de nada, los parámetros de la instrucción parecen estar completos y todo luce en orden, pero ¿qué pasa cuando le damos clic al *Botón4*? La ejecución del programa se verá interrumpida ante la presencia de un error.

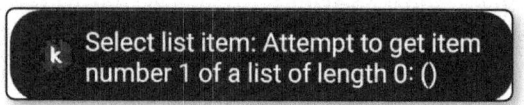

Imagen 3.36 Error de rutina en la aplicación

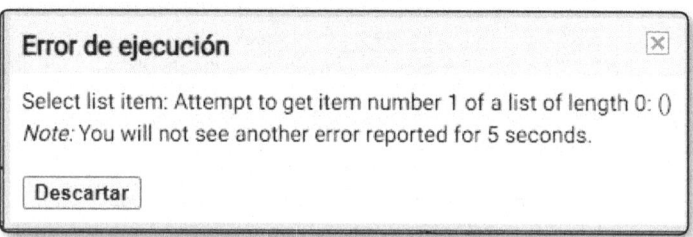

Imagen 3.37 Error de rutina en Kodular

Es muy importante leer el contenido del error, para poder identificar en qué parte de nuestro código se presenta y el motivo que lo origina, en este caso, se nos dice en la imagen 3.37 que el error está en una instrucción **Select list item** y que el motivo que lo origina es **Attempt to get item number 1 of a list of lenght 0**, es decir, que se está intentado obtener el elemento número 1 de una lista de longitud 0.

Muy a menudo te encontraras con este tipo de errores, por lo que es muy importante que empecemos a familiarizarnos con ellos, para poder localizarlos y resolverlos de una manera mucho más eficiente.

3.4.7 Diccionarios

Esta parte de los diccionarios es un tema un poco más complejo que vamos a tratar más adelante en el desarrollo de los proyectos. Por el momento solo es importante mencionar que, los bloques de diccionario sirven para extraer información agrupada por caracteres llave, que permitan identificar la organización y la estructura de los elementos para poder construir listas con determinada información. Estos bloques son de color azul muy oscuro[20].

3.4.8 Colores

Desde esta categoría podemos seleccionar colores para asignarlos a las propiedades de los componentes, por ejemplo, si quisiéramos cambiar el color del texto de una etiqueta, requerimos de estas instrucciones. Podemos elegir uno de los predefinidos o crear uno en base al sistema RGB[21] (red, green, blue) y alpha (que tan transparente será), incluso, para hacer cálculos podemos dividir un color, lo que nos devolverá una lista con los valores del RGB y el alpha mencionados. Estos bloques son de color gris[22].

3.4.9 Procedimientos

Los procedimientos los podemos identificar en lenguajes de programación como **funciones**. Una función es un segmento de código que puede llamarse desde cualquier parte del programa y que tiene por objetivo realizar una tarea en específico[23].

Por lo general utilizamos funciones para simplificar código repetitivo, por ejemplo, si un mismo algoritmo lo necesitamos utilizar en múltiples eventos, lo mejor es crear una función y cada vez que se necesite, se mande a llamar.

Las funciones pueden ser simples o podemos enviarles **parámetros** para que estas se encarguen de procesar los datos. En Kodular tenemos dos tipos de funciones, con o sin retorno, es decir, pueden o no devolver el resultado al código desde el que fue llamado.

---

20 *https://docs.kodular.io/blocks/dictionaries/*

21 ¿Quieres aprender más sobre el sistema RGB y crear tus propios colores en este sistema? Te recomiendo acceder a la siguiente página: *https://htmlcolorcodes.com/es/*

22 *https://docs.kodular.io/blocks/colors/*

23 *https://docs.kodular.io/blocks/procedures/*

Vamos a ver un ejemplo en el que utilizaremos ambos tipos de funciones, para ello utilizaremos el siguiente código.

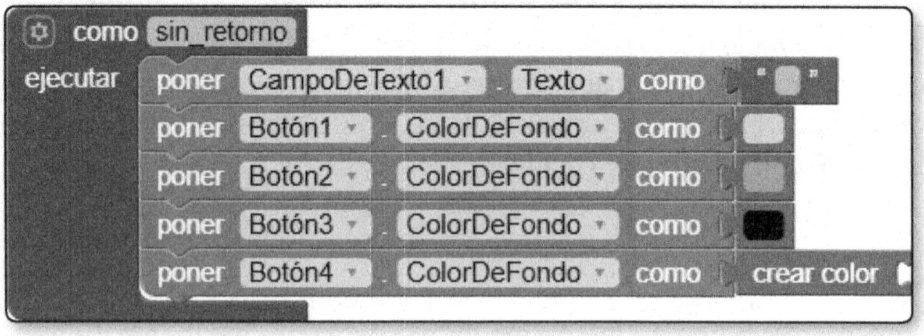

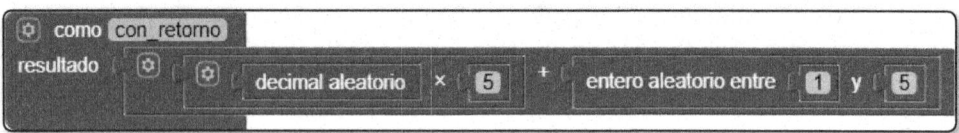

Imagen 3.38 Ejemplo de función sin retorno

Imagen 3.39 Crear color

Imagen 3.40 Ejemplo de función con retorno

Como puedes observar, la función sin retorno lo que hace es, modificar el color del fondo de los botones, además de limpiar el campo de texto; y la función con retorno lo que hace es obtener un decimal aleatorio[24] entre 0 y 1, multiplicarlo por 5 y sumarle un entero aleatorio entre 1 y 5.

Estos trozos de código de momento no hacen nada (incluso no puedes ejecutar la función completa con la opción secundaria *Do it*) por lo que modificaremos los eventos de clic de los botones 1 y 2 que implementamos cuando vimos variables y listas, de la siguiente manera.

---

24 Por decimal aleatorio entre 0 y 1 entendemos que puede ser cualquier número como 0.5, 0.64785 sin ser menor que cero y sin ser mayor a 1.

```
inicializar global  variable1  como      10

cuando  Botón1  .Clic
ejecutar      inicializar local  variable2  como      10
          en    poner  variable2  a        tomar  variable2   −   Llamar  con_retorno
                poner  Etiqueta1 . Texto  como      tomar  variable2

          Llamar  sin_retorno

cuando  Botón2  .Clic
ejecutar    poner  global variable1  a      tomar  global variable1   −   Llamar  con_retorno
            poner  Etiqueta2 . Texto  como      tomar  global variable1
            Llamar  sin_retorno
```

Imagen 3.41 Llamando a las funciones

Antes de continuar ¿de dónde sacamos los bloques para llamar a nuestras funciones? Desde el mismo panel de procedimientos. Allí se van a ir almacenando todas las funciones que vayamos creando.

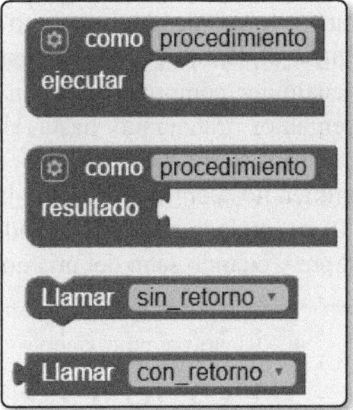

Imagen 3.42 Funciones almacenadas

Con el código de la imagen 3.41 estamos diciéndole al programa que cada vez que se presione el *Botón1* o el *Botón2* queremos restarle a la variable local o global respectivamente el número que devuelva la función *con_retorno* y que al final cambie siempre el color del fondo de los botones, llamando a la función *sin_retorno*. ¡Haz una prueba! El resultado debe verse más o menos como el siguiente (digo más o menos porque al estar trabajando con valores aleatorios no puede verse exactamente igual).

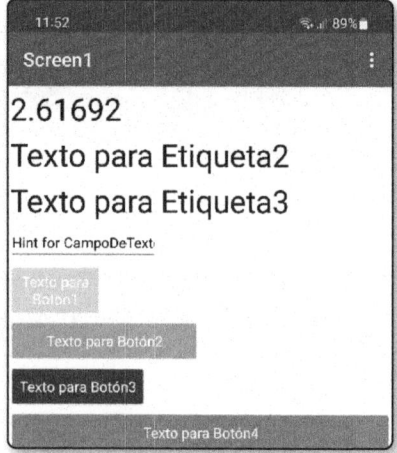

Imagen 3.43 Resultado del ejemplo utilizando funciones

3.5 CUALQUIER COMPONENTE

Podemos considerar a este tipo de bloques como abstractos o muy generales, puesto que con estos bloques, podemos construir eventos que se activen cuando el usuario interactúe con cualquier componente de un mismo tipo y no con uno en específico como lo veníamos trabajando hasta ahora (si recuerdas, en los ejemplos anteriores, construíamos eventos específicamente para el *Botón1* o para el *Botón2*). Estos bloques, también nos permiten cambiar las propiedades de cualquier componente de la misma clase, incluso podemos mandar llamar a los métodos de cualquier componente siempre y cuando sean del mismo tipo.

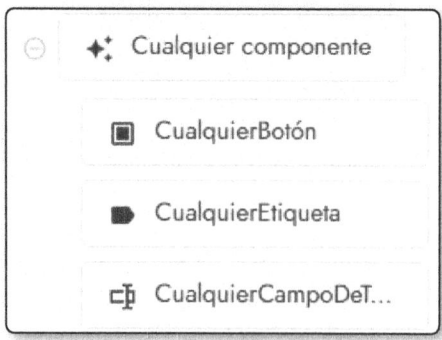

Imagen 3.44 Cualquier componente

Sé que la definición puede no quedar del todo clara, por eso, vamos a ver un ejemplo haciendo uso del código de la imagen 3.45.

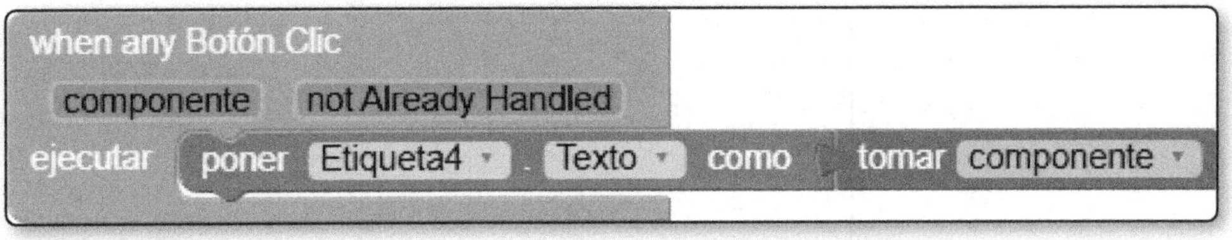

Imagen 3.45 Ejemplo con cualquier componente

¿Qué estamos haciendo con esta instrucción? Le estamos diciendo al programa que cuando se dé un clic sobre cualquier botón, imprima en la *Etiqueta4* el botón que se presionó.

¿De dónde sacamos el componente en color naranja que dice **tomar componente**? De los **parámetros del evento**. ¿Qué significa esto? Significa que algunos eventos pueden regresarnos información valiosa con la que estos trabajan, en este caso el evento nos regresa dos parámetros, el nombre "oficial" o que el sistema le asigna al botón al que se le dio clic y si no realizan más acciones.

Pero ¿recuerdas que dijimos que no podíamos tener dos eventos iguales? ¿Por qué entonces podemos tener los eventos específicos y el general de cuando un botón recibe un clic? Porque técnicamente no son los mismos eventos, el evento general espera a que cualquier botón reciba un clic mientras que los eventos específicos únicamente esperan al botón que les fue indicado, y ambos pueden trabajar de forma colaborativa.

3.6 CONFIGURANDO LA PANTALLA

Las pantallas[25] también tienen un par de configuraciones interesantes que expondremos superficialmente, únicamente profundizaremos en las más importantes y particulares.

---

25 *https://docs.kodular.io/components/screen/*

Imagen 3.46 Configuraciones importantes de las pantallas

Como se observa en la imagen anterior, en las pantallas podemos configurar la **alineación** de la disposición de la pantalla, mas no el tipo, es decir, siempre será **vertical**, pero dentro de esa disposición vertical, podemos configurar hacia donde queremos que se desplacen los objetos, si a la derecha, al centro o a la izquierda. Este tema se expone con detalle en el capítulo 4.1.1.

También podemos configurar el **fondo de pantalla** con una imagen o con un color, **la animación** de cierre y apertura de esta, **la orientación**, etcétera.

La propiedad **enrollable** nos permite insertar elementos por debajo de los límites de la pantalla y desplazarnos por ella. Es la misma propiedad que tienen las disposiciones **scroll**.

La propiedad **Show options menú** muestra u oculta el menú de opciones (recordemos los elementos de la interfaz del capítulo 1.6); la propiedad **Mostrar barra de estado** hace precisamente eso, o la oculta; y el campo **Título** nos permite cambiar el texto que se muestra en el título de la aplicación.

Las pantallas también tienen un par de configuraciones avanzadas, por ejemplo, podemos decirle que muestre las imágenes en alta definición (**High Quality Images**), que mantenga la pantalla encendida aun cuando no tenga actividad (**Mantener la pantalla encendida**), así como importar algún tipo de letra nueva para el título de la aplicación, en formato *TTF*, si quisiéramos uno diferente a los que Kodular nos ofrece. ¿Qué tipos de letra nos ofrece Kodular? Se muestran algunas en la imagen 3.48.

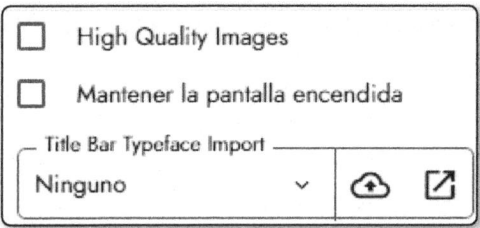

Imagen 3.47 Configuraciones avanzadas de las pantallas

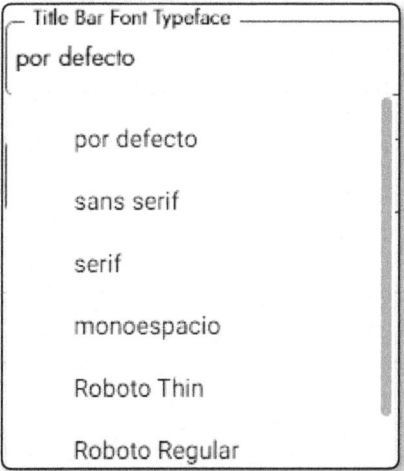

Imagen 3.48 Tipos de letra predeterminados por Kodular

Además, contamos con otras configuraciones particulares de las pantallas que te dejó a ti para que investigues su funcionamiento y sus características, con el objetivo de no extenderme tanto en el texto.

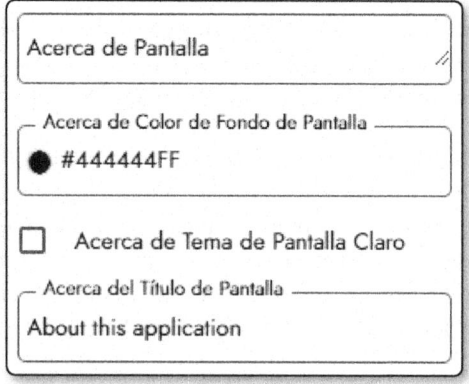

Imagen 3.49 Configuraciones adicionales de las pantallas

4

APLICACIÓN DE 3 EN RAYA (GATO)

¡Por fin! Llegamos al primer proyecto de desarrollo de aplicaciones móviles para Android con Kodular, sé que la espera fue larga, pero te aseguro que toda la información que recibiste previo a llegar al objetivo de este libro te será de muchísima utilidad pues ahora serás capaz de desarrollar proyectos formales, presentables, así como bien diseñados, además, al contar ya con tu primer acercamiento a la plataforma, más o menos ya comenzaste a familiarizarte con el entorno.

Vamos a definir primero los objetivos que queremos cumplir al desarrollar esta primera aplicación estática (es decir, que toda la información se va a procesar de forma local en el dispositivo), ¡Que será nuestro primer videojuego! Te aseguro que será muy divertido y entretenido este proyecto, así que ¡Adelante!

> ▸ Dos personas jugarán en un tablero 3x3 que da origen a 9 casillas, en el que cada uno selecciona una figura que lo identificará entre las *taches* o los *círculos*. Gana el primer jugador que logre alinear 3 de sus figuras de forma consecutiva, ya sea de forma vertical, horizontal o en diagonal.

> ▸ El juego debe llevar el control de los turnos y mostrarlo, además debe tener un marcador local que, mientras la aplicación no se cierre, lleve un conteo de las partidas ganadas por las *taches* y por los *círculos*.

Para empezar, crearemos un proyecto nuevo en Kodular con el nombre clave (como lo hicimos en el capítulo 1.3) de "Gato" y lo configuraremos como se muestra en la siguiente imagen.

Imagen 4.1 Configuración básica del proyecto

4.1 CONSTRUIR LA INTERFAZ GRÁFICA

Ahora, en Kodular, vamos a agregar los componentes que propusimos en el diseño de la interfaz en el MockUp del proyecto, que se incluye en la carpeta del capítulo. Te recomiendo que para que me vayas siguiendo de forma correcta y no te pierdas (pues a veces el texto se vuelve poco claro y se requiere de información visual) importes mi aplicación (Gato.aia) en Kodular para que revises los componentes y su orden, y que además te sirva como apoyo a la información expuesta aquí en el texto. Puedes tener dos pestañas de Kodular abiertas en tu navegador sin ningún problema siempre y cuando no abras el mismo proyecto, así en una podrás checar mi proyecto y en la otra trabajar sobre el tuyo.

Pero previo a la construcción de la interfaz de nuestra aplicación móvil, vamos a conocer a los componentes con los que vamos a trabajar en este proyecto.

4.1.1 Disposiciones verticales y horizontales

Una disposición (o *layout*) es un **contenedor** sobre el cual podemos agrupar un par de componentes, con el fin de aplicarles características particulares a todos en conjunto. Por defecto, la alineación de los componentes dentro del *layout* de la pantalla principal es vertical, con alineación vertical arriba y alineación horizontal hacia la izquierda como lo mencionamos en el capítulo anterior. Esto quiere decir que, los componentes se colocan uno debajo de otro desde la esquina superior izquierda de la pantalla. Entonces utilizamos disposiciones para acomodar a nuestro gusto a los componentes dentro de la interfaz y que así luzcan de una mejor manera o simplemente para darles un diseño y acomodo característico.

Tenemos un par de disposiciones que podemos insertar en nuestra aplicación, las cuales se muestran en la imagen 4.2.

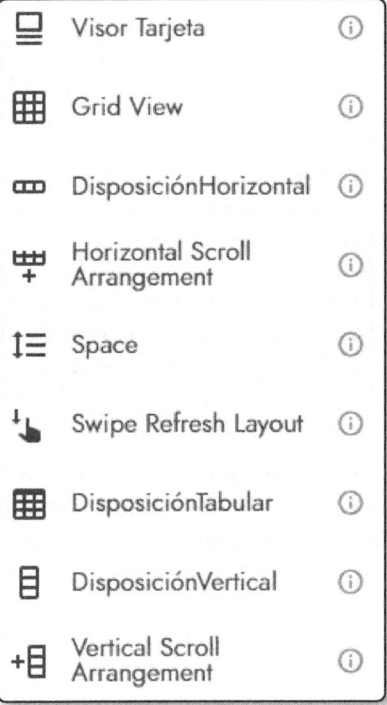

Imagen 4.2 Disposiciones disponibles en Kodular

Disposición	Descripción
Visor Tarjeta	Se verá con detalle en el siguiente proyecto
Disposición Horizontal	Los componentes ingresados se almacenan uno al lado del otro
Space[26]	Este es un componente que permite separar visualmente dos componentes, creando un espacio vacío entre ambos, pues al no tener color de fondo prácticamente no es perceptible por el usuario, pero sus ajustes visuales sí lo son
Disposición Vertical	Los componentes ingresados se almacenan uno debajo del otro
Disposición Tabular	Los componentes ingresados se almacenan en un arreglo bidimensional, es decir, en una tabla
Vertical/Horizontal Scroll Arrangement	Disposición vertical/horizontal que permite ingresar componentes fuera de sus dimensiones y nos permite desplazarnos en su interior
Grid View	Disposición tabular que permite ingresar componentes fuera de sus dimensiones y desplazarnos en su interior, mediante el scroll
Swipe Refresh Layout	Disposición que permite recargarse cuando se desliza el dedo hacia abajo (por defecto es vertical). Esta disposición se verá con detalle en el último proyecto

A continuación, veremos qué configuraciones se les pueden aplicar a las **disposiciones verticales y horizontales** (cada tipo de disposición tiene configuraciones particulares, que cuando necesitemos trabajar con ellas las explicaremos).

26 En mi opinión este componente no se debe clasificar como una disposición pues no cumple con la definición (que permite almacenar y acomodar componentes dentro de sí) así que nosotros lo tomaremos como un componente normal.

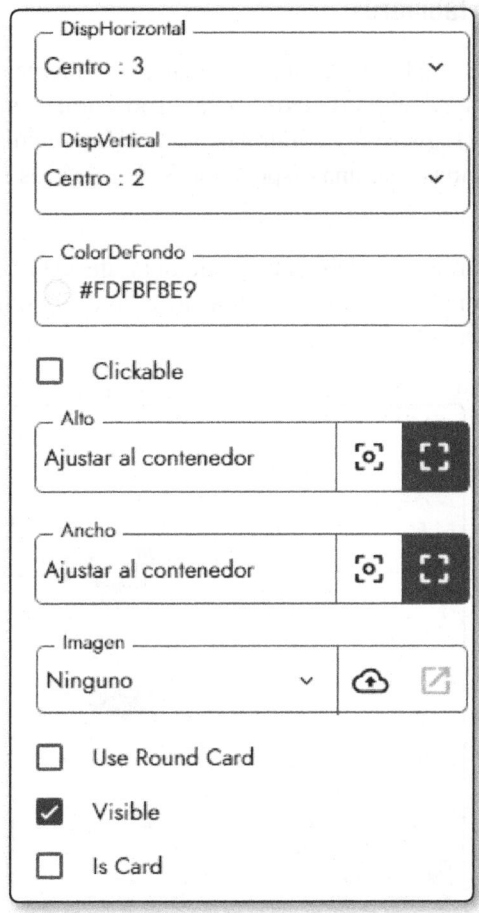

Imagen 4.3 Configuraciones de las disposiciones verticales y horizontales

Configuración	Posibles valores	Significado
DispHorizontal	Izquierda, Centro, Derecha	Los elementos se colocan en la parte especificada de la disposición
DispVertical	Arriba, Centro, Abajo	Los elementos se colocan en la parte especificada de la disposición
Use Round Card	Si / No	Redondea los bordes de la disposición convertida en "card"
Is Card	Si / No	Convierte la disposición en una "card"

4.1.2 Disposiciones tabulares

Una disposición tabular permite agrupar componentes en su interior de una forma **cuadriculada** por decirlo así, es decir, la disposición forma una especie de tabla conformada por filas (registros) y columnas. Las celdas se crean por la intersección de las filas y las columnas, así, una disposición 3x3 (registros x columnas) da origen a 9 celdas.

Algo importante que debemos mencionar de estas disposiciones es que el ancho de la columna y el alto de la fila, lo define el componente más grande almacenado en su interior.

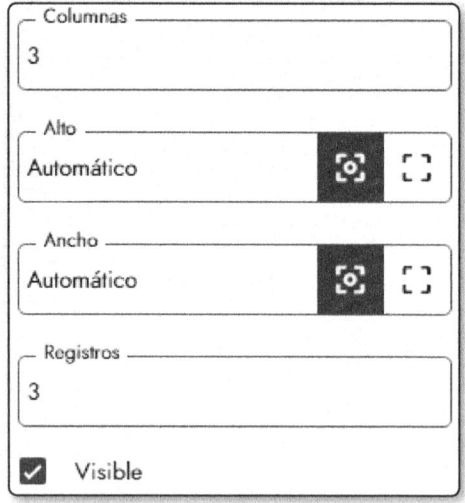

Imagen 4.4 Configuraciones de las disposiciones tabulares

4.1.3 Botones

¿Cómo podemos definir el concepto de botón? Kodular tiene la respuesta.

Es un componente visible con la habilidad de detectar clics.

¿Qué hace un botón? Espera a ser presionado por el usuario y cuando esto pasa, activa un **evento**. En la imagen 4.5 se muestran las cuatro posibles opciones para darle forma a un botón, cada una de ellas se ejemplifica en la imagen 4.6.

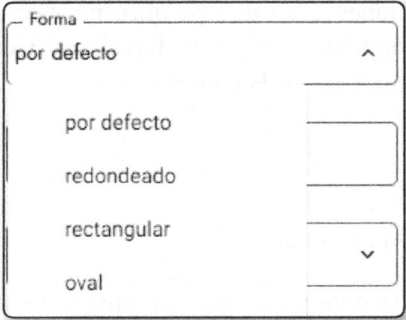

Imagen 4.5 La forma de un botón

Como complemento al tema de las disposiciones tabulares, los botones mostrados en la imagen 4.6, se insertaron dentro de una disposición de este tipo con una capacidad de 2x2, lo que origina 4 casillas.

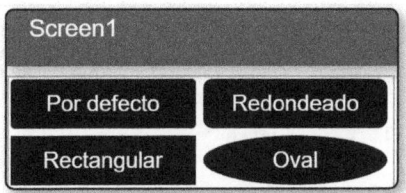

Imagen 4.6 Formas de un botón

Los botones tienen configuraciones avanzadas, las cuales, para este ejemplo no modificaremos, pero sí vamos a conocer.

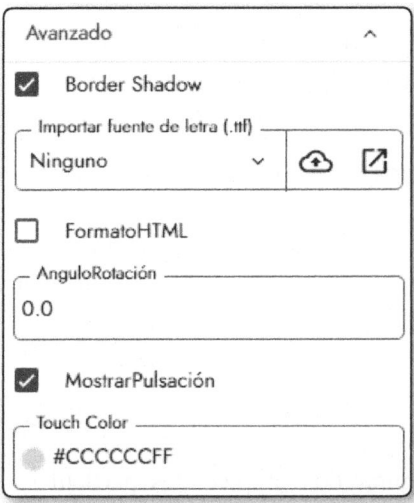

Imagen 4.7 Configuraciones avanzadas de los botones

Estas configuraciones nos van a permitir mostrar u ocultar la **sombra** que generan los botones, importar un **tipo de letra**, **rotarlos**, ponerlos en **formato HTML**, así como configurar sus **pulsaciones**.

4.1.4 Etiquetas

Una etiqueta según Kodular:

Es un componente visible que muestra texto con formato.

La única configuración particular que tienen las etiquetas es que el color del fondo del componente y el color del texto se pueden configurar por separados. Adicionalmente, las etiquetas tienen una propiedad en su configuración avanzada bastante interesante.

Imagen 4.8 Configuraciones avanzadas de las etiquetas

La propiedad **Marquee** permite que, si el texto de la etiqueta sobrepasa el tamaño del componente, el texto en lugar de escribirse en varios renglones se vaya deslizando por la pantalla.

4.1.5 Imágenes

Podemos configurar dos propiedades particulares para este componente. El primero es el **Ángulo Rotación**, el cual, permite rotar la imagen dentro del componente, estableciendo un ángulo en grados, y el segundo es **Escalar Foto Al Tamaño Máximo**, el cual, permite que si las medidas de la imagen no concuerdan con las medidas del componente, la imagen se deforme y se ajuste al tamaño del componente.

4.1.6 Botones flotantes

Los botones flotantes tienen la característica de un componente no visible, pero son totalmente visibles. Sé que esta idea puede parecer complicada de entender, pero voy a tratar de ilustrarla.

Los botones flotantes se comportan como botones normales, solamente que tienen la característica de no visibles porque no alteran el acomodo de la interfaz gráfica de la pantalla, es decir, cuando insertamos un botón de este tipo, este se coloca en la esquina inferior derecha de la pantalla por encima de todo, sin importar que se encuentre allí, pero eso sí, sin desacomodar nada.

Este concepto de componentes visibles y no visibles se verá con detalle en el siguiente capítulo, de momento solo es importante introducir la idea para entender de mejor manera a este componente. Para reforzar esta idea, veamos un ejemplo.

Imagen 4.9. Botones flotantes

Cabe mencionar que el botón no se verá en el panel *visor* de Kodular, pero en la imagen 4.9 se alcanza a observar porque la imagen se tomó desde el dispositivo corriendo la aplicación en tiempo real, y si te fijas, el botón no desacomodó los elementos de la interfaz.

Este componente cuenta con algunas propiedades particulares, que desglosaremos por partes.

Imagen 4.10 Propiedades de los botones flotantes

La propiedad **Elevación** determina cuanta sombra habrá por debajo del componente, aunque si aumentamos este parámetro se reducirá su tamaño en la visualización.

Con la propiedad **ColorDeFondo** e **Icon Color** podemos modificar el color del fondo del botón y el del ícono por separado, además podemos personalizar este último, insertándole una imagen con la propiedad **Icono** o estableciéndole un **Material Icon Name**. Para obtener uno, debemos acceder al siguiente enlace y tomar el nombre del ícono que mejor nos parezca.

https://fonts.google.com/icons

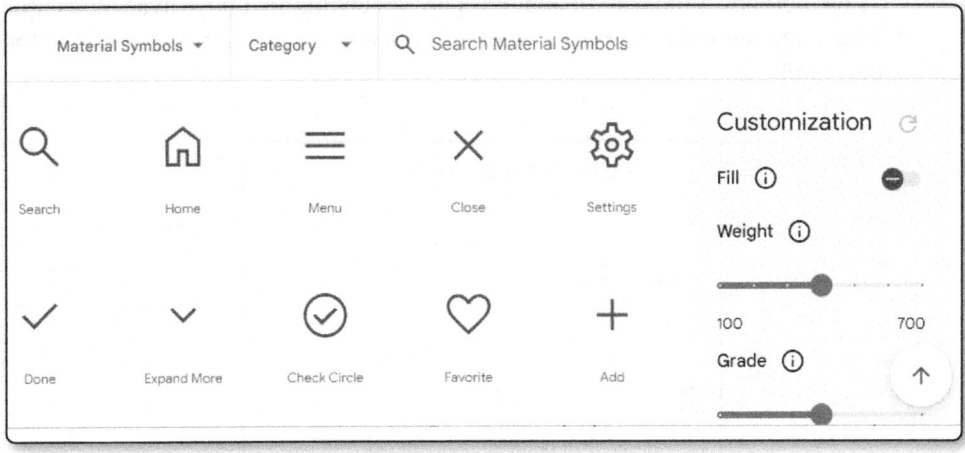

Imagen 4.11 Material Icon

Adicionalmente, con las propiedades **Margin Bottom** y **Margen derecho** podemos controlar que tan separado se mostrará el botón del suelo y del borde derecho respectivamente. Finalmente, con la propiedad **Size** se puede definir el tamaño del botón (pues este componente no tiene las propiedades **Alto** y **Ancho** como los demás), como *normal*, *auto* o *mini*.

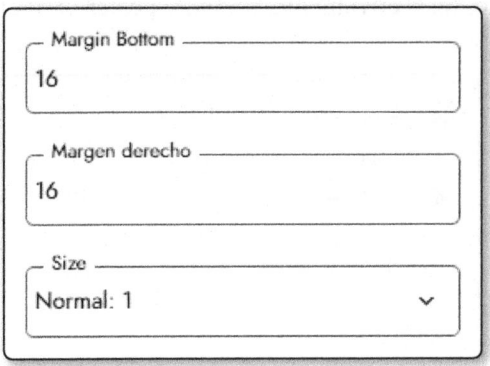

Imagen 4.12 Más propiedades de los botones flotantes

Los botones flotantes tienen un par de configuraciones avanzadas que resultan bastante interesantes, pues con ellas, podemos ajustar la rotación del botón en distintos ámbitos.

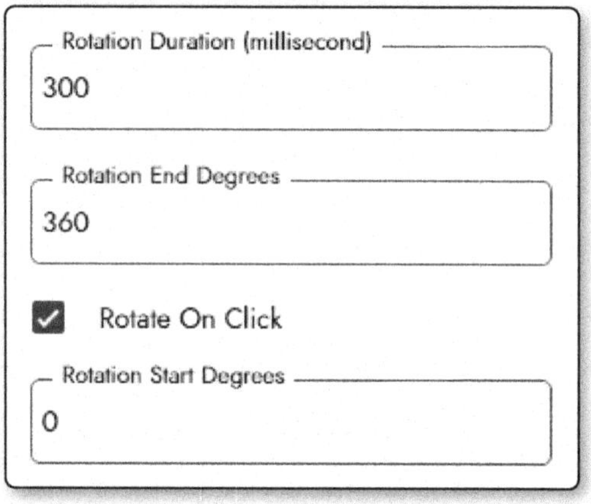

Imagen 4.13 Propiedades avanzadas de los botones flotantes

Con la propiedad **Rotation Duration** podemos especificar en milisegundos cuanto queremos que rote el botón cuando se da clic sobre él. Con la propiedad **Rotation End Degrees** y **Rotation Start Degrees** podemos definir la rotación final e inicial del elemento, respectivamente, previo y posterior al clic.

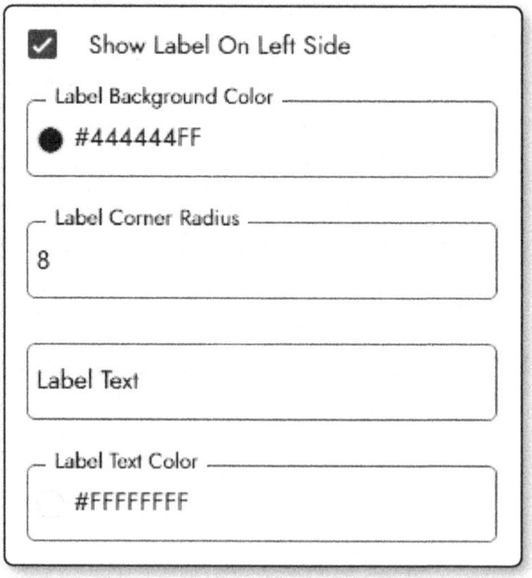

Imagen 4.14 Más propiedades avanzadas de los botones flotantes

Con las propiedades avanzadas de la imagen 4.14, vamos a poder personalizar la etiqueta del botón, es decir, el texto que aparece a su costado (por defecto no despliega ninguno, pero si deseas, se lo puedes añadir agregando texto en la propiedad **Label Text**).

Una última cosa que es importante mencionar de los botones flotantes, es que cuando trabajamos con código del tipo *cualquier componente*, los botones y los botones flotantes no se relacionan y es precisamente por esta diferencia que en este proyecto utilizamos ambos tipos de botones. Ya lo veremos a detalle cuando nos pasemos a la parte de la construcción del código del proyecto.

4.1.7 Notificadores

¿Qué es un notificador según Kodular?

Es un componente visible que muestra cuadros de dialogo de alerta, mensajes y alertas temporales.

Con un notificador podemos, desde mostrarle un mensaje o una alerta simple al usuario hasta interactuar con él al solicitarle que tome una decisión sobre cierta acción, que ingrese texto, entre otras acciones.

Este es un componente visible que no se muestra de primera mano en la pantalla, puesto que nosotros desde el código debemos activarlo. En sus configuraciones particulares, podemos cambiar el color y el tipo de letra del título y del cuerpo del mensaje por separado, además podemos cambiar la duración de las alertas.

Hay muchas cosas que se pueden hacer con los notificadores, que dejaré a tu creatividad el descubrirlas; en este texto, solo trabajaremos con la parte básica de este componente, para no atiborrarnos de información.

4.2 AGREGANDO LOS ELEMENTOS A LA INTERFAZ

Dentro de la *DisposiciónVertical1* vamos a insertar los componentes que se mencionan a continuación, la cual estará contenida sobre la Screen1.

▼ Disposición Tabular 1

- Botón 1   Botón 2   Botón 3
- Botón 4   Botón 5   Botón 6
- Botón 7   Botón 8   Botón 9

▼ Space 1

▼ Disposición Horizontal 1

- Etiqueta 1
- Etiqueta 2

▼ Space 2

▼ Disposición Vertical 2

- Etiqueta 3
- Disposición Tabular 2
    - Etiqueta 4   Etiqueta 5
    - Imagen 1   Imagen 2

▼ Floating Action Button 1

▼ Notificador 1

Y los vamos a configurar de la siguiente manera. Cabe mencionar que los componentes que no requieran de configuraciones adicionales (se quedan con las que tienen por defecto) no aparecerán en la tabla.

¿Recuerdas como subir imágenes a Kodular? Lo hicimos en el capítulo 1.4.5. Las que se mencionan en la tabla, las podrás encontrar en los recursos del capítulo.

Elemento	Características
Screen 1	Imagen de fondo: Icon.png Título: Gato Orientación: Vertical Animación de apertura y cierre: Fundido
Disposición Vertical 1	DispHorizontal y Vertical: Centro Color de fondo: #FDFBFBE9 Alto y ancho: Ajustar al contenedor
Disposición Tabular 1	Columnas y registros: 3

Boton 1 - 9	Tamaño de letra: 30 Alto: 10% Ancho: 20% Texto: *Cada botón lleva un número desde el 1 hasta el 9 (imagen 4.15)*
Space 1	Alto: 5%
Disposición Horizontal 1	DispHorizontal: Centro Color de fondo: #02020223 Ancho: 60%
Etiqueta 1	Negrita: Sí Tamaño de la letra: 30 Texto: "Turno de: "[27]
Etiqueta 2	Negrita: Sí Tamaño de la letra: 30 Texto: X Color del texto: #F44336FF
Space 2	Alto: 5%
Disposición Vertical 2	DispHorizontal: Centro Color de fondo: #02020223 Ancho: 60%
Etiqueta 3	Negrita: Sí Tamaño de la letra: 30
Disposición Tabular 2	Columnas y registros: 2
Imagen 1	Alto y ancho: 10% Foto: Tache.png
Imagen 2	Alto y ancho: 10% Foto: Circulo.png
Etiqueta 4	Negrita: Sí Tamaño de la letra: 30 Ancho: 20% Posición del texto: Centro
Etiqueta 5	Negrita: Sí Tamaño de la letra: 30 Ancho: 20% Posición del texto: Centro
Floating Action Button 1	Material icon name: refresh

---

27 Agrego comillas aquí en el documento para indicarte que después de los dos puntos debe haber un espacio en blanco.

El resultado debió quedarte como el siguiente.

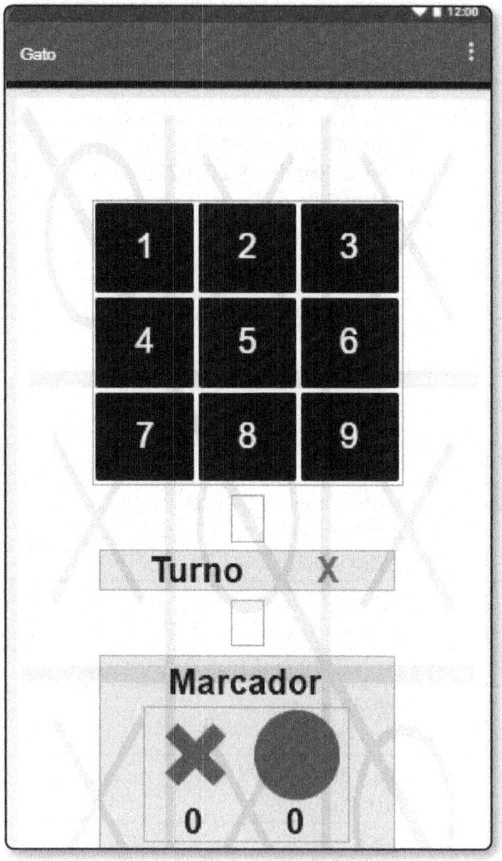

Imagen 4.15 Interfaz gráfica del juego de gato

4.3 CÓDIGO DEL PRIMER PROYECTO

Lo primero que haremos para darle interacción al juego es declarar un par de variables globales.

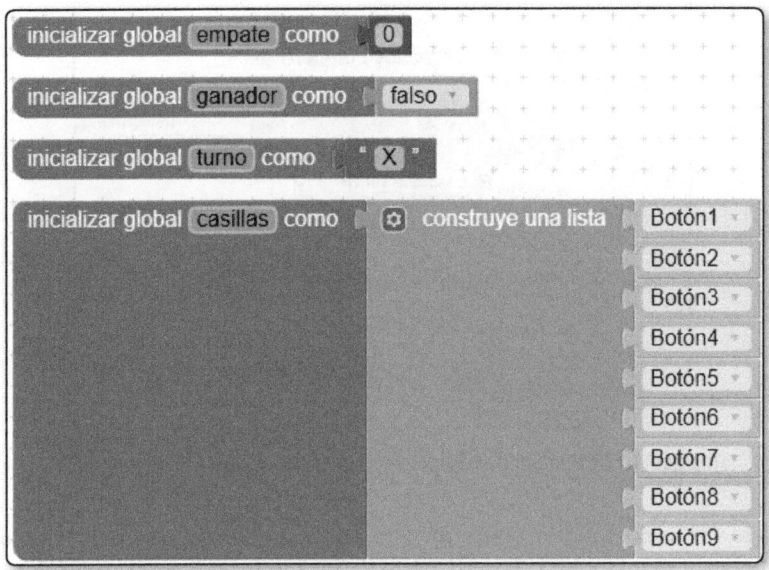

Imagen 4.16 Variables globales

Brevemente te explico para qué necesitaremos cada una de estas variables. La variable *empate* nos servirá para evaluar cuando todas las casillas del tablero fueron activadas pero ningún jugador obtuvo la victoria. La variable *ganador* nos servirá para evaluar si algún jugador logró alinear sus tres figuras de forma consecutiva dentro del tablero. La variable *turno* llevará el control del jugador que sigue. Y la variable *casillas* nos servirá para relacionar cada botón con una posición en el tablero.

A continuación, vamos a dividir el algoritmo necesario para echar a andar el juego en múltiples funciones auxiliares, lo que nos permitirá tener nuestra aplicación bien modularizada, es decir, dividida en módulos que realizan cada uno una tarea específica y bien organizada.

Te mostraré el evento que manda a llamar a las funciones y después las programaremos cada una de ellas para que comencemos a comprender la lógica del programa y la explicación de las funciones no te resulten tan descabelladas. El cual se activa cuando se da clic sobre cualquier botón.

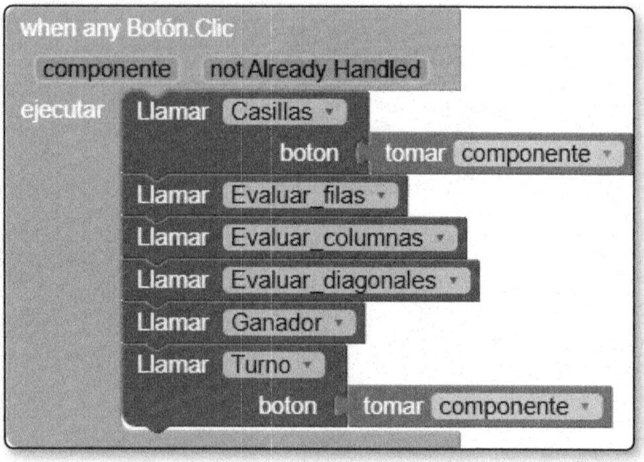

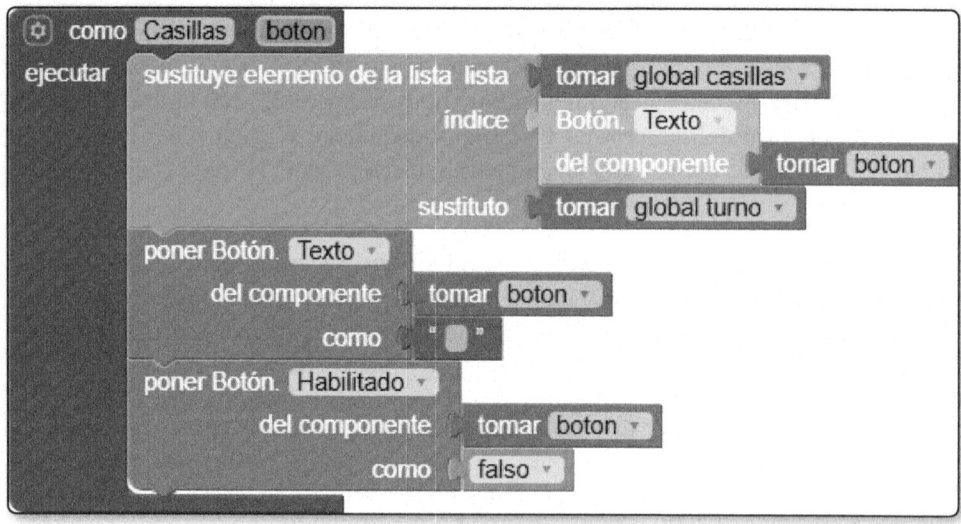

Imagen 4.17 Evento que se activa cuando se da clic sobre cualquier botón

La primera función que programaremos será *Casillas*, la cual recibe por parámetro un elemento *botón*. Este argumento es llenado por el argumento *componente* que a su vez recibe el evento de la imagen 4.17, el cual, le envía a la función, la referencia al botón que fue presionado.

Imagen 4.18 Función *casillas*

La primera instrucción de la función reemplaza de la lista global *casillas* el elemento que le indique el número del botón presionado (recuerda que los botones en la interfaz están numerados) con el valor del turno (X / O). Las siguientes dos instrucciones, sirven para quitarle el texto al botón y para deshabilitarlo.

Para que quede bien claro vamos a poner un ejemplo, supongamos que es el turno de X y el jugador presiona el botón 8. La primera instrucción reemplazará al elemento en el índice 8 de la lista *casillas* por una "X", como se observa en la siguiente imagen.

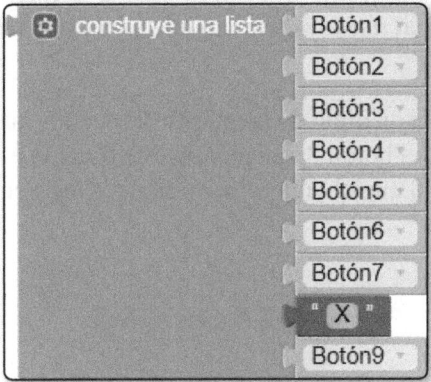

Imagen 4.19 Ejemplo gráfico de la lista

Ahora vamos a programar la función *Turno*, la cual también recibe por parámetro un elemento *botón*. Este argumento también es llenado por el argumento *componente* que a su vez recibe el evento de la imagen 4.17, el cual, le envía a la función, la referencia al botón que fue presionado.

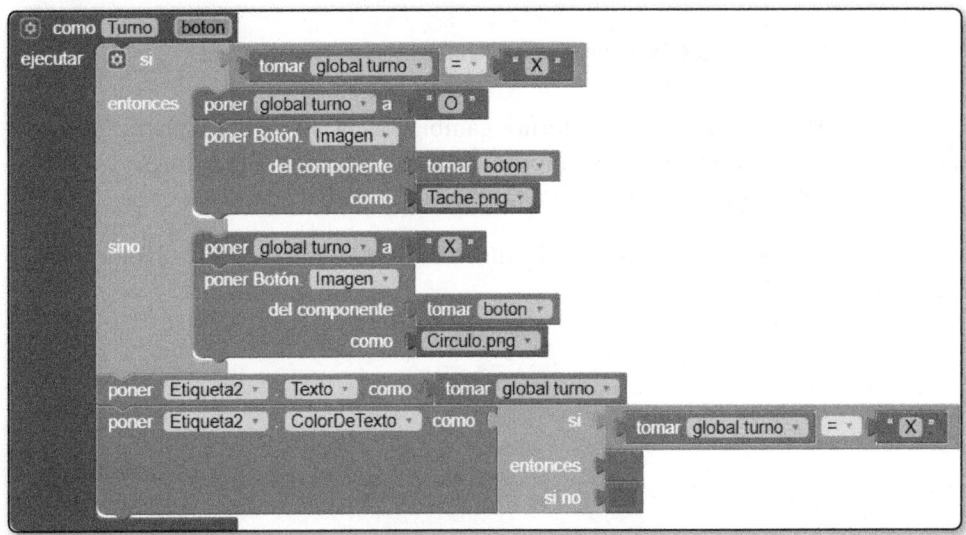

Imagen 4.20 Función *turno*

Esta función lo que hace es, evaluar si es el turno de las X (que se almacena en la variable global *turno*); si esto es así, cambia el turno a "O" y le pone la imagen de "Tache.png" al botón presionado, pero si no es turno de las X, lo cambia a esta letra y le pone la imagen de "Circulo.png" al botón presionado.

A continuación, muestra sobre la *Etiqueta2* a quién le toca, asignándole el valor de la variable global *turno* y cambiándole el color del texto según el contenido de esta variable.

Siguiendo con el ejemplo de la imagen 4.19, en la que el usuario con el turno de las "X" da clic sobre el botón 8; la labor de esta función es desplegar el cambio en la interfaz gráfica, por lo que el tablero se vería de la siguiente forma.

Imagen 4.21 Cambios en la interfaz gracias a la función *turno*

En la imagen 4.21, la interfaz cambió de la siguiente manera, al botón número 8 se le asignó la imagen en forma de tache, se le quitó su número y ahora se observa que el siguiente turno es para las "O".

Ahora vamos a programar la función *Ganador*, la cual no recibe ningún parámetro.

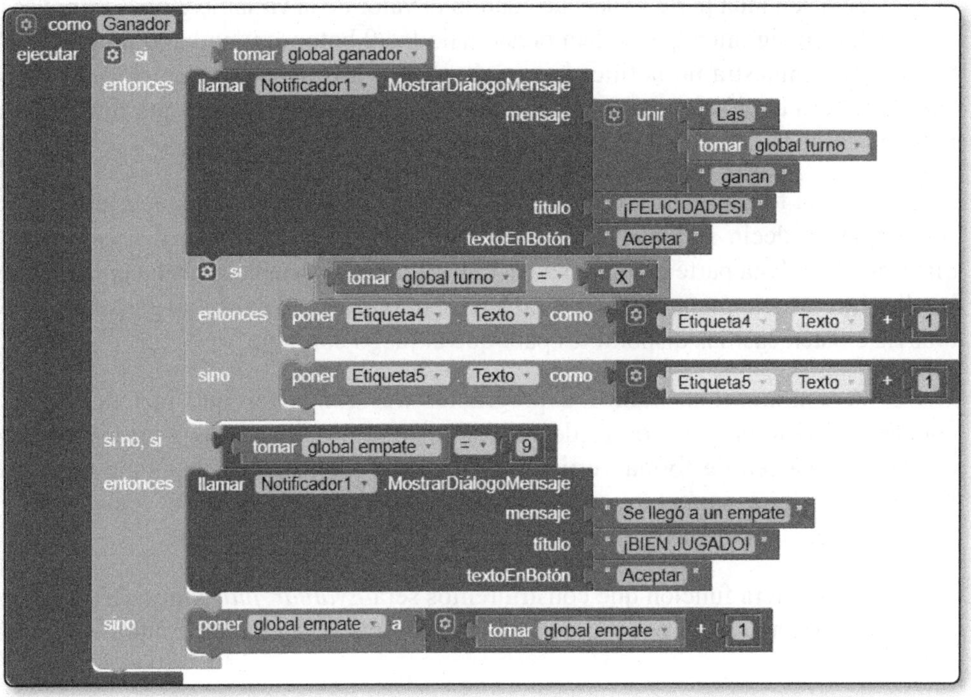

Imagen 4.22 Función *Ganador*

Esta función es un poco más extensa, pero vamos a analizarla, a explicarla paso a paso y para facilitarnos esta tarea, vamos a dividirla en 3 partes.

A la primera parte se accede si la variable global *ganador* es verdadera (si lo notas, directamente se está evaluando el contenido de la variable en el si de la imagen 4.22, es decir, no se construyó una prueba lógica, esto es porque si la variable contiene un valor lógico como verdadero o falso, no hay necesidad de construir una prueba lógica), pero ¿cómo cambia de estado esta variable? Aún no programamos las funciones encargadas de esta tarea, pero suponiendo que ya es verdadera, lo que hace *Ganador* es, mostrar un notificador avisándoles a los jugadores que ya existe un ganador, es decir, que alguno logró alinear sus tres figuras de forma consecutiva dentro del tablero, y les dice cuál de los dos fue. Posteriormente, evalúa si el ganador fueron las X, si esto es así, le suma un punto al valor de la *Etiqueta4*, pero si esto no es así, significa que las O ganaron, por lo que procede a sumarle un punto al valor de la *Etiqueta5*. Cabe mencionar que este marcador se perderá cuando la aplicación se reinicie, puesto que los datos no se almacenan de forma persistente en la aplicación, esto lo veremos a detalle en el siguiente proyecto con el componente TinyBD.

A la segunda parte se accede cuando el valor de la variable global *empate* es igual a 9, esto significa que se han presionado los 9 botones y no hubo un ganador. Si esto pasa, muestra un notificador avisándoles a los jugadores que se llegó a un empate. ¿Pero en dónde aumentamos el valor de esta variable para que llegue a 9? ¡Más cerca de lo que crees, en el siguiente párrafo!

Y a la tercera parte se accede si ninguna de las dos condiciones anteriores se cumple, es decir, se llega si la variable global *ganador* es falso y si *empate* es diferente de 9. Esta parte incrementa en 1 el valor de la variable global *empate*, pues implica que se ocupó una casilla del tablero pero que aún no existe un ganador y que todavía existen casillas disponibles para que el juego continúe.

A continuación, vamos a programar tres funciones que nos permitirán conocer si existe un ganador, es decir, si alguien logró alinear sus 3 figuras dentro del tablero, ya sea de forma vertical, horizontal o en diagonal. Ninguna de estas funciones recibirá parámetros y como las condiciones de estas se vuelven muy extensas horizontalmente (y no caben en la hoja), vamos a dividirlas.

La primera función que construiremos será *Evaluar_filas* y nos servirá para conocer si algún jugador pudo alinear sus tres figuras de forma horizontal.

Imagen 4.23 Función *Evaluar_filas*

Primeramente, el ciclo que alberga esta función, si empieza en 1, termina en 7 y se incrementa de 3 en 3 ¿cuántas veces se ejecutará? ¡Así es, 3 veces! En la primera iteración, *número* devolverá un 1, en la segunda devolverá un 4 y en la tercera devolverá un 7.

Como ya lo decíamos, con la función *Evaluar_filas* vamos a comprobar si algún jugador pudo alinear sus tres figuras de forma horizontal, es decir, ya sea en los botones 1,2,3 o 4,5,6 o 7,8,9. ¿Qué condición vamos a colocar en la primera parte del 'y'? La mostrada en la imagen 4.24.

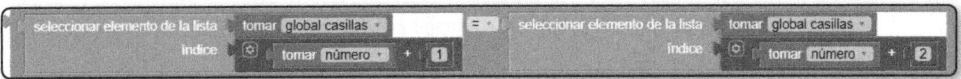

Imagen 4.24 Condición 1 de la función *Evaluar_filas*

Esta condición evalúa que el contenido de la lista *casillas* en el índice 1 y 2 sean iguales, es decir, que ambas sean "X" o "O". Y la condición de la imagen 4.25 que va en el otro lado del 'y' evalúa que el contenido de la lista *casillas* en el índice 2 y 3 sean iguales en la primera iteración del ciclo, pues como lo dijimos en el párrafo anterior, en la segunda iteración se van a evaluar los índices 4,5, 6 y en la tercera los índices 7,8,9.

Imagen 4.25 Condición 2 de la función *Evaluar_filas*

¿Por qué hacerlo así? Comparar primero a 1 con 2, y luego a 2 con 3, ¿y no comparar en una sola condición a 1 con 2 y con 3? Porque aquí en Kodular las **condiciones se evalúan en pares**, por lo tanto, no podemos hacer condiciones con una cantidad de criterios impar.

Bueno, pues si en alguna de las 3 iteraciones, el algoritmo encuentra una coincidencia entre los 3 elementos evaluados, entonces cambiará el valor de la variable global *ganador* a verdadero y ya sabemos qué pasa cuando esto sucede.

La segunda función que vamos a programar es *Evaluar_columnas*, la cual, nos servirá para conocer si algún jugador pudo alinear sus tres figuras de forma vertical, es decir, ya sea en los botones 1,4,7; 2,5,8 o 3,6,9. ¿Qué condición vamos a colocar en la primera parte del 'y'? La mostrada en la imagen 4.27.

Imagen 4.26 Función *Evaluar_columnas*

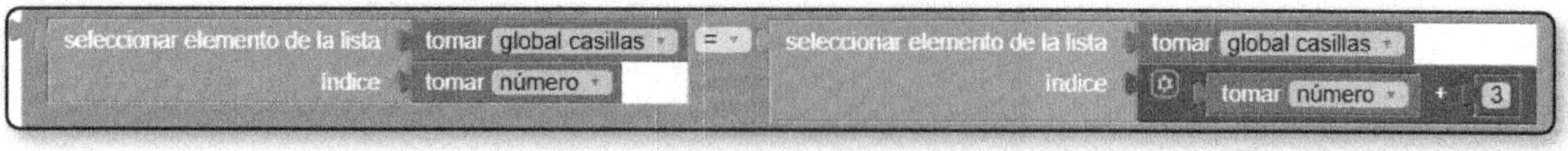

Imagen 4.27 Condición 1 función *Evaluar_columnas*

Esta condición evalúa que el contenido de la lista *casillas* en el índice 1 y 4 sean iguales, y la condición de la imagen 4.28 que va en el otro lado del 'y' evalúa que el contenido de la lista *casillas* en el índice 4 y 7 sean iguales.

Imagen 4.28 Condición 2 función *Evaluar_columnas*

Y la tercera función que vamos a programar es *Evaluar_diagonales*, la cual, va a evaluar si algún jugador pudo alinear sus tres figuras de forma diagonal, es decir, ya sea en los botones 1,5,9 o 3,5,7. A esta función no le pondremos un ciclo, puesto que las posiciones de las casillas son muy específicas y porque solamente hay dos posibles diagonales. ¿Qué condición vamos a colocar en la primera parte del 'y' de la primera prueba lógica? La mostrada en la imagen 4.30.

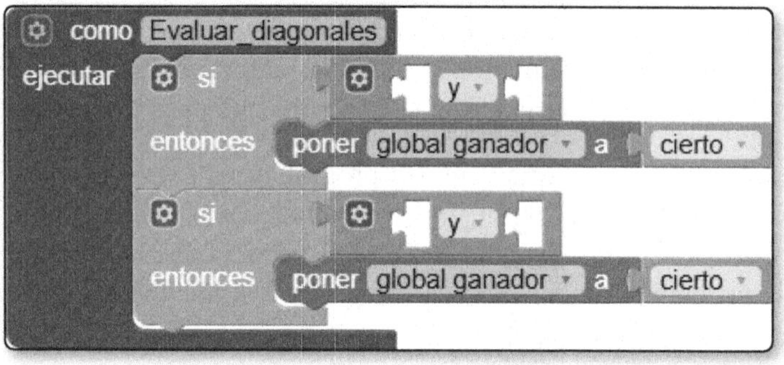

Imagen 4.29 Función *Evaluar_diagonales*

Imagen 4.30 Condición 1 de la primera prueba de la función *Evaluar_columnas*

Esta condición evalúa que el contenido de la lista *casillas* en el índice 1 y 5 sean iguales, y la condición de la imagen 4.31 que va en el otro lado del 'y' del primer 'si' evalúa que el contenido de la lista *casillas* en el índice 5 y 9 sean iguales.

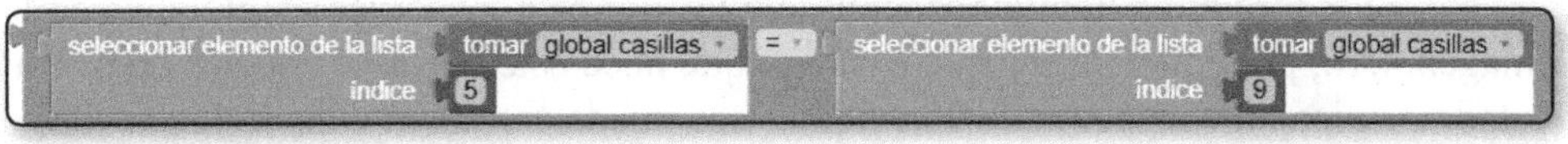

Imagen 4.31 Condición 2 de la primera prueba de la función *Evaluar_columnas*

¿Qué condición vamos a colocar en la primera parte del 'y' de la segunda prueba lógica? La mostrada en la imagen 4.32.

Imagen 4.32 Condición 1 de la segunda prueba de la función *Evaluar_columnas*

Esta condición evalúa que el contenido de la lista *casillas* en el índice 3 y 5 sean iguales, y la condición de la imagen 4.33 que va en el otro lado del 'y' del segundo 'si' evalúa que el contenido de la lista *casillas* en el índice 5 y 7 sean iguales.

Imagen 4.33 Condición 2 de la segunda prueba de la función *Evaluar_columnas*

Ahora, vamos a construir el evento de clic del botón flotante. Este evento nos permitirá reiniciar la partida no solamente cuando se acabe, sino en cualquier momento.

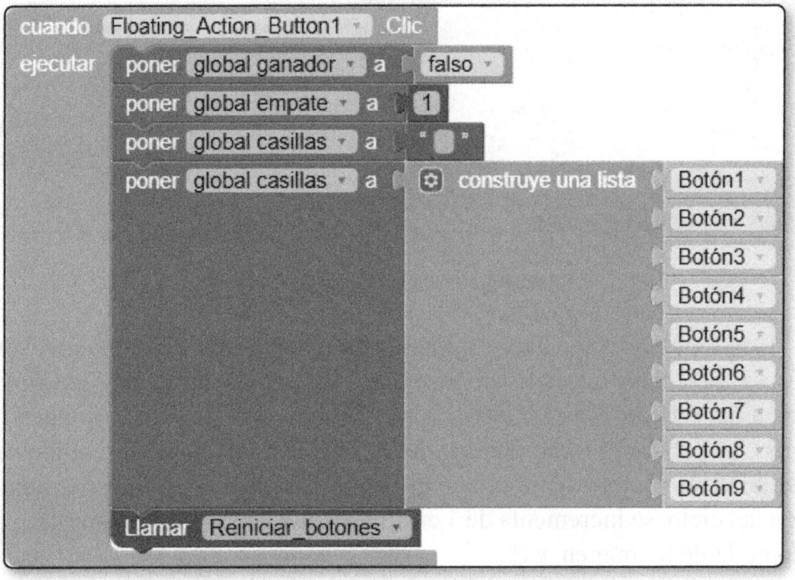

Imagen 4.34 Evento de clic sobre el botón flotante

Si recordamos la inicialización que les dimos a las variables globales de la imagen 4.16, podemos inferir que lo único que hace este evento es devolverlas a su estado original, a excepción de *Turno* pues ese puede continuar cuando la partida se reinicie sin problema alguno.

Un punto importante que quiero aclarar de la imagen 4.34 es que primero se limpia por completo la variable global *casillas* y luego se construye la lista. ¿Por qué? Porque no podemos reiniciar una lista como tal, primero debemos limpiar la variable y después asignarle una nueva lista.

Finalmente, vamos a programar a la función *Reiniciar_botones* de la siguiente manera, la cual es llamada por el evento de la imagen 4.34.

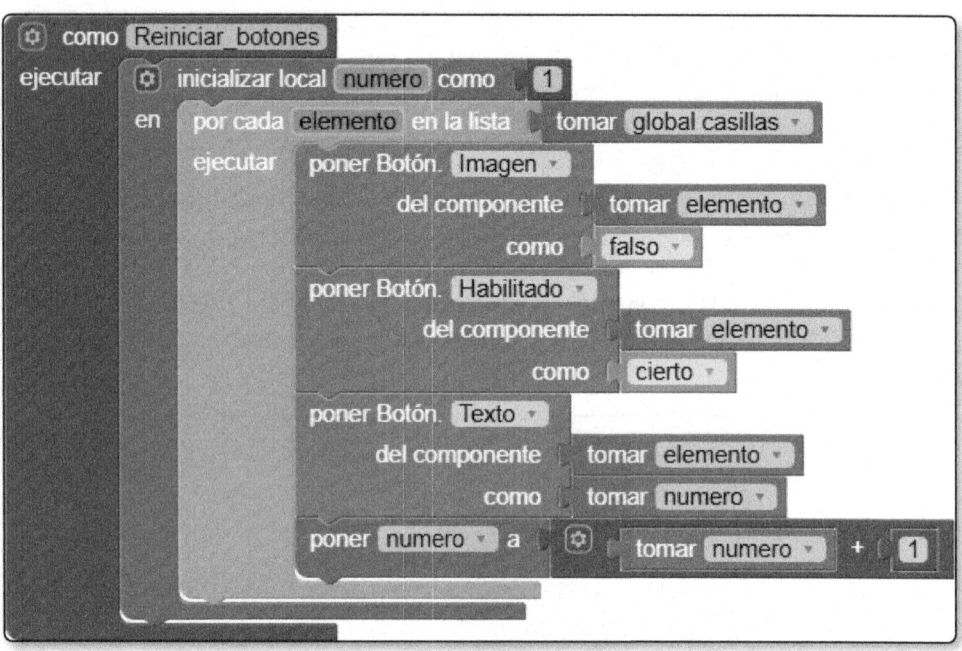

Imagen 4.35 Función *Reiniciar_botones*

Esta función lo que hace es, inicializar una variable local *número* como "1", después va a ejecutar un ciclo en base a la lista recién reiniciada *casillas* la cual contiene a los 9 botones del tablero. A cada botón se le quitará la imagen (volverá a ser gris), se habilitará (recordemos que al ser presionados se deshabilitan) y se le pone de texto su número (para eso se utiliza la variable local *número*, que, en cada iteración del ciclo, se incrementa de 1 en 1 hasta que llega al 9) y la interfaz se vuelva a ver como la de la imagen 4.15.

¡Excelente! Hemos terminado satisfactoriamente nuestro primer proyecto.

4.4 RETO

Esta aplicación tiene un pequeño desperfecto y es que, cuando algún jugador gana, es decir, cuando no hay un empate, los botones de las casillas que quedaron vacías se quedan habilitados, por lo que si se da clic sobre alguno se presenta un comportamiento inesperado. ¡Compruébalo!

El reto por solucionar para esta aplicación es, que cuando se termine el juego, se reinicie automáticamente o que los jugadores no puedan seguir dando clic sobre las casillas vacías hasta que se reinicie manualmente la partida.

También te reto a que realices la siguiente aplicación, que regreses a esta y le agregues efectos de sonido.

5

APLICACIÓN DE QUIZ DE BANDERAS DEL MUNDO

¡Bienvenido a nuestro segundo proyecto! Espero que el primero te haya gustado tanto como a mí y que te hayas divertido muchísimo y claro, que hayas aprendido mucho también. Ahora, espero que te sea aún más divertido e interesante el crear otro videojuego un tanto más complejo que el anterior y con funcionalidades en red. Para que te emociones más y se aclare este concepto, ¡Vamos a definir los requisitos del proyecto!

▶ Al acceder el usuario debe registrarse con un nombre de **usuario único** y una contraseña, o en su defecto, si ya está registrado iniciar sesión mediante estos dos campos.

▶ Ya identificado, el usuario podrá ver la tabla de clasificaciones globales dentro de la aplicación, que desplegará de **mayor a menor** los aciertos de todos los usuarios que hayan pasado por el juego.

▶ Además, el usuario podrá iniciar el juego en el que tendrá que relacionar la imagen de una bandera del mundo con su nombre y en el momento que falle termina el juego. Cada acierto equivale a 1 punto. Su marcador se debe actualizar en la base de datos **si su resultado fue mayor que el anterior**.

▶ La aplicación debe poder recordar las credenciales del usuario de forma local para que no tenga que iniciar sesión cada que abre la aplicación. Además, debe permitirle cerrar sesión.

> **ⓘ NOTA**
>
> Los requisitos marcados en negritas, los realizará el servidor web en base a los archivos PHP que vamos a montar.

Para empezar, crearemos un proyecto nuevo en Kodular con el nombre clave de "Quiz" y lo configuraremos igual que el proyecto anterior, solamente que con el nombre de la aplicación como "Flags quiz".

5.1 MONTANDO EL SERVIDOR WEB PARA FLAGS QUIZ

Para montar un servidor web se requieren de múltiples servicios, la buena noticia es que en la plataforma gratuita de host **000webhost** podemos montar todos estos servicios sin necesidad de realizar extensas y complejas configuraciones y permitiéndonos además acceder a nuestro sitio web desde cualquier parte del mundo. Para ello, vamos a ingresar a su sitio web, en el cual, se debe ver una pantalla similar a la siguiente.

https://mex.000webhost.com/

Imagen 5.1 Sitio web de 000webhost

Haremos clic sobre el botón *Iniciar sesión*, posteriormente podremos crear una cuenta o si ya tenemos una acceder con el correo registrado, o si preferimos, podemos acceder directamente con nuestra cuenta de Google o de algunas otras compañías.

Lo primero que debemos hacer al crear nuestro sitio web, ya que ingresamos, es asignarle un nombre, que, en mi caso, será **flagsquizzkodular**, así como una contraseña de acceso. Cabe mencionar que tú debes usar otro nombre porque las páginas no pueden llamarse igual. Una vez generado el sitio web veremos una ventana como la siguiente.

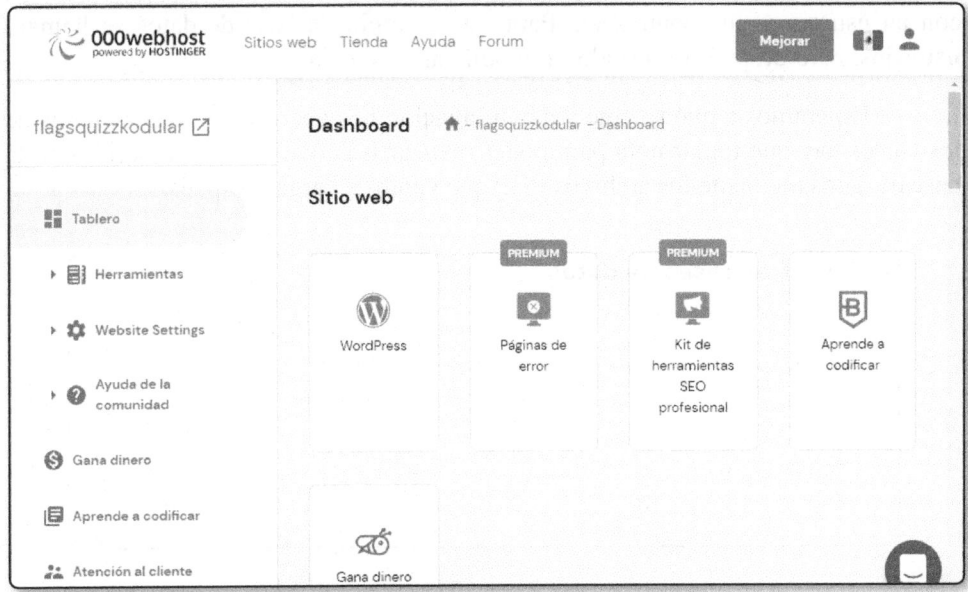

Imagen 5.2 Ventana de bienvenida de nuestro sitio web

Cuando cerremos nuestro host y lo volvamos a abrir, previo a llegar a la ventana de la imagen 5.2, se nos mostrará una ventana como la de la imagen 5.3, allí podemos administrar o mejorar nuestros sitios (para el desarrollo de los proyectos no será necesario mejorarlos), aunque en la versión gratuita solo podemos tener uno por cuenta. Para acceder damos clic sobre *Administrar*.

Sitios web

www   flagsquizzkodular   • • •

＋ Crear un nuevo sitio web

Administrar   Mejorar

Imagen 5.3 Ventana de inicio del host

5.1.1 Creación de una base de datos

En el panel de opciones del lado izquierdo de la imagen 5.2, vamos a desplegar la opción *Herramientas* y del menú desplegable seleccionamos *Administrador de Base de Datos*. Allí haremos clic sobre el botón *Crear nueva base de datos*. A continuación, debemos llenar un par de campos, con el nombre de la base de datos, con un usuario y una contraseña. Para este ejemplo, la base de datos se llamará **usuarios**, pero después el servidor lo modificará un poco.

Esperamos a que se cree y a continuación nos aparecerán algunos datos de los cuales hay que tomar nota para poder realizar las conexiones necesarias con la base de datos mediante los archivos PHP que vamos a cargar después.

Administrar bases de datos

Nombre	Usuario	Host	Mesas	Tamaño	1/2
id20042704_usuarios	id20042704_rot	localhost	1	OMB	• • •

Imagen 5.4 Datos importantes de la base de datos

Para configurar nuestra base de datos, vamos a dar clic sobre los tres puntitos y seleccionaremos la opción *PhpMyAdmin*. Una vez dentro, vamos a dar clic sobre el nombre de la base de datos que acabamos de crear que se encuentra en el panel de la izquierda. Posteriormente vamos a darle el nombre **usuarios** a la única tabla que tendrá esta base de datos y le decimos que queremos crear 3 campos (o columnas). Damos clic en *Go*.

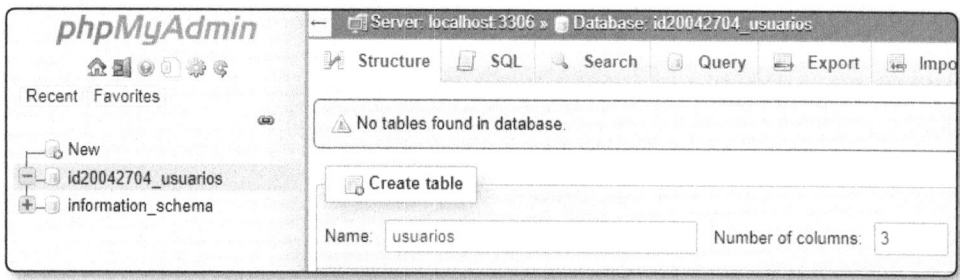

Imagen 5.5 Crear una tabla

No voy a entrar mucho en detalles, pero si tienes un poco de conocimientos de bases de datos vas a entender muy bien la creación de los campos, pero si no, aquí te lo explico de una forma muy sencilla. El primer campo se llamará "**Nombre**" y será de tipo **texto** (**varchar**) con capacidad para 11 caracteres, el segundo se llamará "**Pswd**" y también será de **texto**, pero con capacidad para 255 caracteres y el tercero se llamará "**Puntuación**" sin acento y será un campo para números enteros (**int**).

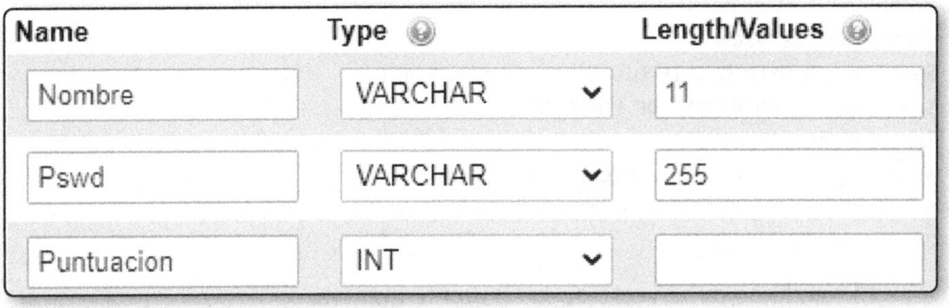

Name	Type	Length/Values
Nombre	VARCHAR ⌄	11
Pswd	VARCHAR ⌄	255
Puntuacion	INT ⌄	

Imagen 5.6 Crear los campos

Al campo "Nombre" lo vamos a establecer como **llave primaria**, así que en la columna "Index" seleccionaremos "Primary Key". Aparecerá un cuadro de diálogo como el de la imagen 5.7 en el que únicamente debemos dar clic en *Go*. ¿Para qué es esto? Para que cada jugador tenga un nombre de usuario único y no se puedan repetir.

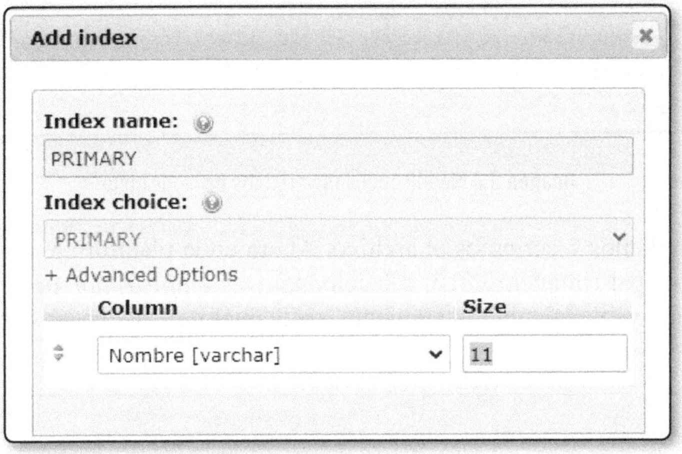

Add index   ✖

Index name:
PRIMARY

Index choice:
PRIMARY   ⌄

+ Advanced Options

Column	Size
⇕ Nombre [varchar] ⌄	11

Imagen 5.7 Establecer al campo "Nombre" como llave primaria

Guardamos los cambios (botón *Save*) y podemos cerrar ya esa pestaña del navegador.

5.1.2 Cargando código PHP

Antes que nada, debes abrir el archivo "datos.php" que viene almacenado en la carpeta "pagina_quiz" dentro de la carpeta del capítulo, que ya descargaste; y con un bloc de notas debes modificar los campos $user, $pass y $datab, con la información correspondiente a tu base de datos.

```php
<?php
//info del servidor
$user = "DB USER QUE TE DIO DE LA IMAGEN 5.4";
$pass = "TU CONTRASEÑA DE PHPMYADMIN";
$host = "localhost";
$datab = "DB NAME QUE TE DIO DE LA IMAGEN 5.4";
$connection = mysqli_connect($host, $user, $pass, $datab);
?>
```

El resultado debe verse de la siguiente manera.

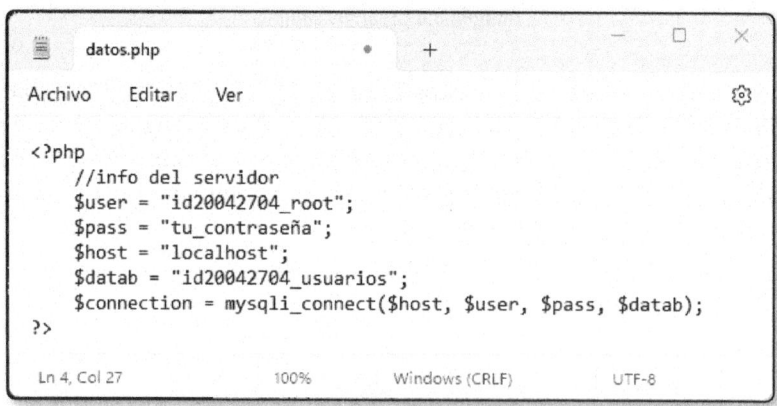

Imagen 5.8 Modificando las variables de "index.php"

Guardamos y cerramos el archivo. Ahora en la plataforma, regresamos a la pantalla principal (imagen 5.2) y seleccionamos *Administrador de archivos*. Esto nos abrirá una ventana como la siguiente, en la cual hay que hacer doble clic sobre la carpeta "public_html".

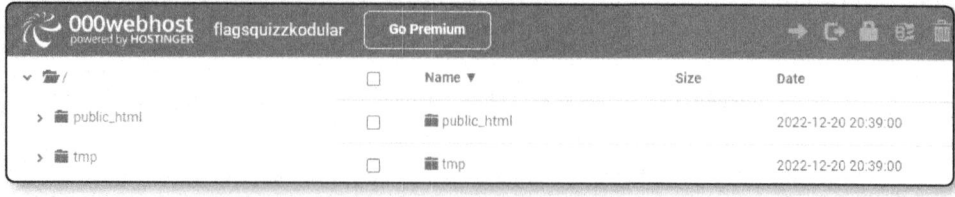

Imagen 5.9 Pestaña para cargar archivos a la plataforma

Dentro de la carpeta, en las opciones de la parte superior haremos clic en *Upload Files* y con ayuda del explorador de archivos de nuestro equipo vamos a subir los 8 archivos que se encuentran en la carpeta del capítulo y que ya modificaste. Puedes reemplazar el logotipo de mi aplicación por el tuyo, solamente asegúrate de mantener el mismo nombre (Icon.png).

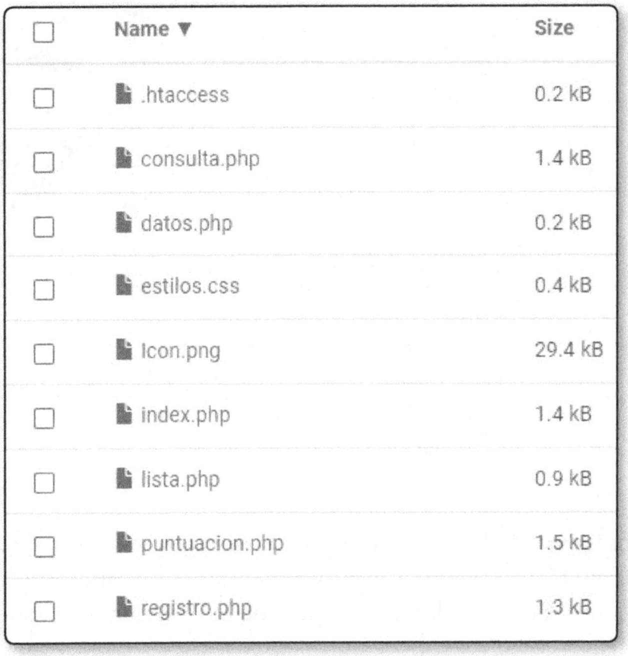

	Name ▼	Size
☐	.htaccess	0.2 kB
☐	consulta.php	1.4 kB
☐	datos.php	0.2 kB
☐	estilos.css	0.4 kB
☐	Icon.png	29.4 kB
☐	index.php	1.4 kB
☐	lista.php	0.9 kB
☐	puntuacion.php	1.5 kB
☐	registro.php	1.3 kB

Imagen 5.10 Archivos cargados

5.1.3 Comprobar que el sitio funcione correctamente

Ahora, para comprobar que todo se cargó correctamente vamos a buscar nuestro sitio mediante el URL que se compone por los siguientes elementos:

Protocolo	Nombre de nuestro sitio	Nombre del host
https://	El que le dimos al sitio, en mi caso es: **flagsquizzkodular**	.000webhostapp.com

Entonces la URL, o la dirección de mi sitio queda de la siguiente manera.

https://flagsquizzkodular.000webhostapp.com/

Recuerda siempre adaptar el nombre del sitio en las URL por el tuyo, puesto que basaré las explicaciones haciendo uso del nombre de mi sitio (**flagsquizzkodular**).

Si todo funciona correctamente, el sitio debe verse como en la siguiente imagen.

Imagen 5.11 Sitio web funcionando

De momento la tabla no muestra nada más que los encabezados puesto que no se ha introducido información a la base de datos, ya que será la aplicación en Kodular que vamos a desarrollar a continuación la encargada de esta tarea.

Ya sé lo que pensaste al ver la imagen 5.11. ¿Acaso el administrador va a poder ver las contraseñas de sus usuarios? Pues déjame decirte que ¡NO! Las contraseñas se van a introducir encriptadas para que, en el supuesto caso de presentarse alguna infiltración en la base de datos, las contraseñas no puedan ser legibles por el atacante. Esto a su vez lleva a que si el usuario olvida su contraseña no habrá nada que se pueda hacer para recuperarla, más que crear otro usuario.

Ahora, en una nueva pestaña dentro de nuestro navegador vamos a introducir la misma URL, pero esta vez añadiéndole un "/registro.php". Te debe aparecer algo similar a lo de la imagen 5.12. No te preocupes por lo que muestra, preocúpate porque se muestre.

Warning: Undefined array key "nombre" in **/storage/ssd4/704/20042704/public_html/registro.php** on line 20

Warning: Undefined array key "puntuacion" in **/storage/ssd4/704/20042704/public_html/registro.php** on line 21

Warning: Undefined array key "pswd" in **/storage/ssd4/704/20042704/public_html/registro.php** on line 22

Fatal error: Uncaught Error: Call to undefined function mysql_error() in /storage/ssd4/704/20042704/public_html/registro.php:32 Stack trace: #0 {main} thrown in **/storage/ssd4/704/20042704/public_html/registro.php** on line 32

Imagen 5.12 registro.php

Si por alguna razón, la página no te carga y te aparece algo como "HTTP error 500" se debe a fallos en la configuración del servidor. Para intentar arreglarlo, en el panel de configuración vamos a acceder a la opción *Website Settings / General*, nos desplazamos hasta abajo, hasta llegar a la sección *Troubleshoot y arreglar tu sitio web* y damos clic sobre el botón *Reparar*.

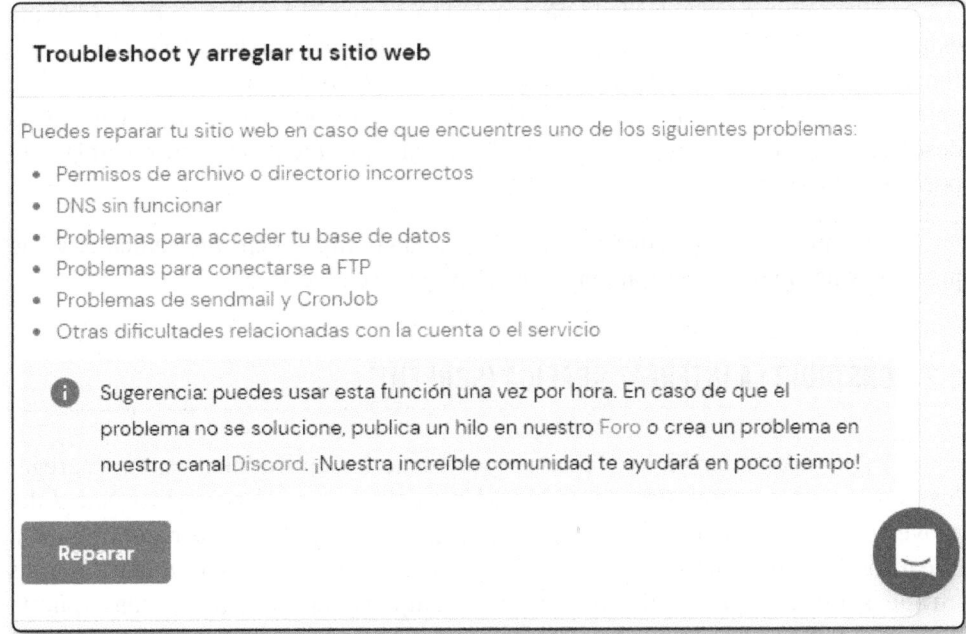

Imagen 5.13 Restablecer o reparar el sitio web

Pero si la corrección no funcionó y seguimos teniendo problemas, no habrá más opción que restablecer el sitio y configurarlo desde el principio. Para esto, bajaremos al apartado *Restablecer tu sitio web* y dar clic sobre el botón *Reiniciar*.

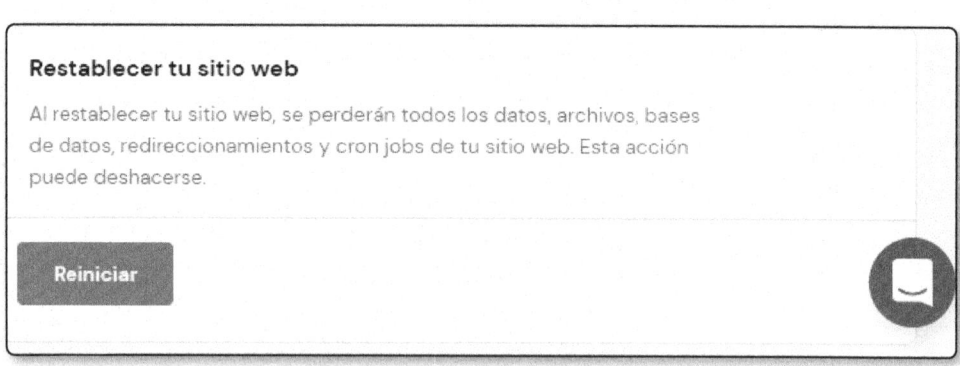

Imagen 5.14 Restablecer el sitio web

¿Por qué ocurre este error en este host en particular? Lo más común es porque al estar editando la plantilla del sitio web se puede llegar a dañar el archivo "**.htaccess**" que se mostró en la imagen 5.10.

Para evitar restablecer la página cada vez que el archivo se dañe (aunque es muy poco probable que suceda) podemos hacerle un respaldo cuando todo esté funcionando bien (es decir, que, al abrir todas las páginas del sitio, ninguna dé error), para ello, en el *Administrador de archivos*, vamos a seleccionar este archivo y lo descargaremos. De esta manera, si se llega a dañar, únicamente hay que reemplazarlo por el de respaldo.

Comprueba que todas las páginas cargadas funcionen; nuevamente, no te preocupes por lo que muestran, preocúpate porque se muestren.

5.2 CONSTRUIR LA INTERFAZ GRÁFICA (SCREEN1)

Ahora, como lo hicimos en el proyecto anterior, en Kodular, vamos a agregar los componentes propuestos en el MockUp, incluidos en el primer *Artboard* del proyecto, que se incluye en la carpeta del capítulo. Te hago la misma recomendación que te hice cuando construimos la interfaz gráfica del proyecto anterior, que importes mi aplicación para que te guíes en ella, como complemento a la información expuesta aquí en el texto.

Pero antes de empezar con la construcción de la interfaz gráfica vamos a definir a los nuevos componentes con los que vamos a trabajar en la primera parte de este proyecto. Digo nuevos porque también utilizaremos algunos de los componentes que definimos en el capítulo anterior.

Esta pantalla tendrá por objetivo el autenticar al usuario, así como dejarlo pasar al juego si puede identificarse o rechazarle el acceso si no logra identificarse.

5.2.1 Campos de texto

Según Kodular, un campo de texto:

Es un componente visible que le permite al usuario introducir texto.

Este componente tiene algunas características particulares que hay que definir.

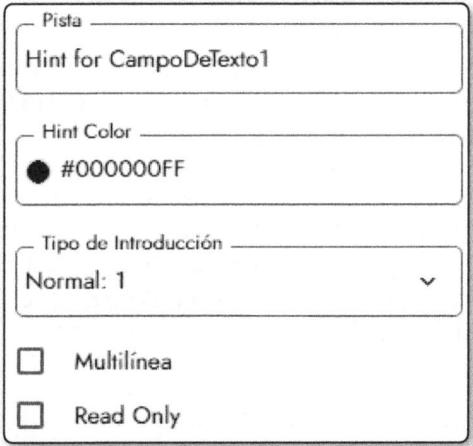

Imagen 5.15 Particularidades de los campos de texto

En primer lugar, no hay que confundir la **pista** con el **texto**; la pista, como su nombre lo dice, es una frase que le indica al usuario cómo debe llenar el campo y el texto que definimos en la configuración de este componente aparece en el campo como texto por defecto. A la pista y al texto se le puede cambiar el color por separado.

El **tipo de introducción** le indica al dispositivo móvil con qué tipo de información queremos llenar el campo y así la puede ocultar o autocompletar de mejor manera. Contamos con múltiples opciones: normal, contraseña, email, número, fecha/hora, etcétera. Puedes probar agregando campos de texto con distintos tipos de introducción y descubrir en qué cambia cada tipo de introducción.

La propiedad **multilínea** nos permite visualizar el texto que el usuario ingrese en el siguiente renglón si este alcanza el ancho del campo y la propiedad **read only** evita la interacción del usuario con el campo.

5.2.2 Casillas de verificación

Una casilla de verificación se utiliza comúnmente para preguntarle algo al usuario y que su respuesta sea un "**Sí**" o un "**No**". Una casilla de verificación según Kodular:

Es un componente visible que le permite al usuario interactuar entre dos estados – activa y desactiva.

Podemos definir el estado de una casilla de verificación por defecto utilizando la propiedad **verificada**.

5.2.3 Web

Este es un componente no visible que nos va a permitir realizar peticiones HTTP hacia algún servidor, por ejemplo, enviarle texto, enviarle archivos, etcétera y recibir una respuesta.

No tocaremos las configuraciones particulares de este componente, para no complicarnos tanto la existencia, solamente es importante mencionar que la propiedad **URL** nos va a permitir establecer la dirección del servidor a la cual queremos acceder. Esta propiedad (como todas las demás) se puede establecer desde el panel de componentes o desde el código.

5.2.4 TinyBD

Este es un componente no visible que nos va a permitir almacenar información de manera local y persistente en forma de etiquetas, esto quiere decir, que, aunque se cierre la aplicación, vamos a poder almacenar y recuperar información.

Esto es muy importante puesto que, si no tenemos algún componente para almacenar información de forma persistente, lo que hagamos en nuestra aplicación una vez que se cierre se perderá, como lo vimos en el proyecto anterior, una vez que se reiniciaba la aplicación, el marcador del juego del gato se perdía.

La forma en cómo se almacena la información en este componente, la podemos ver como si fuera una lista, en la que cada registro se compone de un índice y del elemento como tal.

Este componente no cuenta con configuraciones particulares.

5.2.5 Cryptography

Este es un componente no visible que nos va a permitir encriptar y desencriptar información mediante múltiples técnicas. No voy a entrar en detalle con este tema, pero sí entraremos en contexto.

La criptografía según la Real Academia de la Lengua Española es:

1. f. Arte de escribir con clave secreta o de un modo enigmático[28].

Esto quiere decir, que la criptografía nos va a permitir cifrar información, lo que genera que esta no sea entendible para las personas que no conozcan la *llave*.

Existen muchas técnicas para cifrar información, una con la que podemos entrar en contexto en este mundo es el cifrado **César**[29]. Este método consiste en desplazar cada letra del abecedario una cantidad específica de posiciones, de esta forma, si desplazamos 2 posiciones, la letra A se convierte en la letra C, la B en D, la C en E y así sucesivamente. Si no conocieras la *llave* (que en este caso es el desplazamiento de 2 posiciones de cada letra) y vez el siguiente mensaje:

```
Jqnc, guvg gu wo ñgouclg wtigovg. ¡Vw rwgfgu, oq vg tkofcu!
```

Estoy seguro de que no entenderías nada y pensarías incluso que podrían ser letras aleatorias que no tienen ningún sentido, pero conociendo la *llave*, puedes descifrar el mensaje sin ningún inconveniente.

Para nuestra aplicación, cifraremos la contraseña del usuario utilizando la técnica **Base64** si desea que la aplicación lo recuerde de forma local.

Este componente cuenta con múltiples propiedades específicas que podemos configurar, pero, de momento, por la técnica de cifrado que vamos a utilizar, no será necesario realizarle modificaciones.

Cabe mencionar que, la contraseña no se enviará encriptada al servidor desde la aplicación, se enviará como texto plano y se encriptará en el archivo "registro.php" para ser almacenada en la base de datos gracias a la siguiente instrucción.

```
password_hash($pswd, PASSWORD_DEFAULT);
```

---

28 *https://dle.rae.es/criptograf%C3%ADa*

29 Si quieres aprender más sobre este método de cifrado, te recomiendo revisar el siguiente artículo de internet, el cual es propiedad de Wikipedia.
https://es.wikipedia.org/wiki/Cifrado_C%C3%A9sar

Y cuando el usuario trate de iniciar sesión (consulta.php), la contraseña encriptada se recuperará de la base de datos y se verificará con la que el usuario accedió gracias a la siguiente línea.

```
password_verify($pswd, $colum['PSWD']);
```

Y en base a la respuesta del servidor, se le permitirá o se le denegará el acceso al juego. Pero ya veremos todo esto a detalle más adelante.

5.2.6 Agregando los elementos a la pantalla

Dentro de la *DisposiciónVertical1* vamos a insertar un par de componentes, la cual estará contenida sobre la Screen1 y los vamos a configurar de la siguiente manera.

Elemento	Características
Screen 1	Imagen de fondo: Icon.png Título: Flags quiz Orientación: Vertical Animación de apertura y cierre: Fundido
Disposición Vertical 1	DispHorizontal y Vertical: Centro Color de fondo: #FDFBFBE9 Alto y ancho: Ajustar al contenedor
Space 1	Alto: Ajustar al contenedor
Campo de texto 1	Tamaño de letra: 20 Ancho: 80% Pista: Usuario
Campo de texto 2	Tamaño de letra: 20 Ancho: 80% Pista: Contraseña Tipo de introducción: Contraseña
Botón 1	Tamaño de letra: 20 Texto: ¡REGISTRATE!
Casilla de verificación 1	Tamaño de letra: 20 Texto: Recordarme
Space 2	Alto: Ajustar al contenedor
Botón 2	Tamaño de letra: 20 Texto: Si ya tienes cuenta ¡Inicia sesión!

El resultado debió quedarte como el siguiente.

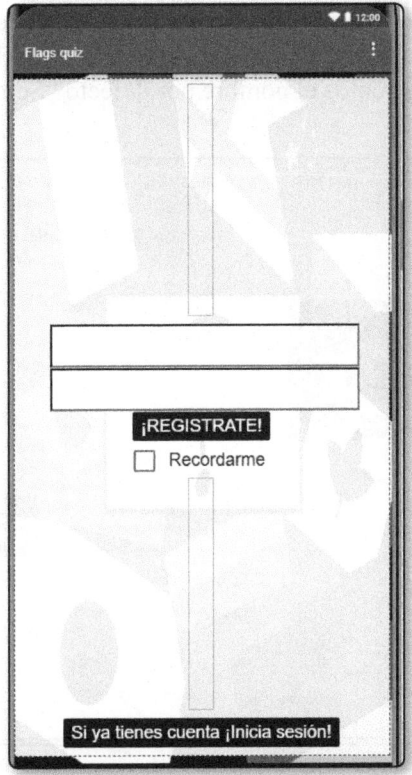

Imagen 5.16 Screen1 del segundo proyecto

5.2.7 ¿Oculto o no visible?

Antes de continuar es importante mencionar que no es lo mismo el que un componente visible esté oculto a que el componente sea no visible puesto que componentes visibles como botones, campos de texto, etcétera pueden aparecer y desaparecer de la pantalla según lo necesitemos, pero los componentes no visibles son aquellos que el usuario no ve puesto que los utiliza exclusivamente el desarrollador para el correcto funcionamiento de la aplicación, como el componente TinyBD, Web, Cryptography, etcétera.

5.3 CONSTRUIR LA INTERFAZ GRÁFICA (SCREEN2)

Vamos a insertar una nueva pantalla, para ello daremos clic sobre el botón *NUEVA PANTALLA* a un lado de la lista desplegable de las pantallas (que ahora muestra *Screen1*. Le dejaremos el nombre por defecto "Screen2".

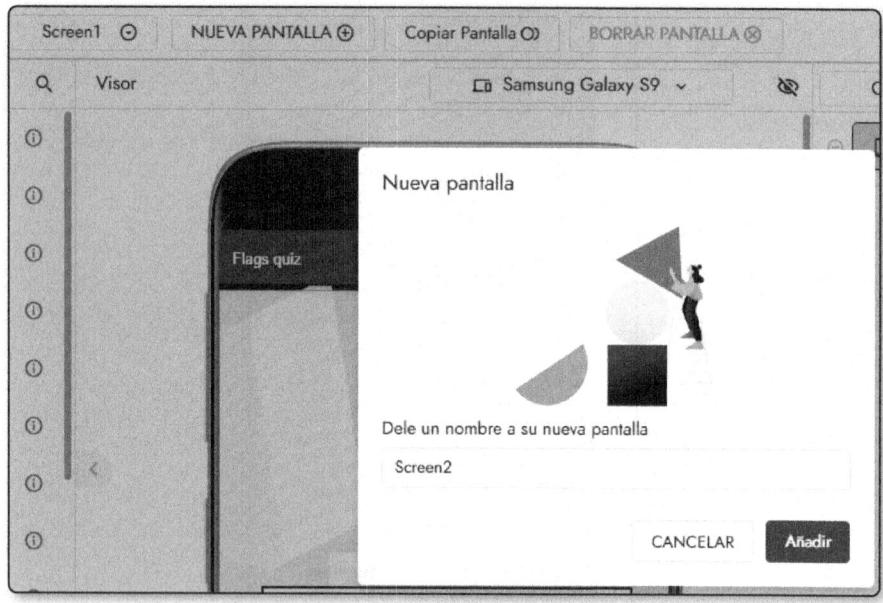

Imagen 5.17 Insertando una nueva pantalla

A continuación, vamos a definir un elemento nuevo que utilizaremos en esta pantalla, para después, insertar los componentes propuestos en el segundo *Artboard* del MockUp del proyecto.

Esta pantalla será la encargada del menú principal de nuestro juego. Desde aquí, el usuario podrá cerrar su sesión (regresar a Screen1), acceder a la tabla de clasificaciones globales (Screen4), así como empezar a jugar (Screen3).

5.3.1 Disposiciones (card)

Una *card* o tarjeta es una disposición oficial de Google que podemos utilizar en Kodular. Por defecto, este componente cuenta con las configuraciones de una disposición vertical común, pero añade otras particulares.

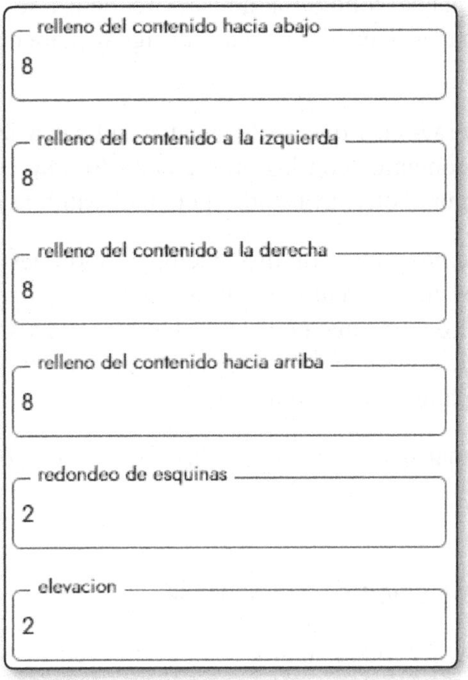

relleno del contenido hacia abajo

8

relleno del contenido a la izquierda

8

relleno del contenido a la derecha

8

relleno del contenido hacia arriba

8

redondeo de esquinas

2

elevacion

2

Imagen 5.18 Configuraciones particulares de las tarjetas de Google

Tenemos 4 campos de relleno, uno hacia abajo, otro hacia arriba, otro hacia la derecha y otro hacia la izquierda. Estos rellenos en realidad son márgenes entre los elementos y el borde de la tarjeta como se observa en la imagen 5.19 (en este caso en blanco).

Imagen 5.19 Márgenes en las tarjetas

También se puede configurar que tan redondas se ven las esquinas y la elevación, esta última propiedad se aplica de igual manera que con los botones flotantes.

Otras configuraciones que se le pueden aplicar a las tarjetas es el estilo del borde, para ello contamos con las propiedades **Stroke color** y **Stroke Width**. Además, en las configuraciones avanzadas podemos cambiar el color del clic.

Aunque podemos convertir disposiciones normales en tarjetas utilizando la propiedad **Is Card** no podremos configurarle estos parámetros y se utilizarán algunos por defecto. Lo único que podemos hacerles a las disposiciones convertidas en tarjetas es redondearle los bordes con la propiedad **Use Rounded Card** y se utilizará también un parámetro por defecto.

Cabe mencionar que, por defecto, las tarjetas son sensibles a los clics del usuario.

5.3.2 Agregando los elementos a la pantalla

Dentro de esta segunda pantalla vamos a insertar los siguientes elementos.

▶ Disposición Vertical 1

- Etiqueta 1
- Space 2
- Visor tarjeta 1
  - Imagen 1
  - Etiqueta 2
- Space 3
- Visor tarjeta 2
  - Imagen 2
  - Etiqueta 3
- Space 4
- Botón 1

Y los vamos a configurar de la siguiente manera.

Elemento	Características
Screen 1	Imagen de fondo: Icon.png Título: Flags quiz Orientación: Vertical Animación de apertura y cierre: Fundido
Disposición Vertical 1	DispHorizontal y Vertical: Centro Color de fondo: #FDFBFBE9 Alto y ancho: Ajustar al contenedor
Etiqueta 1	Negrita: Sí Tamaño de letra: 40 Color de texto: #303F9FFF Tipo de letra: Serif Ancho: Ajustar al contenedor Posición del texto: Centro Marque: Sí
Space 2	Alto: 3%
Visor_Tarjeta 1	Alto y ancho: 30% y 90% DispHorizontal y Vertical: Centro Color de fondo: #F50870FF Stroke color y width: #000000FF y 8
Space 3	Alto: 3%
Visor_Tarjeta 2	Alto y ancho: 30% y 90% DispHorizontal y Vertical: Centro Color de fondo: #F50870FF Stroke color y width: #000000FF y 8
Space 4	Alto: Ajustar al contenedor
Botón 1	Tamaño de texto: 20 Texto: CERRAR SESIÓN
Imagen 1 y 2	Alto y ancho: 20% y 40% (para las dos) Imagen: Icon.png y Podio.png[30]
Etiqueta 2 y 3	Negrita: Sí Tamaño de letra: 25 (para las dos) Tipo de letra: Serif Texto: ¡Empezar a jugar! Y Clasificaciones globales Marque: Sí

---

30 Estas imágenes las puedes encontrar en los recursos del capítulo.

El resultado debe verse como el siguiente.

Imagen 5.20 Screen2 del segundo proyecto

5.4 CONSTRUIR LA INTERFAZ GRÁFICA (SCREEN3)

Vamos a insertar una nueva pantalla y le dejaremos el nombre por defecto "Screen3". A continuación, vamos a definir cuatro elementos nuevos que utilizaremos en esta pantalla, para posteriormente, agregar los componentes propuestos en el MockUp, incluidos en el tercer *Artboard* del proyecto.

Esta pantalla será la encargada de implementar todo el juego de *quiz*. Tendrá que mostrar una bandera con 3 opciones, dos incorrectas y una correcta, así como evaluar la respuesta del jugador y sumarle puntos y seguir avanzando o terminar el juego y cargar su puntuación al servidor. Adicionalmente debe proporcionar una experiencia visual y auditiva que le resulte agradable al usuario, para que disfrute aún más de nuestro juego.

5.4.1 Lienzos

Según Kodular, un lienzo es…

Un componente visible bidimensional, sensible a los clics, con forma de panel rectangular en el cual, se puede dibujar y mover elementos 'sprite'.

¿Esto qué significa? Significa que prácticamente un lienzo es como una disposición en la que los componentes **Sprite** se vuelven interactivos pues los podemos desplazar y dibujar sobre ellos.

Dijimos que el lienzo es un panel bidimensional, es decir, es un plano cartesiano que se maneja con coordenadas en el eje de las x y de las y. Por lo tanto, para ubicar un objeto en el plano tenemos que asignarle coordenadas (x, y). Solamente que, en el plano de nuestro lienzo, el eje vertical esta invertido, es decir, entre mayor sea el valor de la y más abajo se colocara el objeto.

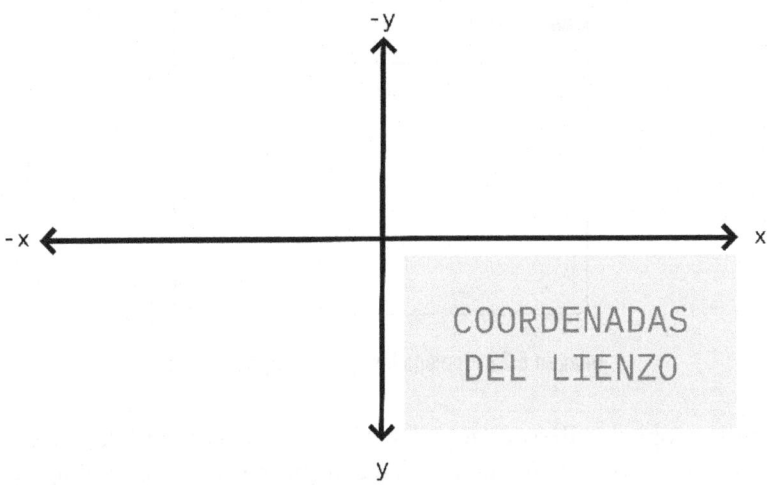

Imagen 5.21 Coordenadas del lienzo

5.4.2 Imágenes Sprite

Las imágenes Sprite (el componente **pelota** se incluye en este grupo) únicamente se pueden insertar dentro de los lienzos y tienen un par de configuraciones especiales.

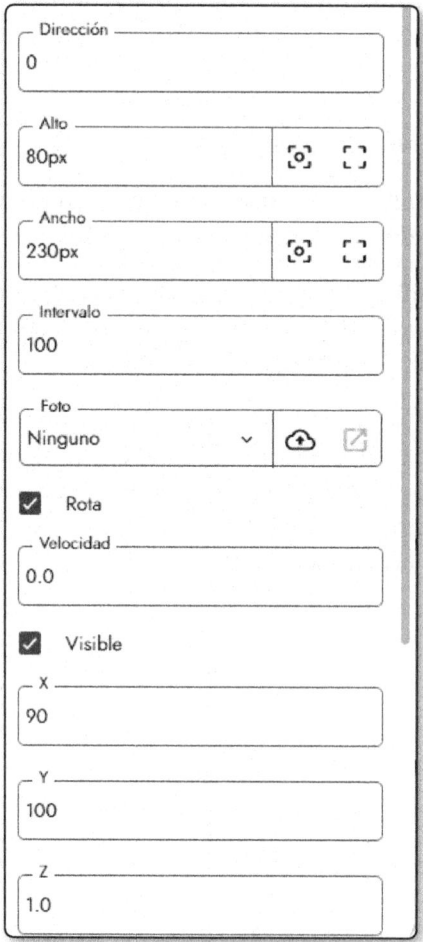

Imagen 5.22 Propiedades de las imágenes Sprite

En la propiedad **dirección** podemos darle un valor de rotación a la imagen en base a grados: 0 o 360 apunta a la derecha (primer logo de la imagen 5.23), 90 grados apunta hacia arriba, 180 grados apunta a la izquierda y 270 grados apunta hacia abajo, adicionalmente se pueden poner valores intermedios.

Imagen 5.23 Imágenes con direcciones distintas

La propiedad **rota**, si esta desactivada evita que la imagen se gire si la dirección cambia, es decir, la imagen puede estar apuntando hacia arriba (90°) pero siempre se va a visualizar como que está apuntando hacia la derecha.

La propiedad **velocidad** establece la cantidad de pixeles que el objeto se va a desplazar (si está en cero no se desplaza). Y ¿hacia dónde se desplaza? Hacia donde esté apuntando la **dirección**. Pero ¿cada cuánto avanza? Esto se define en la propiedad **intervalo** en milisegundos.

Las propiedades *x, y, z* definen la posición del elemento en el eje horizontal, vertical y espacial. Un momento, ¿no dijimos que el lienzo era un panel bidimensional? Entonces ¿por qué debemos definir la posición del objeto en el espacio? Porque así, si dos objetos se llegaran a encimar (ocuparan el mismo *x, y*), podemos definir cuál queremos que se muestre por encima del otro y esto se logra, aumentando el valor de la propiedad *z*.

Una desventaja que tienen las imágenes Sprite es que tenemos que asignarles tamaños y coordenadas absolutas, es decir, independientemente del tamaño de la pantalla, los objetos mantendrán siempre el mismo tamaño y la misma posición.

5.4.3 Animaciones Lottie

Primero vamos a definir al componente.

Es un componente que muestra una animación desde un archivo JSON, ZIP o desde una URL.

Lottie[31] es una biblioteca de animaciones que tiene por objetivo el facilitar la implementación de este tipo de gráficos tanto en sitios web como en aplicaciones, tanto

---

31 Si quieres obtener más información respecto a las animaciones Lottie, puedes consultar el siguiente artículo: *https://lottiefiles.com/es/what-is-lottie*

móviles como de escritorio. Están diseñadas para que funcionen en cualquier tipo de dispositivo y cuentan con la ventaja de que se pueden escalar sin perder su calidad.

¿Qué diferencias existen entre una animación en formato GIF y un archivo Lottie? La animación que genera un archivo GIF es en base a imágenes, es decir, se crea en base a un conjunto de figuras que se van mostrando una por una a gran velocidad, lo que genera el efecto de animación, y sabemos que no siempre las imágenes son muy ligeras; por otro lado, los archivos Lottie se generan mediante código, lo que las vuelve sumamente ligeras y completamente personalizables.

Antes de pasarnos a obtener las animaciones, vamos a explicar las características particulares de este componente.

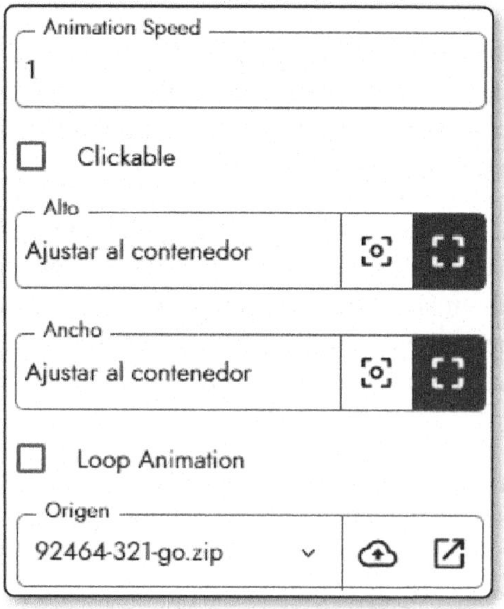

Imagen 5.24 Propiedades del componente Lottie

Con la propiedad **Animation Speed** podemos controlar la velocidad de la reproducción de la animación (1 es reproducción normal). Si la propiedad **Loop Animation** está activa, la animación se va a reproducir infinitas veces, si no, solo se reproducirá una vez. Y en la propiedad **Origen** se define el archivo que queremos desplegar.

Vamos a descargar tres archivos Lottie para nuestro juego. El primero se encuentra en el siguiente enlace. Al abrirlo, nos aparecerá una ventana como la siguiente.

https://lottiefiles.com/92464-321-go

Imagen 5.25 Animación Lottie de 3-2-1-GO

En la plataforma de **LottieFiles**, podemos modificar el color de la animación eligiendo una paleta, la velocidad de reproducción, así como el color del fondo. Esta animación la vamos a descargar en formato *ZIP* y para ello debes iniciar sesión en la plataforma.

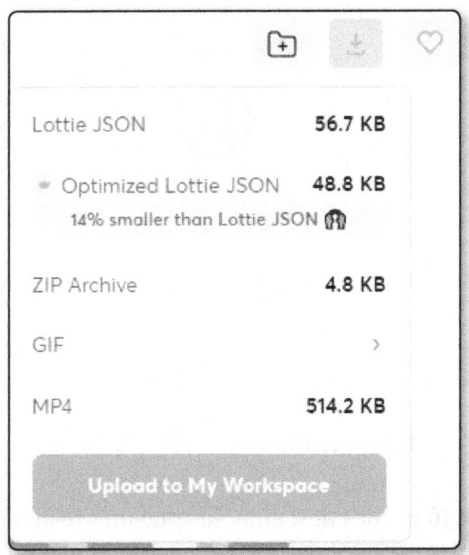

Imagen 5.26 Formatos de descarga de un archivo Lottie

Las otras dos animaciones también las vamos a descargar como *ZIP* desde los siguientes enlaces.

https://lottiefiles.com/53034-lost

Imagen 5.27 Animación Lottie de Lost

https://lottiefiles.com/91202-winner-scale

Imagen 5.28 Animación Lottie de Winner

Pero claro que tú puedes descargar las que más te agraden. No olvides cargar estos archivos a Kodular (se hace de la misma manera que con las imágenes).

5.4.4 Reproductor de audio

Ya tratamos el tema de las animaciones, las cuales representan la parte del atractivo visual de nuestra aplicación, así que ahora nos toca explorar un componente que nos va a permitir generar la parte de la experiencia auditiva de nuestro juego.

El componente de **Reproducción** se define como un:

Componente no visible que reproduce audio y controla la vibración del dispositivo.

Actualmente en Kodular existe otro componente que es realmente similar a **Reproducción**, llamado **Sonido**, el cual se define como:

Un componente no visible que reproduce archivos de audio y controla la vibración del dispositivo. Similar al componente de Reproducción.

Pero a mi parecer es mejor utilizar el primero, puesto que tiene más opciones de personalización, como lo vemos a continuación.

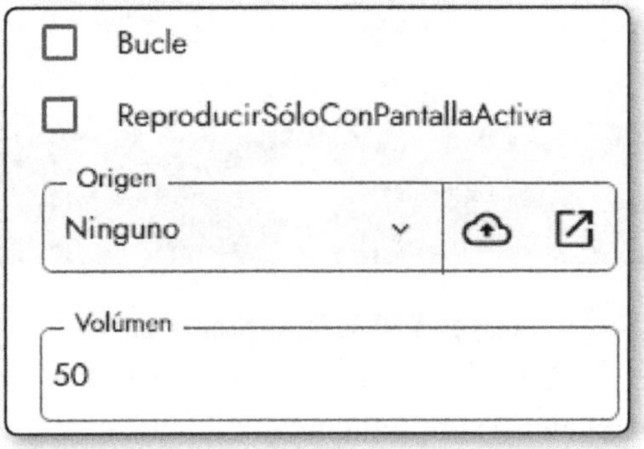

Imagen 5.29 Propiedades del componente de reproducción

La propiedad **Bucle** permite poner el audio en reproducción infinita.

La propiedad **ReproducirSóloConPantallaActiva** al estar activada, detendrá la reproducción del audio si la pantalla del dispositivo se llega a apagar.

En la propiedad **Origen** se define el archivo que queremos reproducir.

Finalmente, en la propiedad **Volumen** podemos ajustar que tan alto o bajo queremos que se escuche el audio en un rango de 0 a 100. Este volumen será relativo al ajuste del volumen que disponga el usuario en su dispositivo.

Ahora, vamos a descargar seis archivos de sonido para nuestro juego. El primero se encuentra en el siguiente enlace, que nos lleva a la página de **Pixabay** ¿la recuerdas? Al abrirlo, nos aparecerá una ventana como siguiente.

https://pixabay.com/es/music/sintetizador-neon-gaming-128925/

Imagen 5.30 Audio de Neon Gaming

Descargamos el audio simplemente dando clic en el botón de "Descargar"[32]. Ahora vamos a descargar otros audios que se encuentran en los siguientes enlaces.

https://pixabay.com/es/sound-effects/arcade-countdown-7007/

https://pixabay.com/es/sound-effects/decidemp3-14575/

https://pixabay.com/es/sound-effects/success-fanfare-trumpets-6185/

https://pixabay.com/es/sound-effects/wahwahwahwaaaahahahahahaha-94669/

https://pixabay.com/es/sound-effects/notification-for-game-scenes-132473/

---

32 Solamente que este audio es un poco pesado por lo que tendremos que comprimirlo para no exceder el límite de 5 MB que tenemos en la versión gratis de Kodular para subir recursos. Yo utilicé el siguiente sitio. Los demás audios no requieren compresión. *https://www.compresss.com/es/compress-audio.html*

De igual manera, tú puedes descargar los sonidos que más te gusten. No olvides cargar estos archivos a Kodular.

5.4.5 Agregando los elementos a la pantalla

Ya podemos agregar todos los componentes necesarios en la pantalla.

Elemento	Características
Screen 3	Imagen de fondo: Icon.png Animación de apertura y cierre: Fundido Orientación: Vertical Título visible: Falso
Disposición Vertical 1	DispHorizontal y Vertical: Centro Color de fondo: #FDFBFBE9 Alto y ancho: Ajustar al contenedor
Notificador 1	-
Web 1	URL: https://flagsquizzkodular.000webhostapp.com/puntuacion.php
Reproduc-tor 1	Origen: arcade-countdown-7007.mp3 Volumen: 100
Reproduc-tor 2	Bucle: Sí ReproducirSóloConPantallaActiva: Sí Origen: neon-gaming-128925.mp3 Volumen: 50
Reproduc-tor 3	Origen: decidemp3-14575.mp3 Volumen: 100
Reproduc-tor 4	Origen: notification-for-game-scenes-132473 Volumen: 100
Reproduc-tor 5	Origen: success-fanfare-trumpets-6185.mp3 Volumen: 100

Y dentro de la *DisposiciónVertical1* vamos a insertar los siguientes elementos.

Elemento	Características
Lottie1[33]	Animation speed: 1 Clickable: No Alto y ancho: Ajustar al contenedor Loop Animation: No Origen: 92464-321-go.zip
Disposición Vertical 2	DispHorizontal: Centro Color de fondo: #FFFFFF00 Alto y ancho: Ajustar al contenedor Visible: Falso
Disposición Vertical 3	DispHorizontal y Vertical: Centro Color de fondo: #FFFFFF00 Alto y ancho: Ajustar al contenedor Visible: Falso

5.4.6 Subpantalla1 (Juego)

Quiero aclarar nada más que el concepto de subpantalla es "artificial", es decir, las creamos nosotros con disposiciones únicamente con el fin de facilitar la distribución de los componentes dentro de la pantalla, por lo tanto, estas no se comportan como pantallas ni tienen las propiedades de una pantalla.

Dentro de la *DisposiciónVertical2* vamos a insertar los siguientes elementos.

▼ Space 1.
▼ Visor Tarjeta 1.
  • Imagen 1.

▼ Space 2.
▼ Lienzo 1.
  • SpriteImagen 1.
  • SpriteImagen 2.
  • SpriteImagen 3.
  • SpriteImagen 4.

▼ Disposición Horizontal 1.
  • Etiqueta 2.
  • Etiqueta 3.

---

33 En esta actualización de Kodular (1.5B.2 Fenix), por alguna extraña razón, la depuración en tiempo real truena al ingresar el componente Lottie. Si estas probando la aplicación, te recomiendo que estos componentes los ingreses hasta el final, ya que termines con la depuración.

Y los vamos a configurar de la siguiente manera.

Elemento	Características
Space 1	Alto: 5%
Visor Tarjeta 1	Todos los rellenos de contenido: 0 Stroke color: #000000FF Stroke width: 8
Imagen 1	Alto: 25% Ancho: 70%
Space 2	Alto: 5%
Lienzo 1	Color de fondo: #FFFFFF00 Alto y ancho: Ajustar al contenedor
SpriteImagen 1	Alto: 80px Ancho 230px X 90 Y 100
SpriteImagen 2	Alto: 80px Ancho: 230px X: 90 Y: 200
SpriteImagen 3	Alto: 80px Ancho: 230px X: 90 Y: 300
SpriteImagen 4	Habilitado: Falso Alto: 80px Ancho: 230px X: 300 Y: 0 Foto: Check.png[34]
Disposición horizontal 1	Color de fondo: #FFFFFF00
Etiqueta 2	Negrita: Sí Tamaño de letra: 30 Tipo de letra: Serif Texto: PUNTUACIÓN: Color de texto: #303F9FFF
Etiqueta 3	Negrita: Sí Tamaño de letra: 30 Tipo de letra: Serif Texto: 0 Color de texto: #F50870FF

---

34 Esta imagen la puedes encontrar en los recursos del capítulo.

El resultado debe verse como el siguiente.

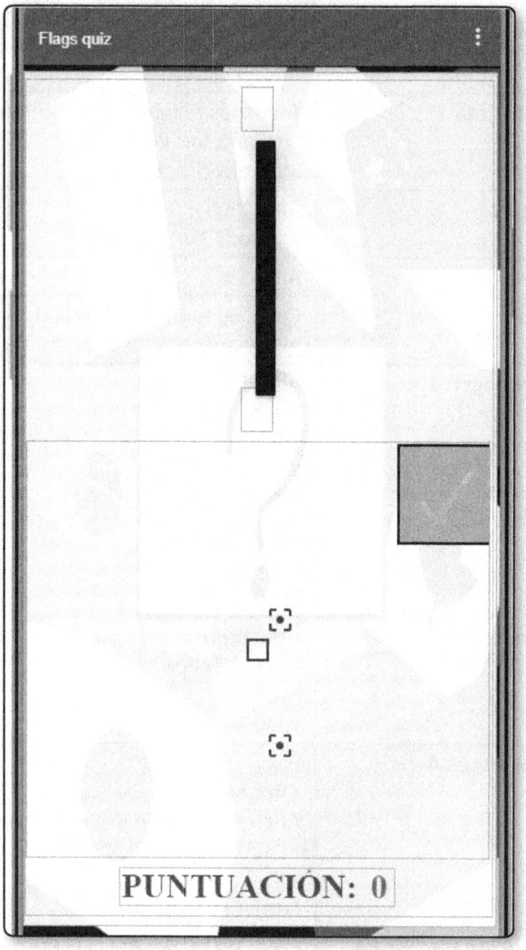

Imagen 5.31 Subpantalla 1 de la Screen3 (*DisposiciónVertical2*) del segundo proyecto

5.4.7 Subpantalla 2 (Post-juego)

Dentro de la *DisposiciónVertical3* vamos a insertar los siguientes elementos.

- Space 3
- Etiqueta 4
- Space 4
- Lottie 2

Y los vamos a configurar de la siguiente manera.

Elemento	Características
Space 3	Alto: 5%
Etiqueta 4	Negrita: Sí Tamaño de letra: 40 Tipo de letra: Serif Ancho: Ajustar al contendor Posición del texto: Centro Color del texto: #303F9FFF
Space 4	Alto: 5%
Lottie 2	Animation speed: 1 Clickable: No Alto y ancho: Ajustar al contenedor Loop Animation: No Origen: 53034-lost.zip

El resultado debe verse como el siguiente.

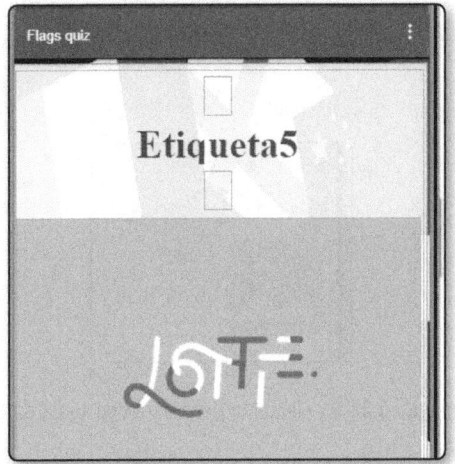

Imagen 5.32 Subpantalla2 de la Screen3 (*DisposiciónVertical3*) del segundo proyecto

No olvides ocultar las disposiciones, una vez termines de trabajar con ellas.

5.5 CONSTRUIR LA INTERFAZ GRÁFICA (SCREEN4)

Vamos a insertar una nueva pantalla y le dejaremos el nombre por defecto "Screen4". A continuación, vamos a definir un componente nuevo, así como un concepto importante que nos será de mucha utilidad cuando trabajamos con componentes con nombres muy largos. Después de tratar lo anterior, vamos a agregar los componentes propuestos en el MockUp, incluidos en el cuarto *Artboard* del proyecto.

Esta pantalla tendrá por objetivo el mostrar al jugador, la tabla de clasificaciones globales, la cual expone las puntuaciones de todos los jugadores que han pasado por el videojuego, iniciando por los más altos hasta llegar a los más bajos.

5.5.1 Visor de lista con imágenes y texto

Podemos definir con ayuda de Kodular a este componente como que:

Es un componente visible que muestra una lista de elementos que contienen una imagen y dos etiquetas.

Como lo menciona la definición de Kodular, cada elemento en la lista consta de 3 partes, una imagen, un título y un subtítulo, esto se puede apreciar en la imagen 5.33.

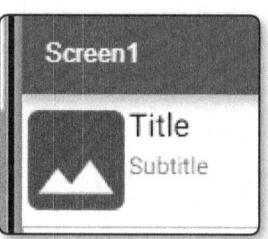

Imagen 5.33 Un elemento de la lista con sus 3 partes

Los elementos se añaden a la lista desde el código, pero como en este apartado nos interesa la parte gráfica, me voy a pasar directamente a la explicación de unas configuraciones particulares de este componente.

El texto del título y del subtitulo de los elementos se pueden configurar por separado (color, tamaño, tipo de letra, el estilo como las negritas, las cursivas, etcétera), además podemos configurar la **ubicación de la imagen** dentro del elemento, así como el **tamaño del elemento** en sí.

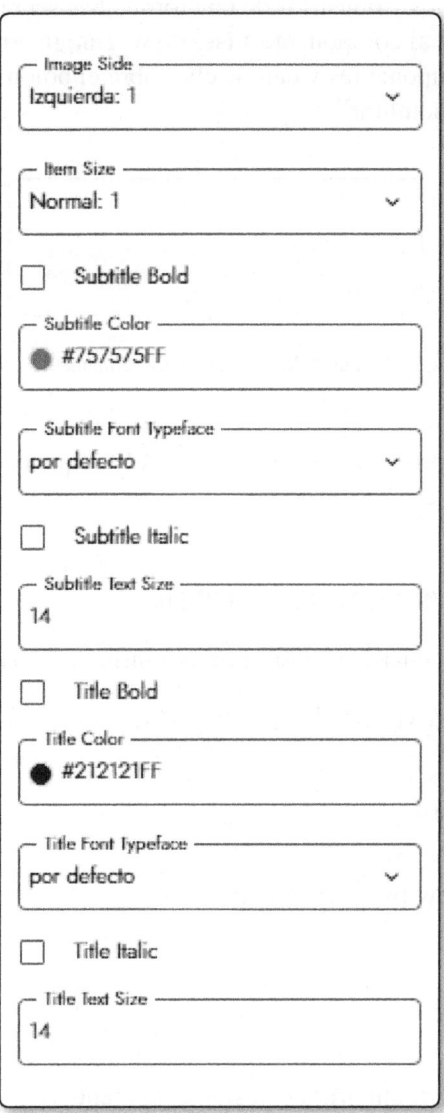

Imagen 5.34 Configuraciones particulares del visor de lista con imágenes

Adicionalmente, en las configuraciones avanzadas podemos modificar el color de la línea divisora entre cada elemento de la lista, así como importar un tipo de letra nueva para el título y el subtítulo de los elementos.

5.5.2 Cambiarle el nombre a un componente

En Kodular podemos modificar el nombre de nuestros componentes con el objetivo de identificarlos y ubicarlos de una forma más sencilla. En este caso vamos a cambiarle el nombre al componente **List_View_Image_and_Text1**, para ello nos vamos al panel de componentes y damos clic sobre el botón con forma de lápiz que lleva por nombre "Renombrar".

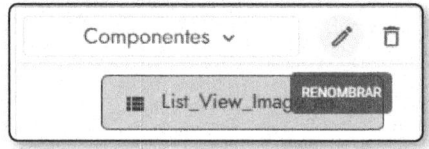

Imagen 5.35 Renombrar un componente

Y le asignaremos el siguiente nombre: **TCG**, que hace alusión a la Tabla de Clasificaciones Globales.

5.5.3 Agregando los elementos a la pantalla

Dentro de esta cuarta pantalla vamos a insertar los siguientes elementos.

▼ Disposición Vertical 1.

- Space 1.
- Etiqueta 1.
- Space 2.
- List View Image and Text 1.

▼ Web 1.

▼ Notificador 1.

Y los vamos a configurar de la siguiente manera.

Elemento	Características
Screen 4	Imagen de fondo: Icon.png Animación de apertura y cierre: Fundido Orientación: Vertical Título: Clasificaciones globales
Disposición Vertical 1	Color de fondo: #FDFBFBE9 Alto y ancho: Ajustar al contenedor
Space 1	Alto: 5%
Etiqueta 1	Negrita: Sí Tamaño de letra: 35 Tipo de letra: Serif Ancho: Ajustar al contendor Texto: CLASIFICACIONES GLOBALES Posición del texto: Centro Color del texto: #F50870FF
Space 2	Alto 5%
List View Image and Text 1 (TCG).	Item size: Big Subtitle color: #9C27B0FF Subtitle font: Monoespacio Subtitle text size: 18 Title bold: Sí Title color: #303F9FFF Title font: Monoespacio Title text size: 20
Web 1	URL: https://flagsquizzkodular.000webhostapp.com/lista.php

El resultado debe verse como el siguiente.

Imagen 5.36 Screen4 del segundo proyecto

Y con esto terminamos de montar la interfaz gráfica de nuestra segunda aplicación.

5.6 CÓDIGO DEL SEGUNDO PROYECTO

En este apartado vamos a hacer funcionar la aplicación pues hasta el momento, únicamente tenemos la parte gráfica sin ninguna funcionalidad.

5.6.1 Código de la Screen1

Lo primero que haremos será programar dos funciones, la primera se llamará *IniciarSesion* y la segunda *Recordar*.

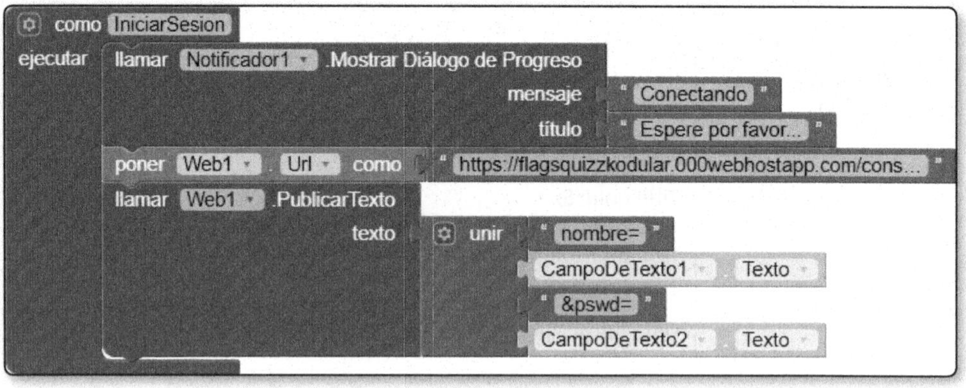

Imagen 5.37 Función *IniciarSesion*

Esta primera función se encarga de enviar el contenido de los campos de texto (los que le solicitan al jugador su usuario y contraseña) al servidor, estableciendo primero la URL al componente *Web1* y después enviando el texto, todo esto mientras le muestra al usuario un diálogo de progreso. En la imagen 5.37 no se alcanza a observar la URL completa, pero es la siguiente.

https://flagsquizzkodular.000webhostapp.com/consulta.php

Ahora bien ¿por qué utilizamos estos nombres ("nombre" y "pswd") para enviar los datos al servidor? Porque si abres el archivo "consulta.php" con un bloc de notas podrás fijarte que así se llaman las variables en este archivo.

```
consulta.php                    ×       +          —  □  ×

Archivo    Editar    Ver                              ⚙

  //hacemos llamado al imput del formuario
  $nombre = (empty($_POST['nombre'])) ? NULL : $_POST['nombre'];
  $pswd = (empty($_POST['pswd'])) ? NULL : $_POST['pswd'];
```

Imagen 5.38 Archivo "consulta.php"

Y la segunda función evalúa si el usuario activó la casilla de verificación para que la aplicación lo recuerde, si esto es así, entonces va a almacenar de forma local el usuario (como texto plano) en la etiqueta 1 del *TinyBD* y la contraseña (encriptada) en la etiqueta 2 del *TinyBD* que ingresó en los campos de texto.

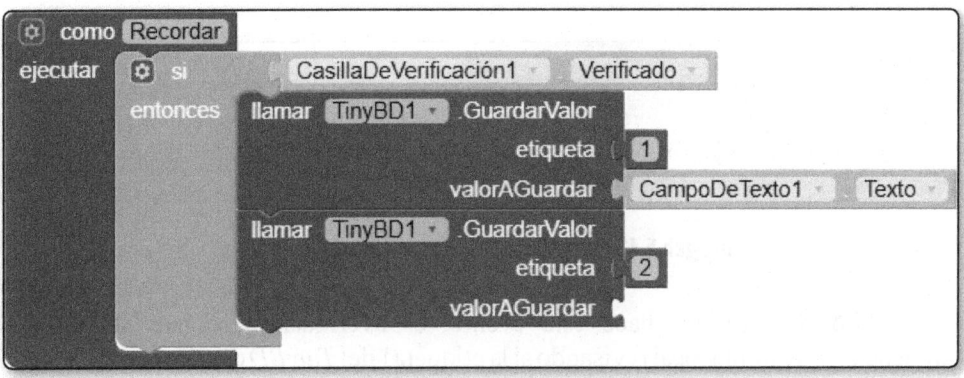

Imagen 5.39 Función *Recordar*

Imagen 5.40 *ValorAGuardar* en la etiqueta 2 del TinyBD

¿Por qué encriptada? Al igual que en el servidor, de forma local debemos almacenar los datos sensibles encriptados así, si por alguna razón nuestra aplicación fuera vulnerada, el atacante no podría comprender la información.

A continuación, vamos a programar el evento de apertura de la pantalla, para ello construiremos el siguiente código.

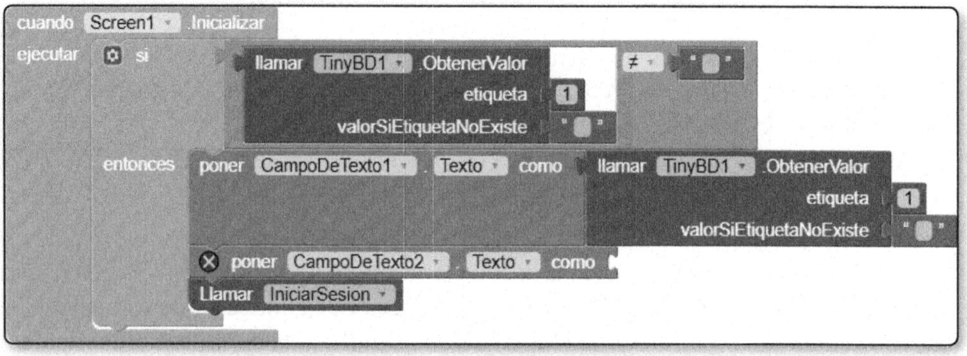

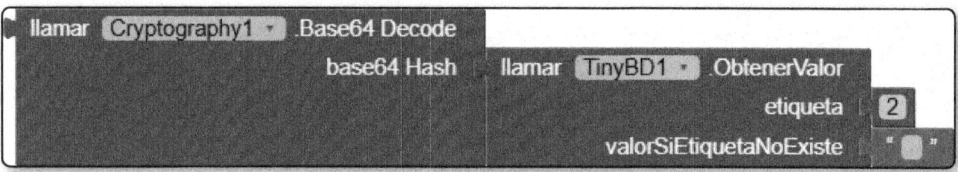

Imagen 5.41 Apertura de la Screen1 del segundo proyecto

Imagen 5.42 CampoDeTexto2.Texto del segundo proyecto

Lo primero que hace este evento, es averiguar si se han almacenado credenciales de forma local revisando si la etiqueta 1 del *TinyBD* contiene información, si esto es así, va a recuperar el usuario de la misma etiqueta y va a desencriptar la contraseña almacenada en la etiqueta 2 del *TinyBD* para cargar esa información en los campos de texto; posteriormente va a llamar a la función *IniciarSesion*, pero si la etiqueta 1 del *TinyBD* está vacía, entonces no va a hacer nada.

A continuación, vamos a programar 3 eventos relacionados con los botones. El primero de ellos se activa cuando se da **clic sobre cualquier botón** de la pantalla (recordemos que tenemos dos) y lo que hará, será ocultar el teclado de la pantalla (por defecto cuando un campo de texto pierde el foco no se oculta), mostrará un **diálogo de progreso** y finalmente mandará llamar a la función **Recordar**. ¿Qué es un dialogó de progreso y cómo se cierra el teclado de la pantalla? ¡Haz la prueba!

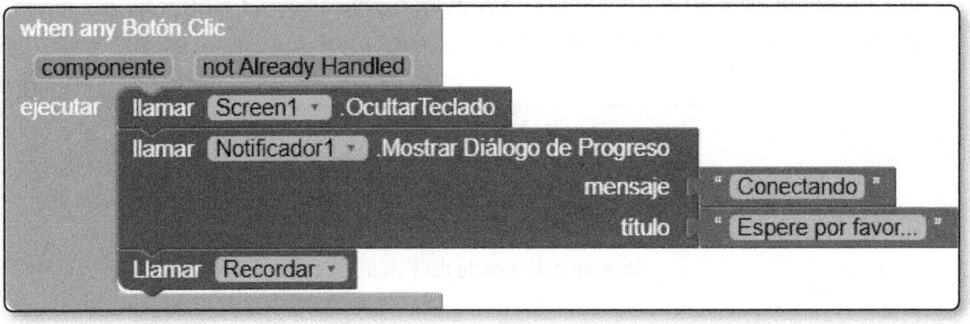

Imagen 5.43 Evento que se activa cuando se hace clic sobre cualquier botón

El segundo evento que construiremos será el del **Botón1.Clic**, el cual, hace algo muy similar que la función *IniciarSesion*, pues se encarga de enviar el contenido de los campos de texto al servidor, pero esta vez con un campo adicional: *puntuación=0* ¿Por qué? Porque por buena práctica, debemos cargar un valor en la base de datos para este campo[35].

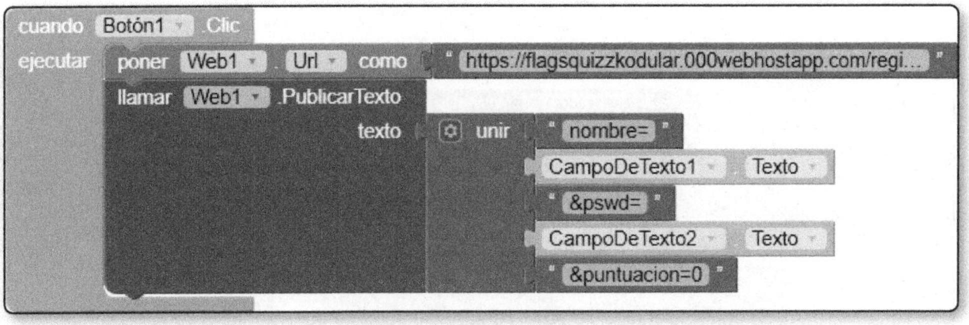

Imagen 5.44 Evento del Botón1.Clic

En la imagen 5.44 no se alcanza a observar completamente la URL, pero es la siguiente.

https://flagsquizzkodular.000webhostapp.com/registro.php

---

35 Aunque por defecto, si el campo se queda vacío se interpreta como un cero (en campos que requieren valores enteros), si lo dejamos vacío se vuelve propenso a ensuciarse con basura del *buffer*, lo que provocaría que almacenara algún número extraño. Por este motivo menciono que por buena práctica le enviamos un cero al servidor para este campo. Si quieres saber más acerca de lo que es el *buffer* y sus funciones puedes consultar el siguiente artículo de internet el cual no es de mi autoría, por lo que aprovecho para darle todos los créditos al autor.
https://www.geeknetic.es/Buffer/que-es-y-para-que-sirve

Y finalmente, al activarse el tercer evento, que es el del **Botón2.Clic**, manda a llamar a la función *InciarSesion*.

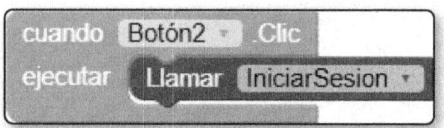

Imagen 5.45 Evento del Botón2.Clic

¡Muy bien! Ya solamente necesitamos programar la respuesta del servidor y en base a ella permitir o negar el acceso al juego, para ello implementaremos el código de la siguiente imagen.

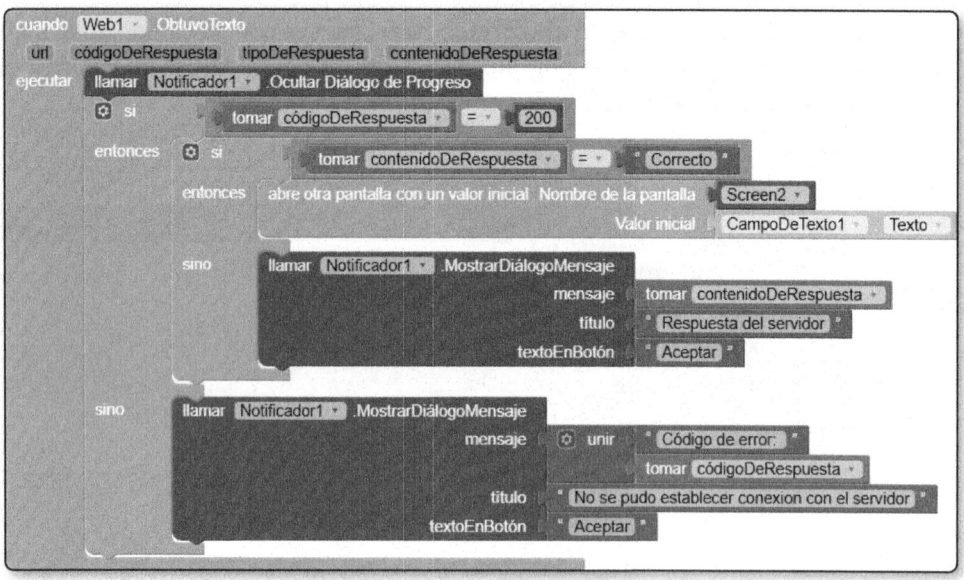

Imagen 5.46 Respuesta del servidor

Este evento se activa una vez que la petición HTTP fue respondida por el servidor y lo primero que hace es ocultar el diálogo de progreso que previamente mostramos al enviar los datos. Después viene un condicional: si el código de respuesta[36] es igual a 200 entonces podemos continuar, pero si no, le vamos a mostrar

---

36 Si quieres conocer más respecto a los códigos de respuesta a las peticiones HTTP puedes consultar el siguiente artículo que nos proporciona la documentación de Mozilla.
https://developer.mozilla.org/es/docs/Web/HTTP/Status

al usuario un dialogo de mensaje en el que le avisamos que la comunicación con el servidor no se efectuó de forma exitosa.

Ahora, también debemos comprobar que la respuesta de la base de datos haya sido exitosa y para ello utilizamos la condición: *si el contenido de respuesta es igual a "Correcto"*. Si fue así, entonces vamos a abrir la Screen2 con un **valor inicial**, es decir, le vamos a pasar **información de apertura**, y este será el nombre del usuario (el texto contenido en el *CampoDeTexto1*). Pero, si la base de datos no devolvió una consulta exitosa, entonces le notificamos al usuario con un dialogo de mensaje sobre esta situación y el motivo que la origina.

5.6.2 Orden de apertura y cierre de las pantallas

Las pantallas de una aplicación se abren de forma secuencial, es decir, una detrás de la otra, por ejemplo, si abrimos la Screen3 desde la Screen2 y la Screen2 desde la Screen1 y cerramos la Screen3 ¿a qué pantalla nos mandaría? ¡Así es, a la Screen2! Porque esta fue quien la abrió.

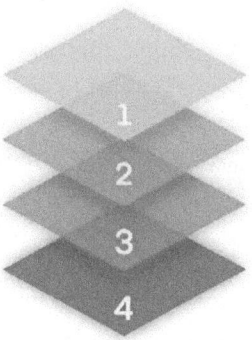

Imagen 5.47 Orden secuencial de apertura de las pantallas

Con este concepto en mente vamos a programar el último evento de la Screen1 y es cuando la pantalla que se encuentre encima de esta se cierre (en este caso, únicamente cuando la Screen2 se cierra, pues la Screen1 no manda a llamar a la Screen3).

Este evento lo que hace es limpiar los campos de texto y eliminar las credenciales almacenadas de forma local (si no existieran no pasa nada).

Imagen 5.48 Evento que se activa cuando la pantalla encima de la Screen1 se cierra

5.6.3 Código de la Screen2

Esta pantalla tendrá muy pocos eventos puesto que, recordemos que solo es el menú principal del juego, por lo tanto, su labor es únicamente dirigir al usuario a la pantalla que desea ir.

El primer evento que vamos a construir es el de apertura de la pantalla.

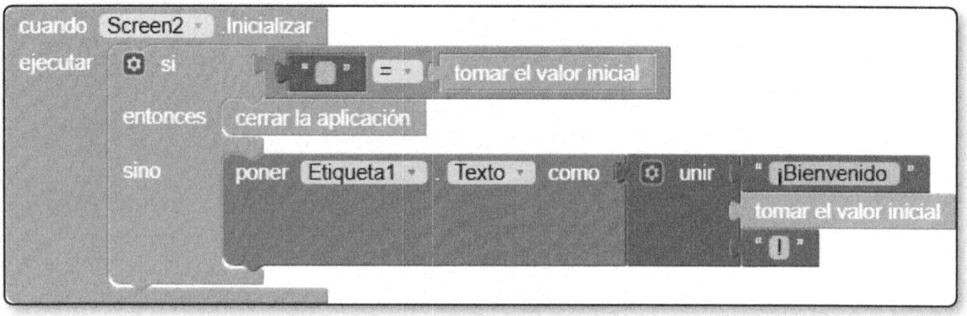

Imagen 5.49 Evento de apertura de la Screen2 del segundo proyecto

¿Qué hace el condicional? Se pregunta si la pantalla que la mandó a abrirse le pasó información, si no le pasó nada puede significar dos cosas, o no fue Screen1 quien la llamó o alguien pudo saltarse de alguna manera la autenticación, entonces cierra la aplicación por seguridad. Pero si recibió un valor inicial, lo concatena para que lo muestre la Etiqueta1 junto a un mensaje de bienvenida para el jugador.

A continuación, debemos implementar otros cuatro eventos realmente pequeños.

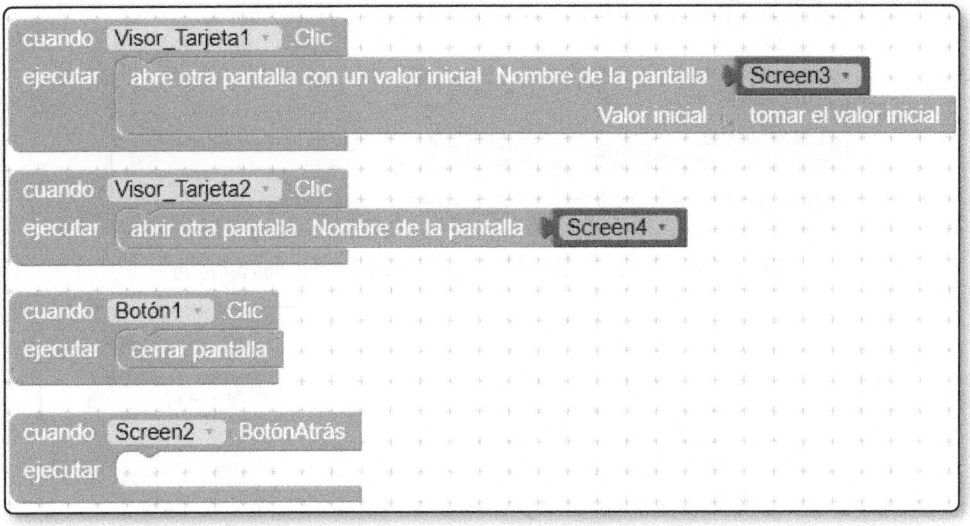

Imagen 5.50 Eventos de la Screen2 del segundo proyecto

El primero manda llamar a la Screen3 (donde se encuentra el juego) y le envía el nombre del usuario (que le fue transmitido a la Screen2 desde la Screen1 mediante el valor inicial), esto para poder cargar la puntuación que hizo el jugador cuando finalice el juego.

El segundo manda a llamar a la Screen4 (donde se encuentra la tabla de clasificaciones globales) sin necesidad de enviarle ningún valor inicial.

El tercer evento cierra la Screen2. Y el último ¿por qué lo dejamos en blanco? Para que el usuario no pueda regresar a la Screen1 más que dando clic sobre el botón de *CERRAR SESIÓN*, es decir, dando clic sobre el *Botón1*, pues podemos cerrar pantallas (incluso la Screen1 y por tanto la aplicación) dando clic sobre el botón de atrás de nuestro dispositivo.

5.6.4 Código de la Screen3

En esta pantalla hay mucho código por construir, pero no lo separaremos artificialmente por "subpantallas" como lo hicimos con la construcción de la interfaz gráfica, pues creo que solo confundiría más porque ambas tienen interacción entre ellas, además todo el código se almacena en un mismo lugar, por lo que no tiene caso realizar esta separación.

Te recomiendo, que a la par de la lectura de este apartado, revises el documento que viene en la carpeta del capítulo llamado "Corrida de escritorio Flags_Quiz.PDF". En ese documento, realizamos una corrida, con el objetivo de que se aclare la funcionalidad completa del código de esta pantalla.

Primero vamos a declarar un par de variables globales.

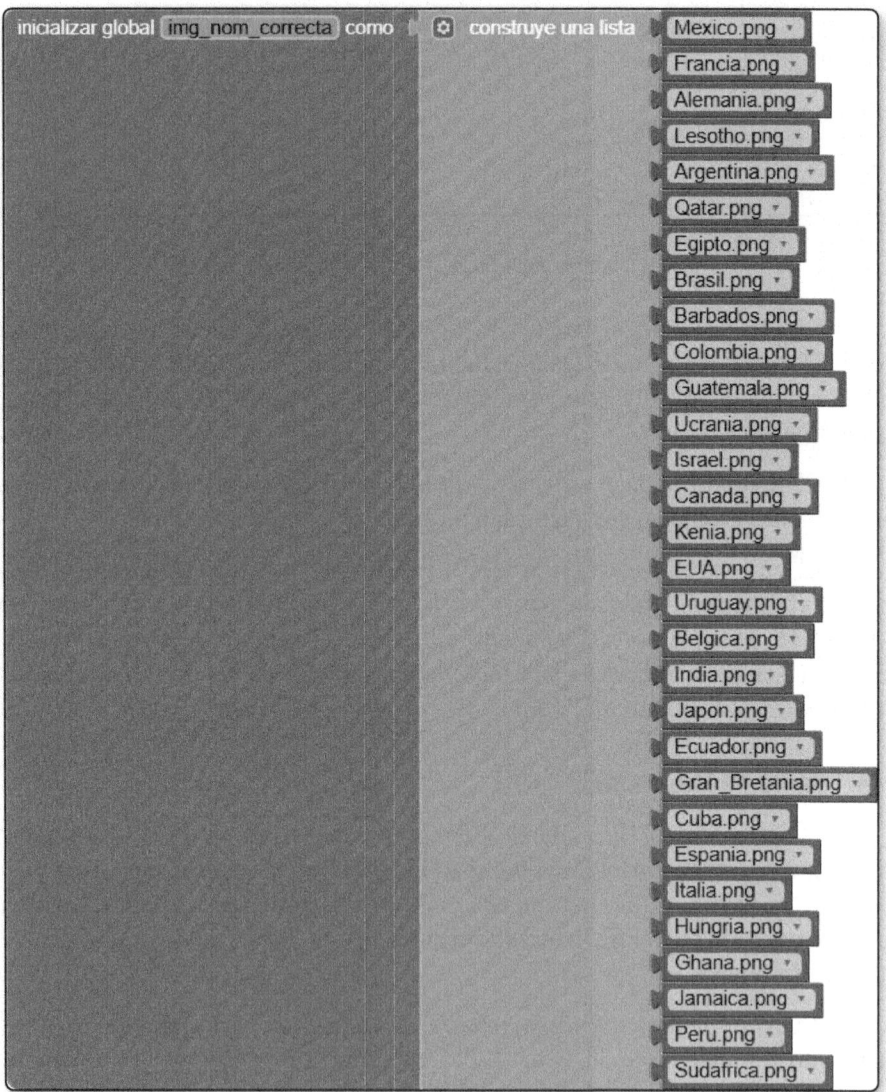

Imagen 5.51 Variables globales de la Screen3 del segundo proyecto

Imagen 5.52 Variable global como lista *img_nom_correcta*

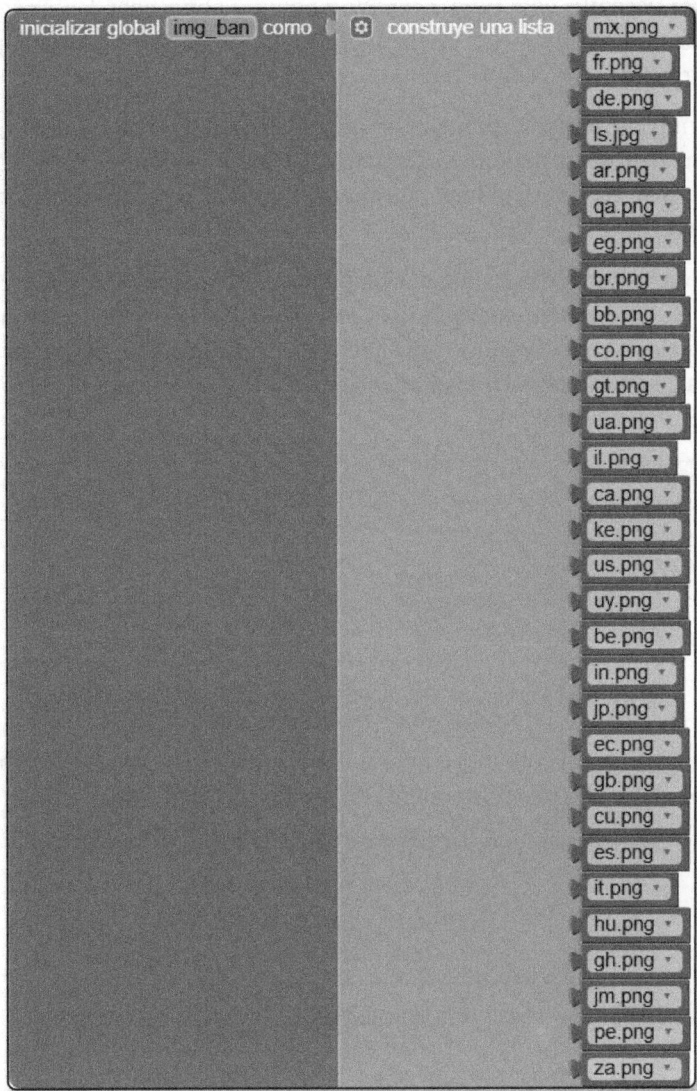

Imagen 5.53 Variable global como lista *img_ban*

En la variable *img_ban* vamos a almacenar las imágenes de las banderas que vamos a utilizar. Puedes descargarlas, si quieres, desde el siguiente sitio de internet ya que el creador las ofrece gratuitas y sin derechos de autor. No olvides cargar estos archivos a Kodular.

https://www.banderas-mundo.es/descargar/imagenes

En la variable *img_nom_correcta* vamos a almacenar las imágenes de las opciones con los nombres de las banderas[37]. Y, de momento, inicializaremos la variable *img_nom_cualq* como vacía.

Es muy importante mencionar que, la lista *img_ban* e *img_nom_correcta* deben llevar **el mismo orden**. Si lo notas, en las imágenes 5.52 y 5.53, se lleva el mismo orden de las banderas, primero está México, después Francia y así sucesivamente.

Ahora, vamos a programar el evento de apertura de la Screen3, el cual, duplica la lista *img_nom_correcta* sobre la lista *img_nom_cualq*, ¿y por qué queremos dos variables iguales? Ya lo veremos más adelante. Después llama a la función *Nuevo_ elemento* (la construiremos en las imágenes 5.61 a 5.63) e inicia la reproducción del *Lottie1* y del *Reproductor1*.

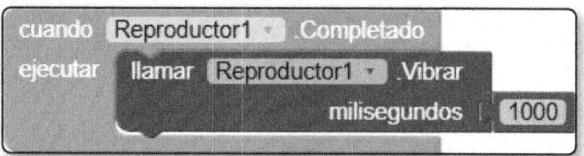

Imagen 5.54 Evento de apertura de la Screen3 del segundo proyecto

El siguiente evento hace vibrar el dispositivo por 1 segundo cuando la reproducción del audio del componente *Reproductor1* finaliza.

Imagen 5.55 Evento al finalizar la reproducción de audio del componente Reproductor1

Y el evento de la imagen 5.56 se activa cuando la reproducción de la animación *Lottie1* finaliza. Al suceder esto, se ocultará a sí mismo, mostrará a la *DisposiciónVertical2* y arrancará con la reproducción del *Reproductor2*.

ⓘ NOTA

Si estas depurando la aplicación y no has ingresado el componente Lottie1 puedes incluir las instrucciones del evento de la imagen 5.56 en el evento de la imagen 5.55.

---

37 Podrás encontrar estos recursos en la carpeta del capítulo.

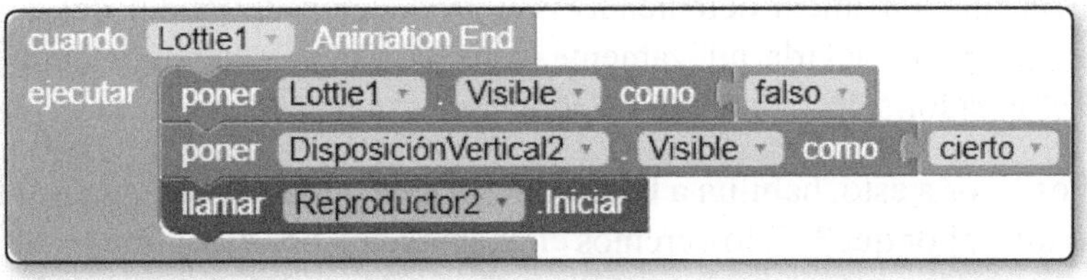

Imagen 5.56 Evento al finalizar la animación del componente Lottie1

Ahora, vamos a construir la función *Movimiento_general*, la cual únicamente devuelve a su ubicación inicial a las imágenes Sprite dentro del lienzo.

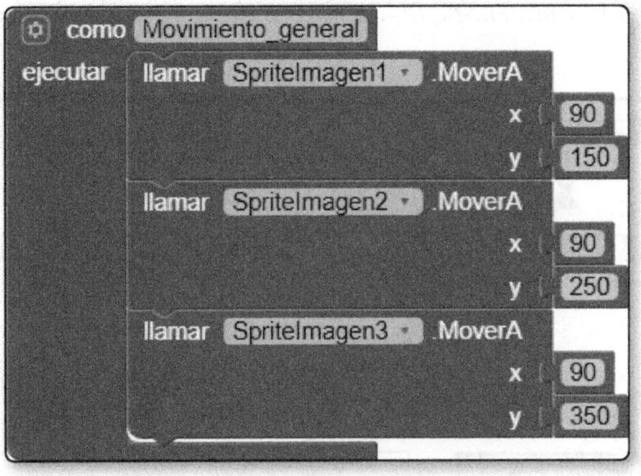

Imagen 5.57 Función *Movimiento_general*

Lo siguiente será construir la función *Movimiento_esp*, la cual recibe un parámetro llamado *sprite_imagen*.

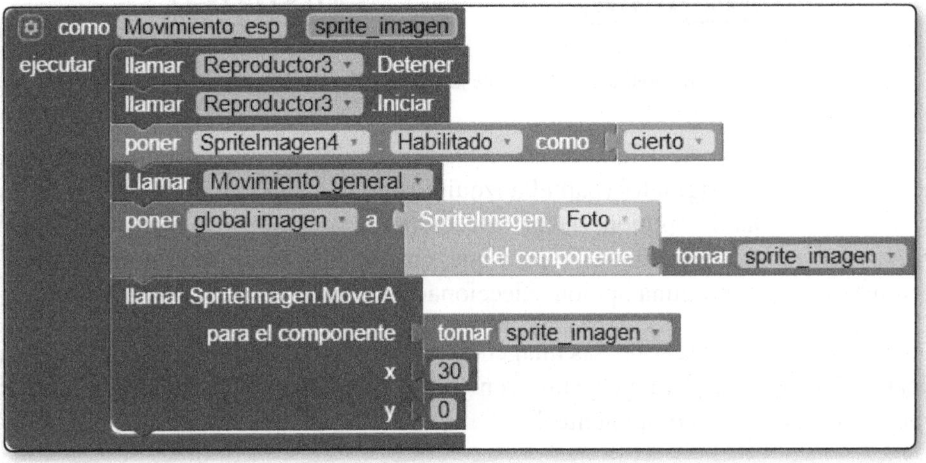

Imagen 5.58 Función *Movimiento_esp*

Esta función inicia deteniendo la reproducción del audio del componente *Reproductor3* para iniciarla nuevamente, esto para evitar que se encime el sonido cada que el jugador seleccione una opción.

Posterior a esto, habilita a la *ImagenSprite4*, a la que le asignamos la imagen de la palomita, ¿por qué? Ya lo veremos en la imagen 5.65. A continuación, devuelve a todas las opciones a su lugar y guarda en la variable global *imagen* el nombre de la imagen del componente seleccionado por el jugador para poder evaluar en su momento si la opción elegida fue la correcta.

Finalmente desplaza al componente seleccionado (que se recibió como parámetro) junto a la *ImagenSprite4*, como se observa en la siguiente imagen.

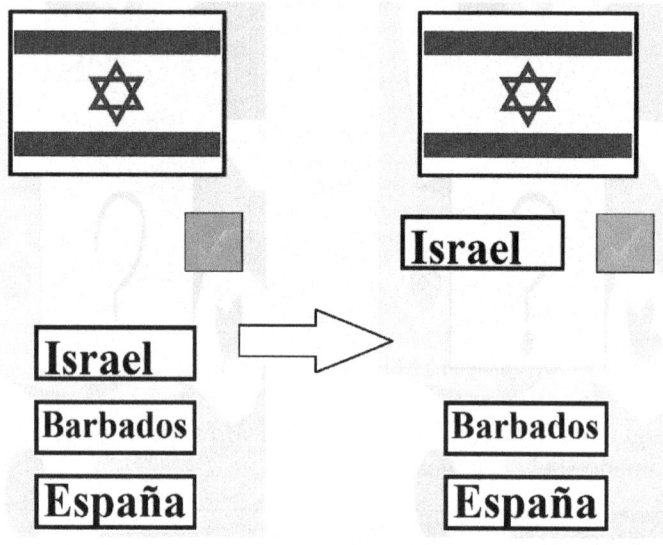

Imagen 5.59 Objetivo de la función *Movimiento_esp*

Y el objetivo de la función *Moviento_general* es devolver a todas las opciones a sus ubicaciones originales (pantalla izquierda de la imagen 5.59), esto para que, si el usuario cambia de opinión, pueda seleccionar otra opción y la que había elegido previamente regrese a su lugar, o para que, cuando avance en el juego y la bandera cambie, no exista ninguna opción seleccionada.

Pero al dar clic sobre las imágenes Sprite que muestran las posibles opciones del nombre de la bandera, no se mueven ¿por qué? ¡Porque nos faltan programar los eventos de estos tres componentes!

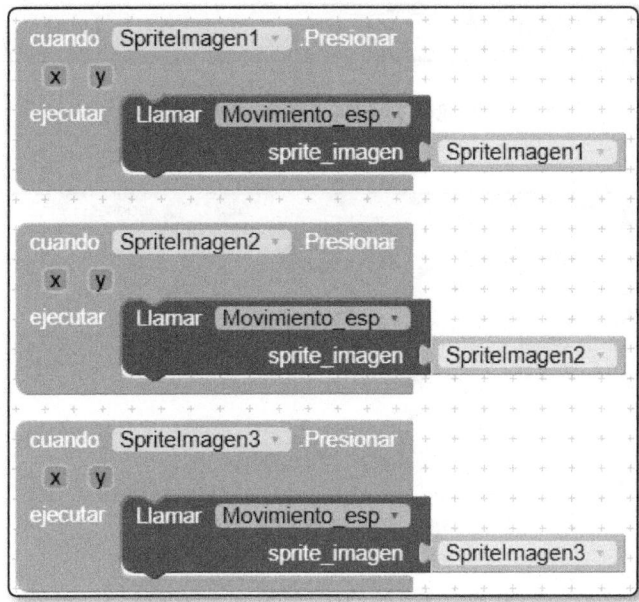

Imagen 5.60 Eventos de las imágenes Sprite

Pero… ¿¡Cómo voy a comprobar que las imágenes Sprite se están moviendo si no se ve nada!? No hay opciones, ni hay bandera ni hay nada. Esto es porque nos falta codificar el algoritmo principal, el cual le va a dar vida y secuencia a nuestro juego. Este estará contenido en la función *Nuevo_elemento* y lo vamos a construir como se muestra a continuación.

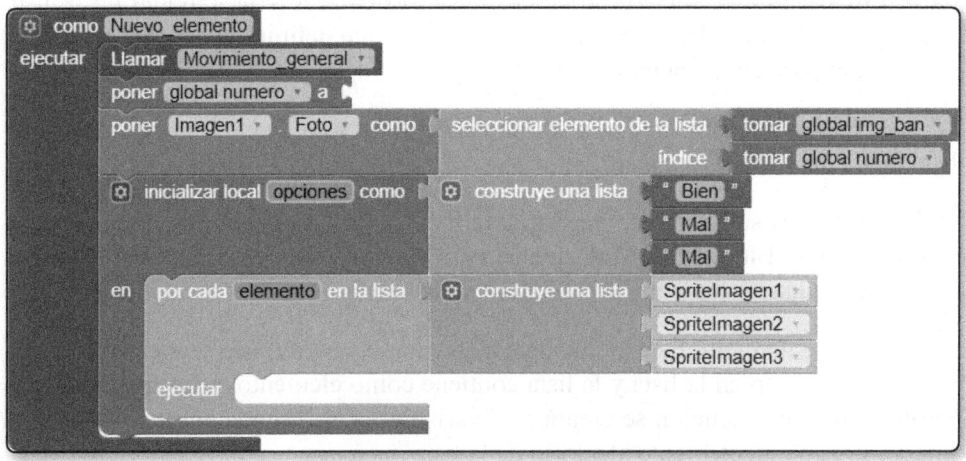

Imagen 5.61 Función *Nuevo_elemento*

Imagen 5.62 Poner global número a

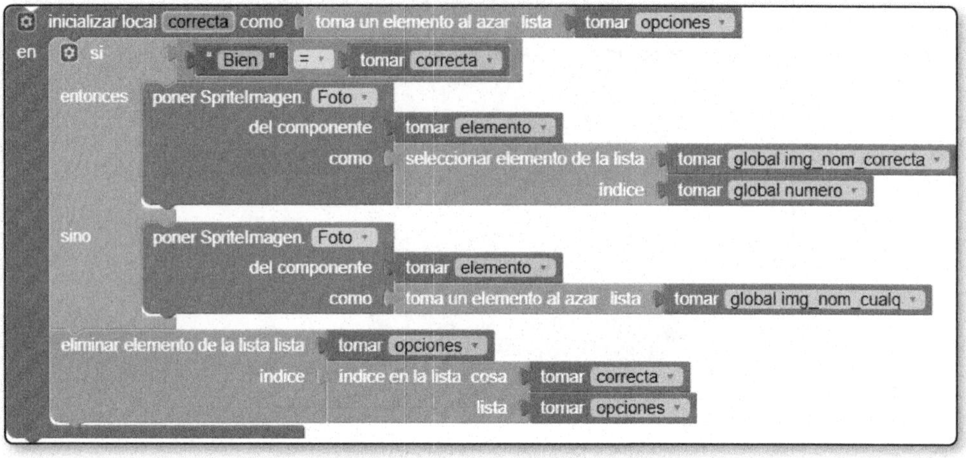

Imagen 5.63 Por cada elemento en la lista ejecutar

Sé que esta función es bastante extensa, pero vamos a desglosarla y a explicar instrucción por instrucción qué es lo que hace y cómo lo hace.

Lo primero que ejecuta la función es, devolver a todas las opciones a su posición original llamando a la función *Movimiento_general*. Después va a guardar en la variable global *número* un entero aleatorio entre 1 y la longitud de la lista *img_nom_correcta*. ¿Para qué? Este número es el que definirá la bandera a mostrar y su opción correcta de nombre.

Posterior a esto se le asigna a la *Imagen1* su foto, la cual será elegida de la lista *img_ban* en base a *número*.

Después se inicializa una variable local llamada *opciones* la cual contiene tres elementos: **Bien, Mal, Mal**; que se corresponden con las 3 posibles opciones que tiene el jugador para elegir el nombre de la bandera (las tres imágenes Sprite).

Sigue un ciclo. Este ciclo se va a ejecutar 3 veces (pues se ejecuta una vez por cada elemento en la lista y la lista contiene como elementos a las tres imágenes Sprite). En cada ejecución se creará otra variable local llamada *correcta* la cual se inicializará con un elemento aleatorio de la lista *opciones*.

Una vez se tenga seleccionado un elemento de la lista *opciones* procedemos a evaluar su contenido, si se seleccionó el elemento **Bien**, entonces le asignará a la *ImagenSprite1* la opción con la respuesta correcta (seleccionado de la lista *img_nom_correcta* en el índice *número*). ¿Por qué a este componente específicamente? Porque es la primera iteración del ciclo y por lo tanto estamos trabajando con el primer elemento de la lista. Pero si seleccionó algún elemento **Mal**, entonces le asignará a la *ImagenSprite1* una opción aleatoria de la lista *img_nom_cualq*.

A continuación, se eliminará el elemento seleccionado de la lista *opciones*, es decir, se eliminará el **Bien**, el **Mal** o el **Mal**; por lo tanto, en la siguiente iteración cuando se elija un elemento aleatorio de esta lista, la variable *opciones* tendrá únicamente 2 elementos y en la última iteración tendrá nada más 1. Con esto podemos asignar las 3 posibles opciones de nombres, distribuidas de forma aleatoria, para que el usuario elija la que él crea que corresponde con la imagen de la bandera mostrada.

Antes de continuar, brevemente te voy a explicar de manera más específica la siguiente instrucción.

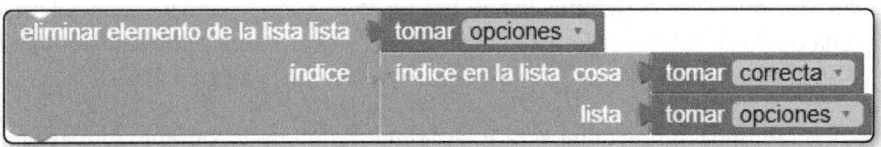

Imagen 5.64 Eliminar un elemento de una lista buscando su índice primero

Esta instrucción compuesta lo que hace es, buscar el índice del elemento contenido en la variable *correcta* dentro de la lista *opciones*. Una vez obtenido ese número, se va a eliminar ese índice de la lista *opciones*. ¿Por qué hacemos esto? Porque con la instrucción **eliminar elemento de la lista** únicamente podemos eliminar elementos en base al índice y no en base al contenido del elemento, por este motivo, debemos utilizar la instrucción **índice en la lista** para obtener este dato primero.

Ahora bien, nos falta programar otro evento muy importante y es el que evalúa de la opción elegida, es decir, revisa si el usuario seleccionó bien el nombre de la bandera mostrada. Para ello codificaremos el evento **SpriteImagen4.Presionar** de la siguiente manera.

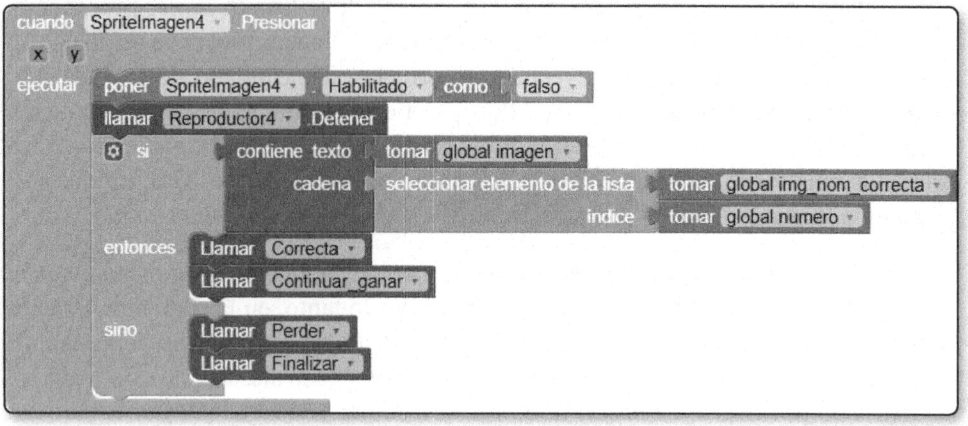

Imagen 5.65 Evento al presionar la ImagenSprite4

Lo primero que hace este evento es deshabilitarse a sí mismo, esto para evitar que el usuario pueda darle clic cuando no ha elegido ninguna opción (recuerda que la función *Movimiento_esp* es quien lo habilita y esta función se activa cuando el jugador elige una opción). Además, detiene el sonido del *Reproductor4* antes de activarse de nuevo en la función *Continuar_ganar* por los motivos que ya explicamos[38].

A continuación, evalúa si el texto almacenado en la variable global *imagen* (recuerda que según la opción seleccionada es el nombre que se almacena en esta variable) se contiene en la cadena del nombre de la imagen de la bandera (*img_nom_ correcta* en el índice *número*). Si esto es así, significa que se ha elegido la opción correcta, por lo que se manda llamar a la función *Correcta* y después a la función *Continuar_ganar*, a ambas las veremos a continuación.

Imagen 5.66 Función *Correcta*

---

38 Si recuerdas, la explicación del porqué detenemos un sonido previo a volverlo a ejecutar la dimos con el componente *Reproductor3*, en la imagen 5.58.

Entonces, si el jugador eligió la opción correcta, esta función eliminará la bandera con su respectiva opción correcta para que no vuelva a salir. Posterior a esto, le suma una unidad a la puntuación de aciertos (mostrado en la *Etiqueta3*).

Imagen 5.67 Función *Continuar_ganar*

A continuación, la función *Continuar_ganar* evalúa si se han agotado las banderas, si esto es así, significa que el jugador seleccionó correctamente el nombre de todas las disponibles, pero si no es así, entonces significa que aún le quedan banderas por adivinar y debe seguir jugando, por lo que llama a la función *Nuevo_ elemento* y ejecuta el sonido del *Reproductor4*.

Si el jugador finalizó el juego, lo que hace esta función es cambiar el texto de la *Etiqueta4* por un ¡FELICIDADES, GANASTE!, asignarle la animación del trofeo al *Lottie2*, asignarle el audio de ganador al *Reproductor5* y llamar a la función *Finalizar*.

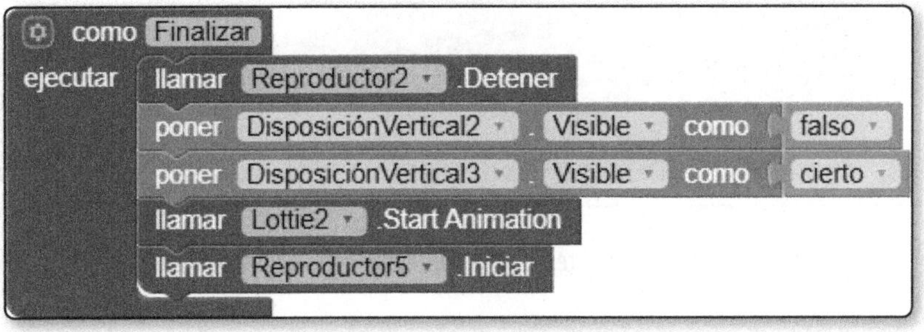

Imagen 5.68 Función *Finalizar*

Lo que hace esta función es detener la música de fondo (*Reproductor2*), ocultar la *DisposiciónVertical2* (que es la que contiene toda la parte del juego), mostrar la *DisposiciónVertical3* (que es la que contiene a la *Etiqueta4* y al *Lottie2*), así como iniciar la animación del *Lottie2* y la reproducción del componente *Reproductor5* que previamente les asignamos.

Pero si el jugador eligió mal el nombre de la bandera, el evento de la imagen 5.65, va a llamar a la función *Perder* y después a la función *Finalizar*.

```
como  Perder
ejecutar    poner  Etiqueta4 ▾ . Texto ▾ como   " ¡SUERTE PARA LA PRÓXIMA! "
            poner  Lottie2 ▾ . Origen ▾ como   " 53034-lost.zip "
            poner  Reproductor5 ▾ . Origen ▾ como   " wahwahwahwaaaahahahahahaha-94669.mp3 "
```

Imagen 5.69 Función *Perder*

Esta función cambia el texto de la *Etiqueta4* por un "¡SUERTE PARA LA PRÓXIMA!, le asigna la animación del gatito triste al *Lottie2* y le asigna el audio de perdedor al *Reproductor5*. Y la función *Finalizar*, ya vimos qué instrucciones ejecuta.

Ahora bien, aún faltan detalles por hacer, por lo que procederemos con la construcción del evento que se activa cuando el componente *Lottie2* finaliza la reproducción de su animación.

```
cuando  Lottie2 ▾ .Animation End
ejecutar    llamar  Web1 ▾ .PublicarTexto
                                      texto    unir   " nombre= "
                                                      tomar el valor inicial
                                                      " &puntuacion= "
                                                      Etiqueta3 ▾  Texto ▾
            llamar  Notificador1 ▾ .Mostrar Diálogo de Progreso
                                      mensaje   " Cargando... "
                                      título    " Espere por favor "
```

Imagen 5.70 Evento al terminar la animación del componente Lottie2

 **NOTA**

Si estas depurando la aplicación en tiempo real, puedes meter este código en la función *Finalizar* mientras agregas las animaciones Lottie.

Este código lo que hace es cargar la puntuación que hizo el usuario al servidor web, el cual, se encuentra almacenado en la *Etiqueta3*; posterior a esto crea un dialogo de progreso. Y como ya sabemos, cuando realizamos una petición HTTP al servidor, debemos recibir una respuesta, la cual, vamos a construir de la siguiente manera.

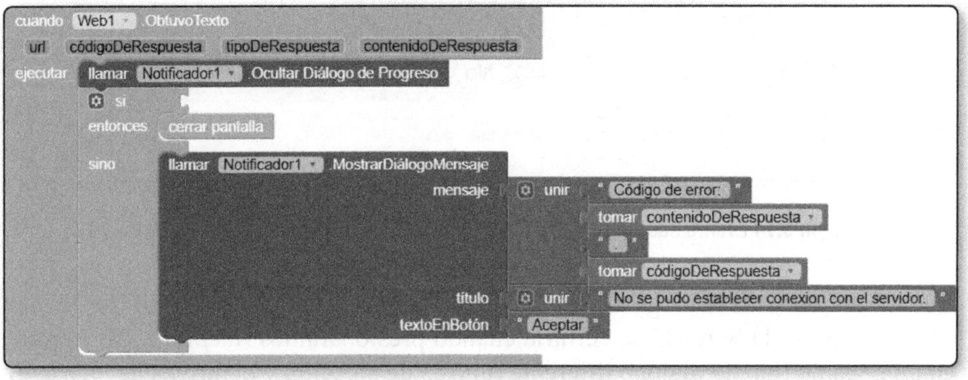

Imagen 5.71 Respuesta del servidor web al cargar la puntuación del jugador

Imagen 5.72 Condición del Si

¿Qué hace este evento? Primero oculta el dialogo de progreso, después revisa si el código de respuesta fue igual a 200 y si el contenido de respuesta fue igual a "Correcto", si esto fue así, simplemente cierra la pantalla; pero si esto no fue así le muestra al usuario un diálogo de mensaje con el motivo del error por el cual su puntuación no pudo ser cargada al servidor.

Ahora, vamos a construir otro evento, el cual solicitará la confirmación del usuario para cerrar la Screen3, para ello implementaremos en el evento **Screen3. BotónAtrás** un dialogo de elección. Esto es para evitar, que el usuario, mientras esté jugando, pueda cerrar accidentalmente el juego.

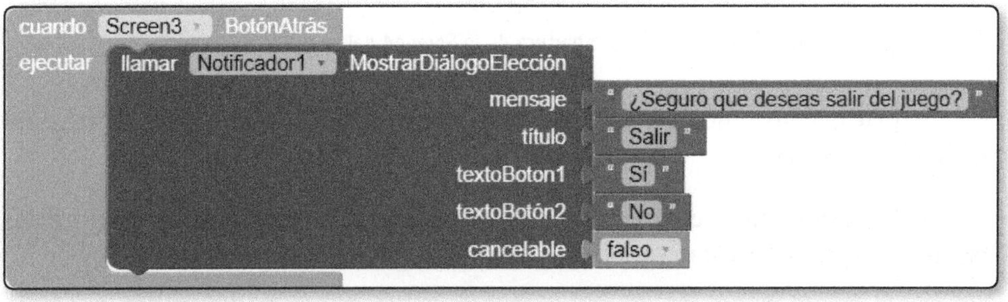

Imagen 5.73 Evento que se activa al presionar el botón atrás del dispositivo en la Screen3

Si el usuario elige algo diferente de "No", la pantalla debe cerrarse, para ello, construiremos el evento **Notificador1.DespuésDeSelección**.

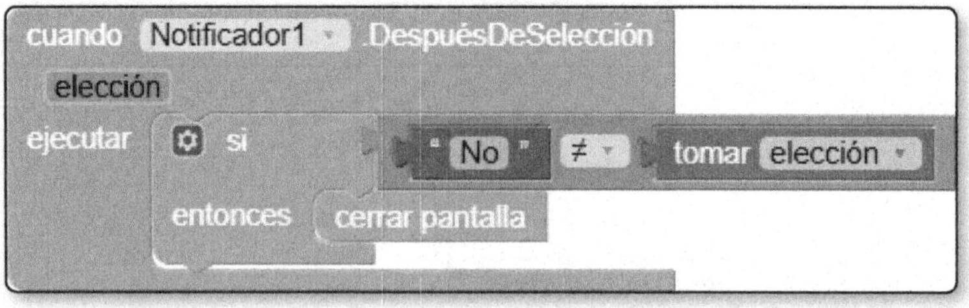

Imagen 5.74 Evento que se activa después de seleccionar una opción del *Notificador1*

Pregunta: si la carga de la puntuación llegase a fallar (imagen 5.71), ¿con el evento anterior, la Screen3 se cerraría cuando presionáramos *Aceptar*? ¡Sí! Porque, aunque sea un tipo de dialogo diferente (uno es de elección y el otro es de mensaje), la interacción con los botones se consideran una elección.

5.6.5 Código de la Screen4

¡Muy bien! Ya estamos por concluir este proyecto, solamente nos queda programar la tabla de clasificaciones globales, para ello, primero construiremos el evento de apertura de la Screen4.

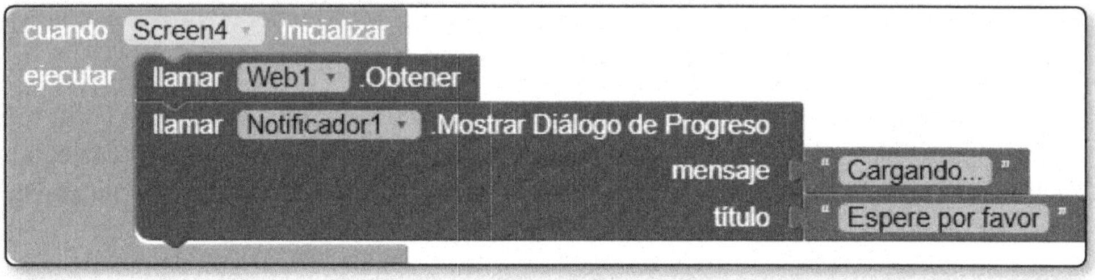

Imagen 5.75 Evento de apertura de la Screen4 del segundo proyecto

Este evento solicita la información necesaria al componente *Web1* y muestra un dialogo de progreso.

Posteriormente, crearemos 4 variables globales, dos de ellas como listas vacías. El objetivo de estas variables se explica a continuación.

Imagen 5.76 Variables globales necesarias para la tabla de clasificaciones globales

Ahora, simplemente nos queda programar la respuesta del servidor.

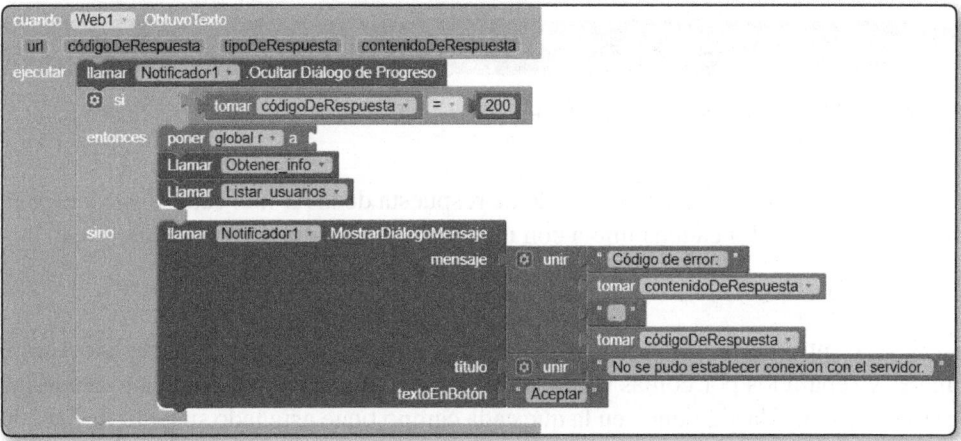

Imagen 5.77 Respuesta del servidor para la tabla de clasificaciones globales

Imagen 5.78 Poner global *r* a

Lo primero que hace este evento es cerrar el dialogo de progreso, después viene un condicional en el que, si la respuesta del servidor no fue exitosa, entonces como lo hemos venido haciendo, le muestra al usuario un dialogo de mensaje en el que le indicamos el error.

Pero si la respuesta fue exitosa entonces va a ejecutar las instrucciones que vienen a continuación. Pero primero, para comprender bien este proceso, vamos a visualizar nuestro sitio en la parte de /lista.php.

```
{"jugadores":[{"num":1,"nombre":"axel","puntuacion":"30"},
{"num":2,"nombre":"marco","puntuacion":"29"},
{"num":3,"nombre":"daniel","puntuacion":"27"},
{"num":4,"nombre":"erik","puntuacion":"24"},
{"num":5,"nombre":"isaac","puntuacion":"20"}]}
```

Imagen 5.79 API JSON lista.php

(i) NOTA

Para ilustrar esta parte, he creado un par de usuarios con puntuaciones aleatorias.

Vamos a analizar el contenido de respuesta de la API, el cual se encuentra en formato JSON[39]. La cadena inicia con un encabezado llamado *jugadores*.

```
{"jugadores":[ ]}
```

Dentro de los corchetes del encabezado, se encuentran agrupados entre llaves y separados por comas todos los jugadores, que, a su vez, cada uno tiene una estructura como la siguiente, en la que cada campo tiene asignado su valor utilizando el operador de dos puntos (:).

```
{"num":1,"nombre":"axel","puntuación":"30"}
```

Entonces, con todos estos conceptos, podemos definir la estructura básica JSON de la siguiente manera.

```
{"encabezado":[{"campo":"valor"},{"campo","valor"}]}
```

Por lo tanto, nuestra labor es almacenar y organizar correctamente todos los datos, que gracias a que utilizamos el formato JSON no será muy complicado.

---

39 Muy brevemente, JSON es un formato ligero de intercambio de datos entre la parte del servidor y la parte de los clientes. En este caso, el servidor es donde tenemos nuestros archivos PHP, nuestra base de datos y los demás servicios, y los clientes son los jugadores que utilizan la aplicación móvil.

Volviendo a Kodular, en la variable *r* vamos a almacenar la cadena JSON tal cual como se mostró en la imagen 5.79 pero interpretada, para ello utilizamos la instrucción de la imagen 5.78, en la cual, empleamos un bloque de **diccionario** para generar una lista en pares de la información, sin importar la cantidad de registros que la API nos devuelva (en este caso son 5 nada más).

Después, el evento de la imagen 5.77 manda a llamar a la función *Obtener_info* la cual se construye de la siguiente forma.

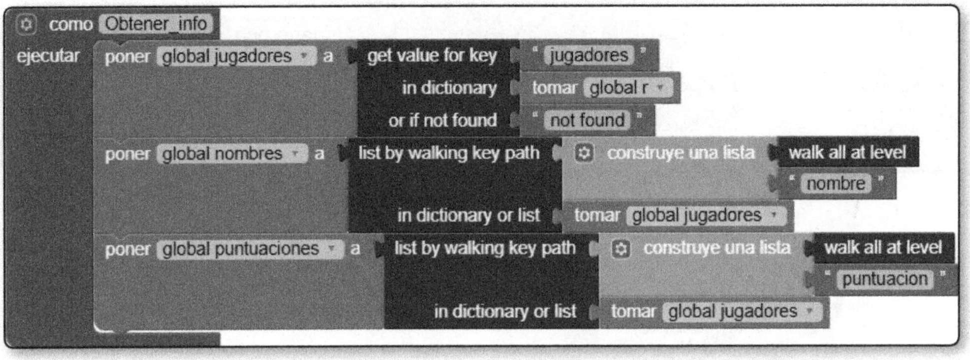

Imagen 5.80 Función *Obtener_info*

Esta función, primero almacena en la variable *jugadores* lo que viene dentro del encabezado, es decir, a todos los jugadores como tal.

```
{"num":1,"nombre":"axel","puntuación":"30"},{"num":2,"nombre": "marco","puntuaci
ón":"29"},{…},{…},{…}
```

Después, de esa misma variable vamos a extraer la información necesaria para las listas *nombres* y *puntuaciones*, de manera que podamos tener en ambas los siguientes datos.

Nombres	Puntuaciones
axel	30
marco	29
daniel	27
erik	24
isaac	20

Imagen 5.81 Valores almacenados en las listas

Posteriormente, el evento de la imagen 5.77 llama a la función *Listar_ usuarios*, la cual se construye de la siguiente manera.

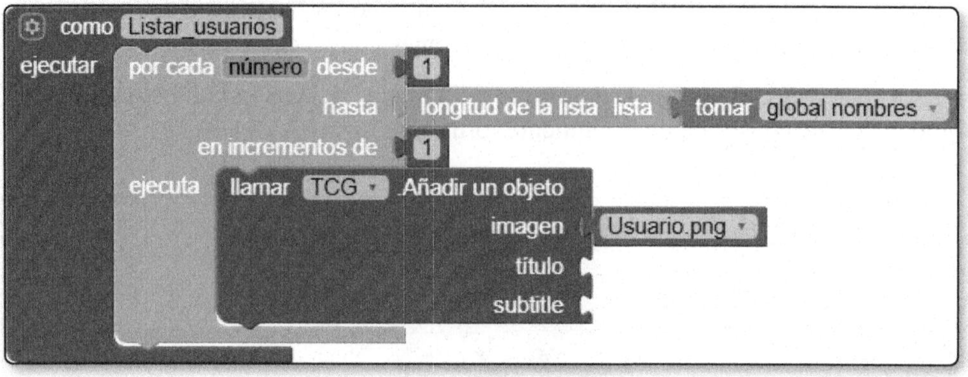

Imagen 5.82 Función *Listar_usuarios*

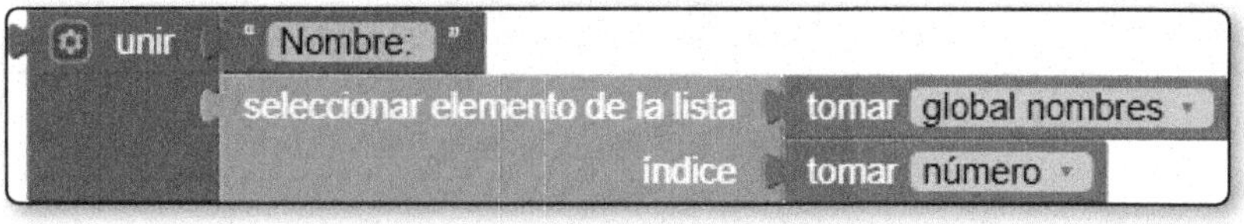

Imagen 5.83 Título del objeto que se va a añadir

Imagen 5.84 Subtítulo del objeto que se va a añadir

Esta función contiene un ciclo, el cual se ejecutará tantas veces como la longitud de la lista *nombres*. Cada iteración que dé el ciclo le añadirá un elemento a la lista *TCG*, el cual se compone de la imagen "Usuario.png[40]", del nombre del usuario como título y de su puntuación como subtítulo.

El resultado desplegado en la aplicación, en base a este ejemplo, es el siguiente.

---

40 Esta imagen la podrás encontrar en los recursos del capítulo.

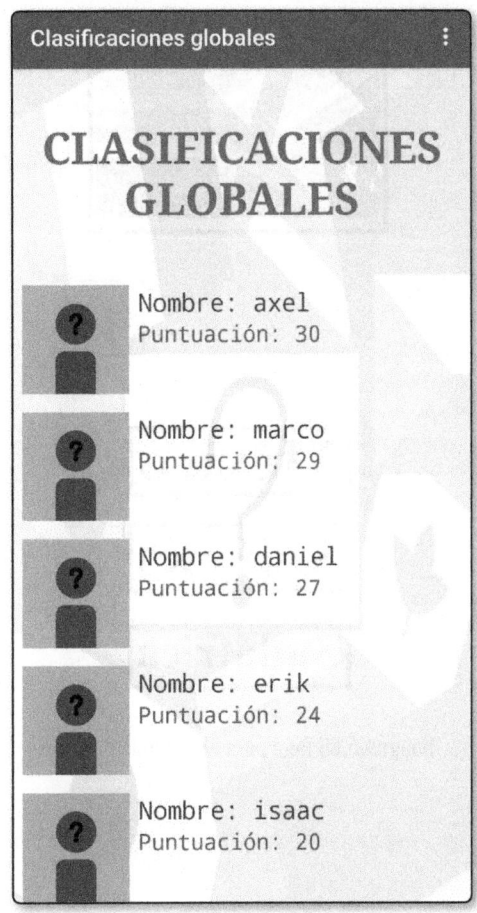

Imagen 5.85 Tabla de clasificaciones globales funcionando

¡Excelente! Hemos terminado satisfactoriamente nuestro segundo proyecto.

5.7 RETO

Esta aplicación tiene un pequeño desperfecto y es que, de repente pueden salir opciones repetidas, tanto correctas como incorrectas, como se muestra en la imagen 5.86, que cabe mencionar, no afectan el correcto funcionamiento del juego, simplemente se ve extraño el tener dos opciones iguales. El reto por solucionar para esta aplicación es que, las opciones desplegadas siempre sean únicas y nunca se repitan.

Imagen 5.86 Reto para el segundo proyecto

6

MINI RED SOCIAL

¡Bienvenido a nuestro tercer proyecto! Nuevamente espero que el proyecto anterior te haya gustado tanto como a mí y que te hayas divertido aún más y que sigas creciendo en el conocimiento también. Finalmente, espero yo, sea aún más divertido e interesante el crear nuestra propia red social local (digo local porque todos los usuarios podrán ver las publicaciones de todos). Y para que te emociones aún más, ¡Vamos a definir los requisitos!

> ▶ Al acceder el usuario debe registrarse con un nombre de **usuario único** y una contraseña, o en su defecto, si ya está registrado iniciar sesión mediante estos dos campos.

> ▶ Ya identificado, el usuario podrá ver las publicaciones disponibles, teniendo una mayor prioridad las que **no ha visto** dentro de su **tablón**, iniciando por la menos reciente.

> ▶ Cuando el usuario termine de ver las publicaciones que no había visto, el usuario podrá continuar visualizando las que **previamente había consultado**, dentro del mismo tablón y cuando estas se terminen, se reiniciará el "ciclo" y podrá volver a ver todas las publicaciones existentes desde el principio, siempre iniciando por la menos reciente. Además, el usuario podrá indicar que **le gusta** alguna publicación tantas veces como aparezca en su pantalla.

> ▶ Se podrá **acceder al perfil del usuario propietario de la publicación** que aparece en la pantalla y revisar todas las publicaciones que ha compartido ese usuario, iniciando por la más reciente.

▸ Además, el usuario podrá **acceder a su propio perfil** para ajustar su avatar, actualizar su información y crear publicaciones.

▸ La aplicación debe poder recordar las credenciales del usuario de forma local para que no tenga que iniciar sesión cada que abre la aplicación. Además, debe permitirle cerrar sesión.

Recordemos que, los requisitos que aparecen en negritas estarán a cargo de los archivos PHP que carguemos al servidor.

Vamos a crear un nuevo proyecto en Kodular llamado "Red_Social" con las siguientes características.

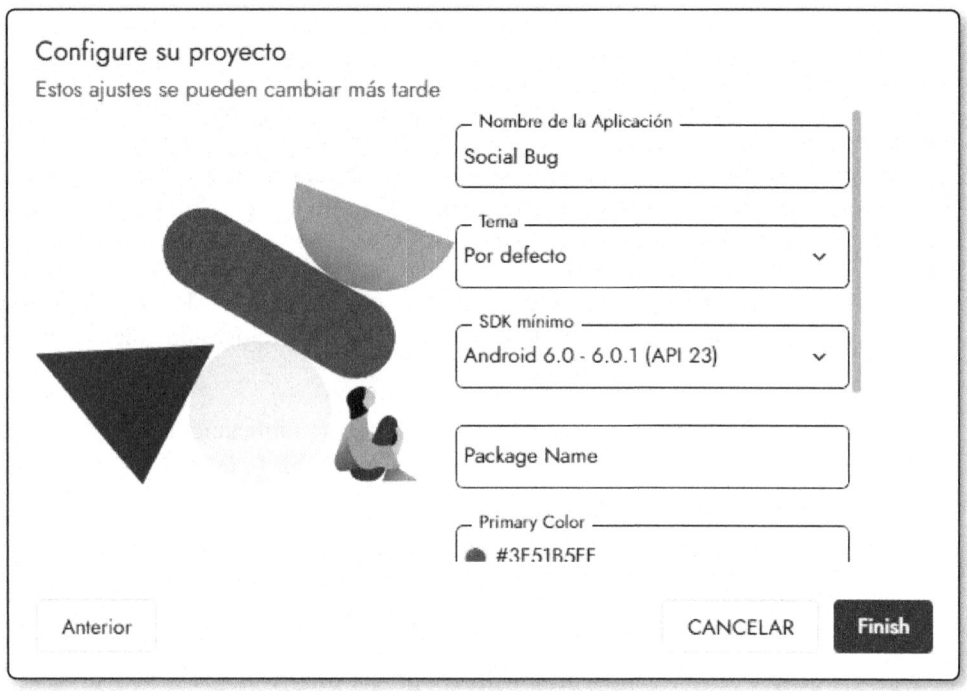

Imagen 6.1 Características de la aplicación

Para este proyecto cambiaremos el **color secundario del tema**, por un verde claro (#8BC24AFF). La explicación de los colores del tema de la aplicación se expuso en el capítulo 1.6.

6.1 MONTANDO EL SERVIDOR WEB PARA SOCIAL BUG

Para este proyecto ingresaremos nuevamente a la plataforma de 000webhost, pero ahora desde otro correo, esto para poder crear otro sitio. Esta vez en mi caso se llamará: **socialbugkodular**.

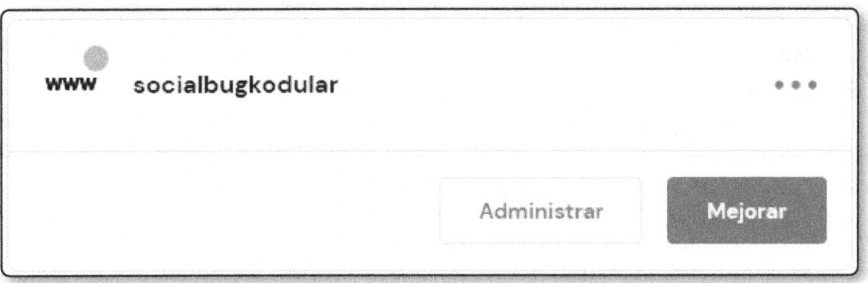

Imagen 6.2 El nuevo sitio para nuestro segundo proyecto

Y crearemos una nueva base de datos llamada **social_bug** (recuerda que la plataforma modificará un poco el nombre del usuario y el de la base de datos).

Nombre	Usuario	Host
id20586964_social_bug	id20586964_admin	localhost

Imagen 6.3 Base de datos para nuestro segundo proyecto

Dentro de la base de datos crearemos 2 tablas, la primera se llamará "**usuarios**" y tendrá la siguiente estructura. El campo "**ID**" será de tipo **serial**[41], el campo "**NOMBRE**" será de tipo **varchar** de longitud 255 y además tendrá la **llave primaria**, el campo "**PSWD**" será de tipo **varchar** de longitud 255, el campo "**IMG**" será de tipo **mediumblob** y el campo "**TIPO**" será de tipo **varchar** de longitud 50.

---

41 El tipo de dato **serial** no se ha tratado, por lo que expondremos su utilidad a continuación. Un campo serial, almacena números enteros autoincrementales, es decir, que sin intervención del desarrollador o del usuario, este campo va a iniciar en 1, y por cada registro que se realice aumentará en 1 su valor. Este tipo de dato nos permite crear ID numéricos únicos para cada usuario.

Recuerda que, en el capítulo anterior, hicimos todo esto paso a paso, por eso en este apartado nos vamos a ir un poco más rápido, pero si te atoras con algo, puedes consultar esta parte del capítulo anterior.

#	Name	Type	Collation	Attributes	Null	Default	Comments	Extra
1	ID	bigint(20)		UNSIGNED	No	None		AUTO_INCREMENT
2	NOMBRE	varchar(255)	utf8_unicode_ci		No	None		
3	PSWD	varchar(255)	utf8_unicode_ci		No	None		
4	IMG	mediumblob			No	None		
5	TIPO	varchar(50)	utf8_unicode_ci		No	None		

Imagen 6.4 Estructura de la tabla *usuarios*

Y a la segunda tabla la llamaremos "**publicaciones**" y contará con la siguiente estructura. El campo "**ID_U**" será de tipo **int**, el campo "**ID_P**" será de tipo **serial**, el campo "**TXT**" será de tipo **varchar** de longitud 255, el campo "**IMG**" será de tipo **mediumblob**[42], el campo "**TIPO**" será de tipo **varchar** de longitud 50 y el campo "**LIKES**" será de tipo **int**.

#	Name	Type	Collation	Attributes	Null	Default	Comments	Extra
1	ID_U	int(11)			No	None		
2	ID_P	bigint(20)		UNSIGNED	No	None		AUTO_INCREMENT
3	TXT	varchar(255)	utf8_unicode_ci		No	None		
4	IMG	mediumblob			No	None		
5	TIPO	varchar(50)	utf8_unicode_ci		No	None		
6	LIKES	int(11)			No	None		

Imagen 6.5 Estructura de la tabla *publicaciones*

Ahora, al igual que en el proyecto anterior, debemos cambiar las variables del archivo "datos.php" por lo que te arrojó la plataforma en la imagen 6.3 para posteriormente, cargar los 13 archivos en el servidor.

---

42 El tipo de dato **mediumblob** tampoco se ha tratado, por lo que expondremos su utilidad a continuación. Un campo con este tipo de dato nos permitirá almacenar imágenes en la base de datos.

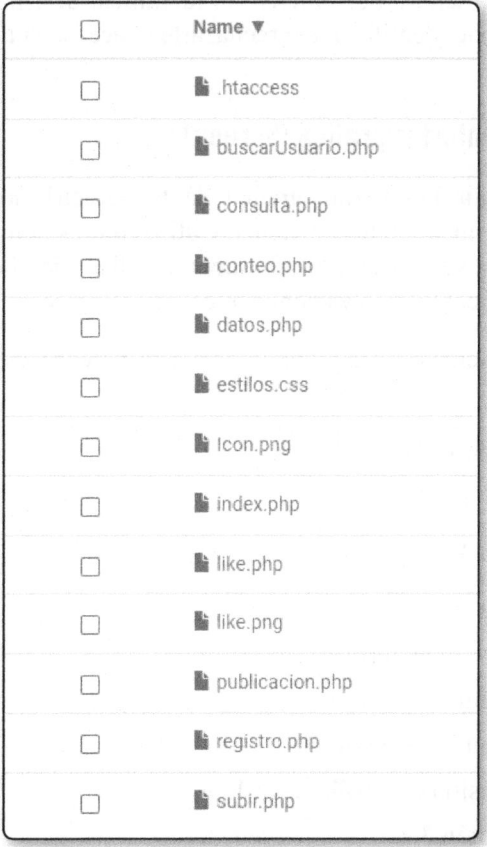

Imagen 6.6 Archivos cargados en el servidor

6.2 SCREEN1

Con este proyecto vamos a cambiar un poco la dinámica pues construiremos la interfaz gráfica y el código de las pantallas a la par, esto porque no requerimos explicar componentes nuevos (o serán muy pocos) y porque el código no es para nada extenso.

Ahora, como hemos venido trabajando, en Kodular, vamos a agregar los componentes propuestos en el MockUp, incluidos en el primer *Artboard* del proyecto, que se incluye en la carpeta del capítulo. Te hago la misma recomendación que te hice desde el primer proyecto, que importes mi aplicación para que te guíes en ella, como complemento a la información expuesta aquí en el texto.

Esta pantalla tendrá por objetivo el identificar al usuario, así como dejarlo pasar al juego si puede identificarse o rechazarle el acceso si no logra identificarse.

6.2.1 Construir la interfaz gráfica (Screen1).

Para construir la interfaz gráfica de la Screen1 no necesitamos definir ningún componente nuevo, pues únicamente utilizaremos botones, campos de texto, etiquetas, casillas de verificación y por supuesto, disposiciones, así como uno que otro componente adicional que ya conocemos.

Los componentes que agregaremos a esta Screen1 estarán agrupados de la siguiente forma.

- ▼ Disposición Vertical 1.
  - Space 1.
  - Botón 1.
  - Botón 2.
  - Disposición vertical 2.
    - – Campo de texto 1.
    - – Campo de texto 2.
    - – Casilla de verificación 1.
    - – Botón 3.
  - Space 2.
- ▼ Notificador 1.
- ▼ Web 1.
- ▼ TinyBD 1.
- ▼ Cyptography 1.

Y los vamos a configurar de la siguiente manera.

Elemento	Características
Screen 1	Imagen de fondo: Icon.png Animación de apertura y cierre: Fundido Orientación: Vertical Título: Social Bug
Disposición Vertical 1	DispHorizontal y Vertical: Centro Color de fondo: #FDFBFBE9 Alto y ancho: Ajustar al contenedor
Space 1	Alto: Ajustar al contenedor
Botón 1	Tamaño de letra: 20 Texto: ¡REGÍSTRATE!
Botón 2	Tamaño de letra: 20 Texto: Si ya tienes cuenta ¡Inicia sesión!
Disposición Vertical 2	DispHorizontal: Centro Ancho: Ajustar al contenedor
Campo de texto 1	Tamaño de letra: 20 Ancho: 80% Pista: Usuario
Campo de texto 2	Tamaño de letra: 20 Ancho: 80% Pista: Contraseña Tipo de introducción: Contraseña
Casilla de verificación 1	Tamaño de letra: 20 Texto: Recordarme
Botón 3	Tamaño de letra: 20 Texto: Iniciar sesión
Space 2	Alto: Ajustar al contenedor
Web 1	URL: http://socialbugkodular.000webhostapp.com/consulta.php

El resultado debe verse como el siguiente.

Imagen 6.7 Screen 1 del tercer proyecto

6.2.2 Código de la Screen1

Lo primero que haremos será programar dos funciones, la primera se llamará *IniciarSesion* y la segunda *Recordar*. ¿Suena familiar verdad?

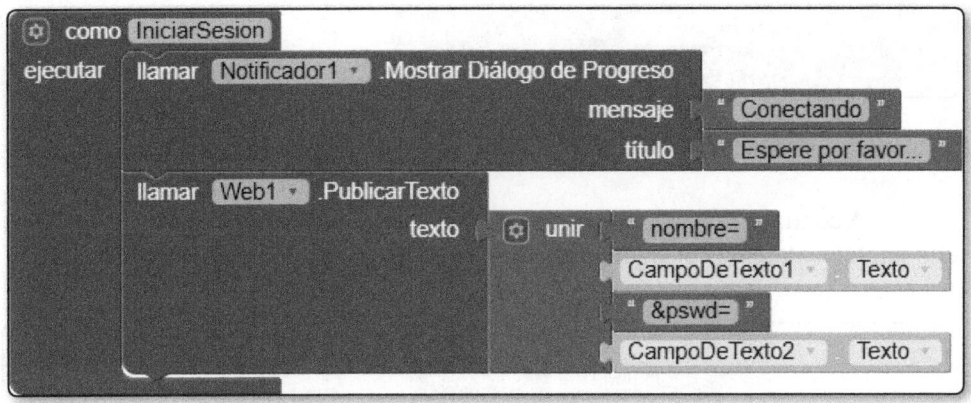

Imagen 6.8 Función *IniciarSesion* del tercer proyecto

Si recuerdas del proyecto anterior, esta función se encargaba de enviar el contenido de los campos de texto al servidor, todo esto mientras le mostraba al usuario un dialogo de progreso.

Y la segunda función evaluaba si el usuario activaba la casilla de verificación para que la aplicación lo recordara, si esto era así, entonces se almacenaba de forma local el usuario como texto plano y la contraseña encriptada.

Pero ahora construiremos a la función *Recordar* con dos discrepancias respecto de nuestro proyecto anterior. La primera es que utilizaremos valores negativos para las etiquetas del *TinyBD*, esto porque en la ejecución como tal de la red social necesitaremos todos los valores positivos y la segunda es que únicamente guardaremos la contraseña del usuario y no su nombre, y es que el evento **Web1. ObtuvoTexto** lo hará siempre (imagen 6.16), puesto que ya no enviaremos el nombre del usuario por valores iniciales entre pantallas, sino que lo almacenaremos de forma persistente en la aplicación.

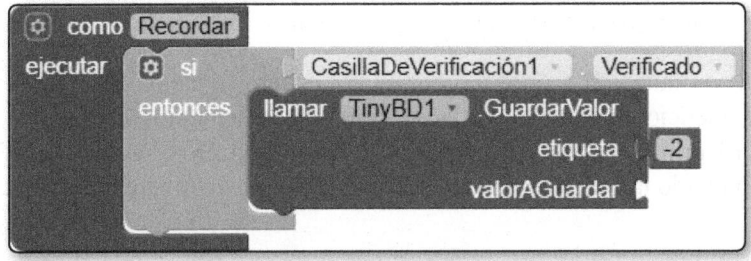

Imagen 6.9 Función *Recordar* del tercer proyecto

Imagen 6.10 *ValorAGuardar* en la etiqueta 2 del TinyBD del tercer proyecto

A continuación, vamos a programar el evento de apertura de la pantalla, para ello implementaremos el siguiente código.

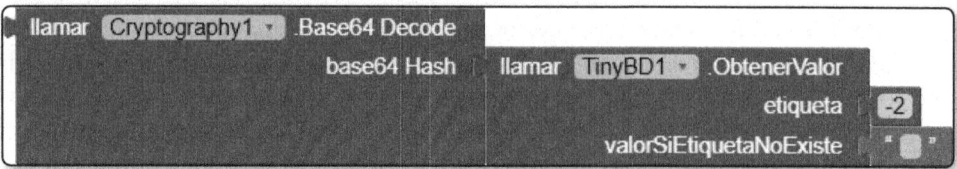

Imagen 6.11 Apertura de la Screen1 del tercer proyecto

Imagen 6.12 CampoDeTexto2.Texto del tercer proyecto

Ya sabemos qué hace este evento, únicamente las etiquetas están adaptadas a los valores negativos que previamente asignamos.

A continuación, vamos a programar 3 eventos relacionados con los botones, que cabe mencionar también difieren con lo que teníamos en nuestro proyecto anterior. El primero manda llamar a la Screen3 con el valor inicial "R", esto le indicará (cuando la construyamos) que un usuario nuevo quiere registrarse.

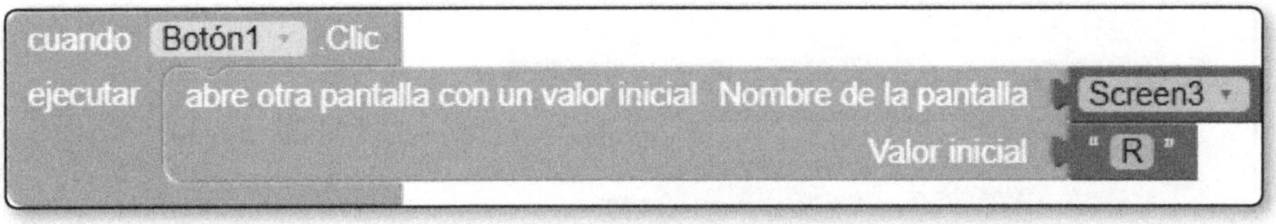

Imagen 6.13 Evento del Botón1.Clic

El segundo evento que construiremos será el del **Botón2.Clic**, el cual, únicamente muestra la *DisposiciónVertical2*, lo que permite a un usuario previamente registrado iniciar sesión.

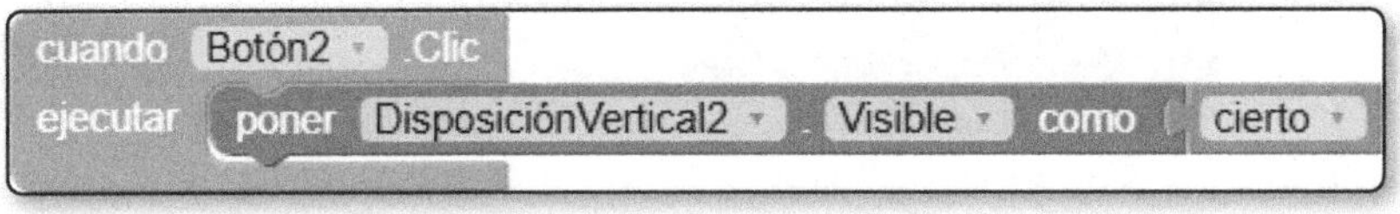

Imagen 6.14 Evento del botón 2 clic

Y finalmente, al activarse el tercer evento, que es el del **Botón3.Clic**, oculta el teclado de la pantalla, muestra un **diálogo de progreso** y manda llamar a las funciones *Recordar* e *IniciarSesion*.

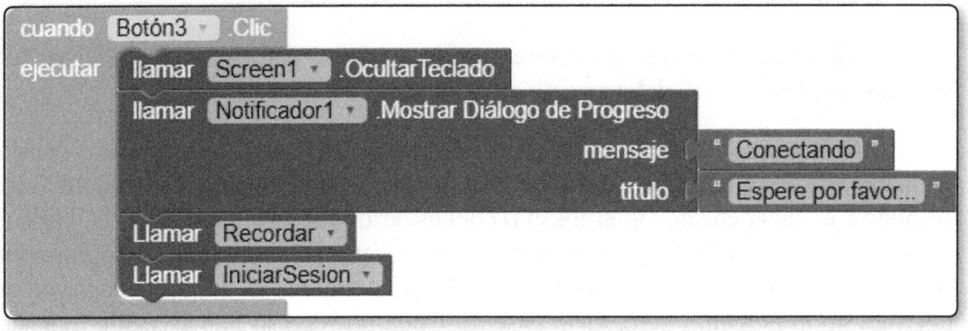

Imagen 6.15 Evento del Botón3.Clic

¡Muy bien! Ahora necesitamos programar la respuesta del servidor y en base a ella permitir o negar el acceso al juego. Para ello implementaremos el código de la imagen 6.16.

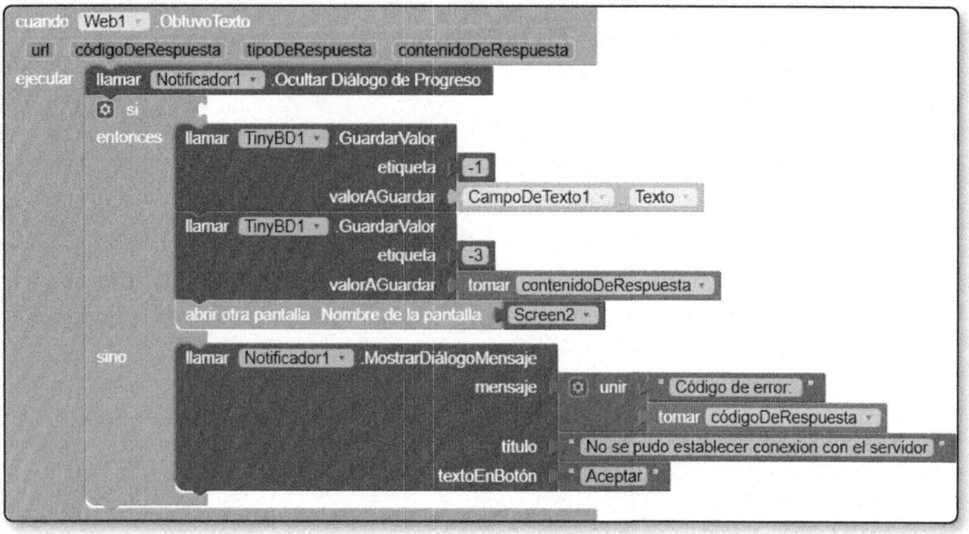

cuando Web1 .ObtuvoTexto
  url   códigoDeRespuesta   tipoDeRespuesta   contenidoDeRespuesta
ejecutar   llamar Notificador1 .Ocultar Diálogo de Progreso
    si
    entonces   llamar TinyBD1 .GuardarValor
                        etiqueta   -1
                  valorAGuardar   CampoDeTexto1   Texto
              llamar TinyBD1 .GuardarValor
                        etiqueta   -3
                  valorAGuardar   tomar contenidoDeRespuesta
              abrir otra pantalla Nombre de la pantalla   Screen2

    sino   llamar Notificador1 .MostrarDiálogoMensaje
                        mensaje   unir   " Código de error: "
                                        tomar códigoDeRespuesta
                          título   " No se pudo establecer conexion con el servidor "
                    textoEnBotón   " Aceptar "

Imagen 6.16 Respuesta del servidor

tomar códigoDeRespuesta   =   200   y   ¿es un número?   tomar contenidoDeRespuesta

Imagen 6.17 Condición del Si

Ya sabemos lo que hace este evento también, pero quiero explicarte las diferencias con respecto del proyecto anterior.

Si la conexión con el servidor fue exitosa, debemos comprobar que la respuesta de la base de datos también haya sido exitosa y para ello evaluamos el contenido de respuesta, el cual debe devolvernos el ID del usuario (que es un número). Si el inicio de sesión se realizó de forma correcta, entonces vamos a almacenar el nombre del usuario en la etiqueta -1 del *TinyBD* y su ID en la etiqueta -3 para proceder con la apertura de la Screen2, pero, si la base de datos no regresó una consulta exitosa, entonces le notificamos al usuario de esta situación, con un dialogo de mensaje.

Finalmente, vamos a programar el último evento de la Screen1 y es cuando la pantalla que se encuentre encima de esta se cierre (en este caso, puede ser la Screen2 o la Screen3). Este evento, lo que hace es, limpiar los campos de texto y eliminar las credenciales almacenadas de forma local, así como el ID del usuario.

Imagen 6.18 Evento cuando la pantalla de encima se cierra

¿Por qué no utilizamos la instrucción **TinyBD.LimpiarTodo** como en el proyecto anterior? Porque esta vez utilizaremos más etiquetas de este componente para almacenar más información, por lo tanto, no queremos borrarlas todas, solamente estas 3 en específico.

6.3 SCREEN3

Vamos a insertar dos nuevas pantallas y les dejaremos sus nombres por defecto "Screen2" y "Screen3". ¿Por qué construiremos a Screen3 antes que a Screen2? Porque si un usuario quiere registrarse por primera vez, la Screen1 lo redirecciona hasta aquí, pues esta pantalla es la encargada de realizar esta tarea. Esta pantalla también tiene otras labores, como actualizar el perfil del usuario, crear una nueva publicación y consultar todas las publicaciones de un usuario en específico.

Pero previo a la construcción de la interfaz, vamos a definir un componente nuevo que utilizaremos en esta pantalla, el componente *VisorWeb*.

En esta ocasión, el MockUP en el tercer, cuarto y quinto *Artboard*, va a diferir un poco respecto a los componentes que vamos a insertar para la interfaz gráfica de esta pantalla, puesto que los encargados de generar la interfaz para las acciones previamente descritas, que debe ejecutar esta pantalla serán los archivos PHP en la parte del HTML. Ya trataremos esta parte con detalle más adelante.

6.3.1 Visor Web

Un visor web es un componente visible que permite desplegar una página de internet dentro de la misma aplicación sin necesidad de utilizar un navegador externo. No vamos a entrar en tantos detalles con este componente puesto que sería meternos en detalles técnicos de los propios navegadores, solamente, debemos asegurarnos de mantener las configuraciones por defecto (imagen 6.19 y 6.20) y podremos utilizar este componente sin ningún problema.

Imagen 6.19 Configuraciones del componente visor web

Solamente, en la propiedad **UrlInicial** podemos establecer la página que queremos que se cargue cuando el componente se inicializa.

A continuación, te muestro las configuraciones avanzadas de este componente.

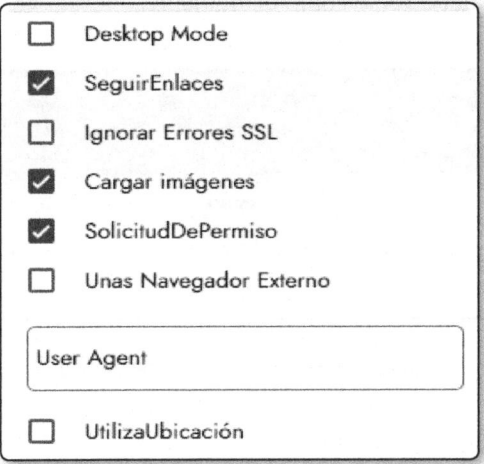

Imagen 6.20 Configuraciones avanzadas del visor web

Entraremos un poco más en contexto de este tema cuando nos pasemos a la parte del código.

6.3.2 Agregando los elementos a la pantalla

Los componentes que agregaremos a esta Screen3 serán los siguientes.

- Visor Web 1
- Notificador 1
- TinyBD 1

Y los vamos a configurar de la siguiente manera.

Elemento	Características
Screen 3	Imagen de fondo: Icon.png Animación de apertura y cierre: Fundido Orientación: Vertical

El resultado debe verse como el siguiente.

Imagen 6.21 Screen 3 del tercer proyecto

6.3.3 Código de la Screen3

Lo primero que haremos será programar la función de apertura de la pantalla.

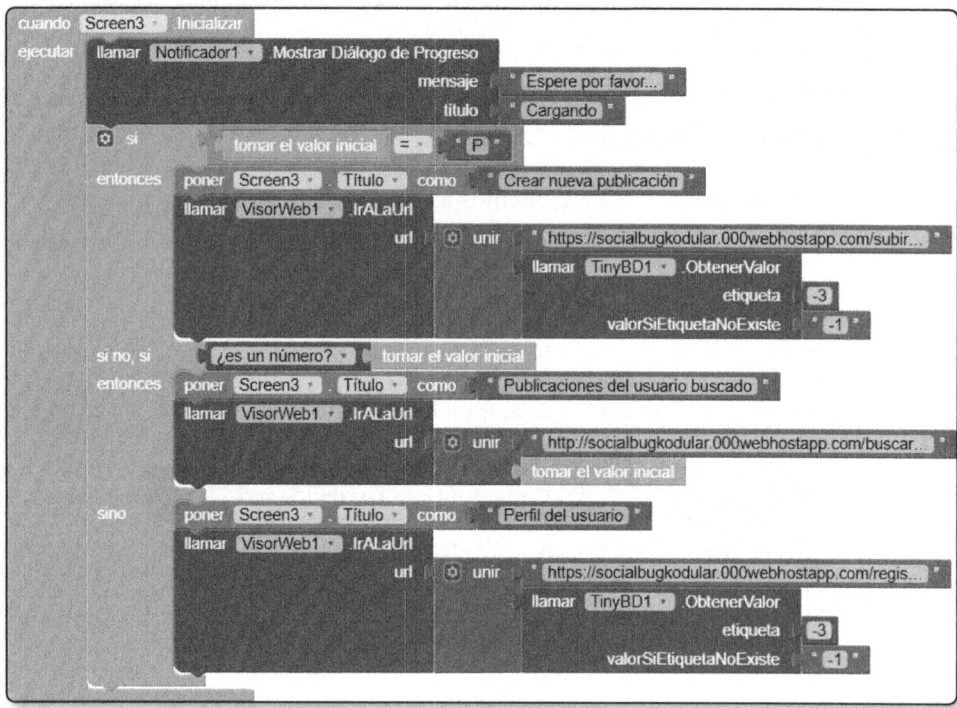

Imagen 6.22 Evento de apertura de la Screen3

Este primer evento, después de mostrar un notificador de progreso, evalúa el valor inicial de la pantalla, pues este le va a indicar qué acción va a ejecutar. Hay 3 posibles opciones, cuando se recibe una "P", un número o cualquier otra cosa.

Si recuerdas, la Screen1 cuando manda a llamar a la Screen3 (imagen 6.13) le pasa como valor inicial una "R". Al recibir esta letra, el condicional "Si" se va hasta la última parte de la estructura, porque la considera como cualquier otra cosa. ¿Qué hace esta parte? Primero cambia el título de la Screen3 (si lo ves todos los apartados del condicional "Si" cambian el título de la Screen3 según la acción que se va a realizar) y después carga la siguiente URL del registro en el *VisorWeb1*.

https://socialbugkodular.000webhostapp.com/registro.php?id=

Algo que quiero resaltar es la obtención del valor de la etiqueta -3 (imagen 6.23), puesto que nos dice que, si la etiqueta no existe, entonces enviará un -1 en el campo "id" al servidor, ¿por qué? Porque este sitio permite registrar a un usuario por primera vez, pero también permite actualizar la información del usuario. Entonces si el usuario apenas va a registrarse, el valor del "id" se llenará con un -1, pero si ya está identificado y lo que quiere es actualizar su perfil, entonces la instrucción va a obtener su ID, que si lo recuerdas fue almacenado por el evento de la imagen 6.16 de la Screen1, cuando el usuario inició sesión.

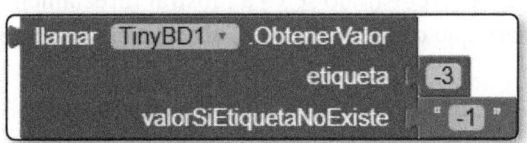

Imagen 6.23 Obtener la etiqueta -3 del TinyBD

Pero si la pantalla recibe una "P" por valor inicial, entonces cargará al *VisorWeb1* con la URL que le permite al usuario compartir una nueva publicación junto con su ID (porque ya es un usuario identificado).

https://socialbugkodular.000webhostapp.com/subir.php?id=

Y si recibe un número, entonces cargará al *VisorWeb1* con la URL que le permite al usuario visualizar todas las publicaciones de un usuario en particular en base a su ID.

https://socialbugkodular.000webhostapp.com/buscarUsuario.php?id=

Estos últimos dos apartados los veremos con detalle en la Screen2.

A continuación, tenemos otros dos pequeños eventos que se explican a continuación.

cuando Screen3 ▾ .OtraPantallaCerrada
    nombreDeOtraPantalla   Resultado
ejecutar   cerrar pantalla

cuando VisorWeb1 ▾ .Page Loaded
    url
ejecutar   llamar Notificador1 ▾ .Ocultar Diálogo de Progreso

Imagen 6.24 Más eventos para la Screen3 del tercer proyecto

El primero lo que hace es, cuando una pantalla superior se cierre, esta se va a cerrar también. Esta dinámica es necesaria puesto que la Screen3 abre a la Screen2 cuando el usuario se registra por primera vez (cuando se inicia sesión se pasa directamente a la Screen2 desde la Screen1), entonces cuando elegimos "Cerrar sesión" se cierra la Screen2 y si el usuario apenas se registró, se va a mostrar la Screen3, pero si ya estaba registrado se va a mostrar directamente la Screen1 (que es lo que se quiere). Para que quede más claro, observa el siguiente diagrama.

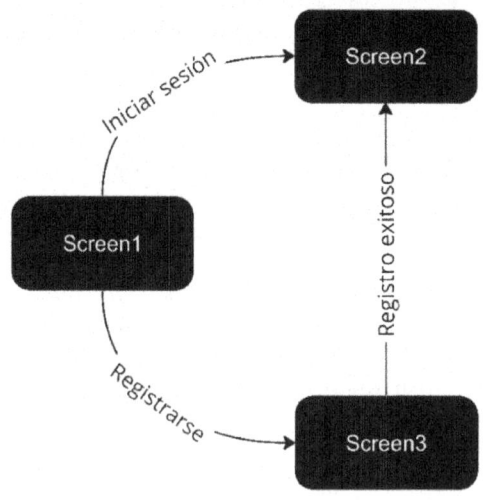

Imagen 6.25 Orden de apertura de pantallas

Y el segundo evento de la imagen 6.24, oculta el dialogo de progreso cuando la página del *VisorWeb1* carga por completo.

6.3.4 La consola del navegador

A continuación, tenemos un evento muy particular, que se activa cuando la consola del *VisorWeb1* recibe un mensaje.

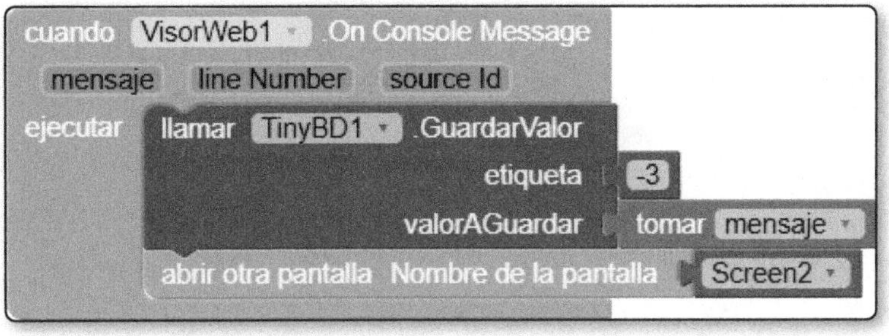

Imagen 6.26 Evento **OnConsoleMessage** del componente VisorWeb1

No entraré mucho en detalles en esta parte, como ya lo mencioné son características particulares de los navegadores, pero si te interesa seguir por este camino de la programación web y móvil, te explicaré algunos pequeños conceptos a manera de introducción que te serán de mucha utilidad.

Todos los navegadores cuentan con una **consola** sobre la cual, el desarrollador de la página web que se está visualizando es capaz de mostrar algunas alertas o mensajes que se pueden utilizar para muchas cosas, una de ellas es la comunicación entre el cliente y el servidor.

Esta consola se encuentra por lo general dentro de las herramientas para desarrolladores del navegador, por ejemplo, en la imagen 6.27 te muestro como acceder a la consola de Chorme.

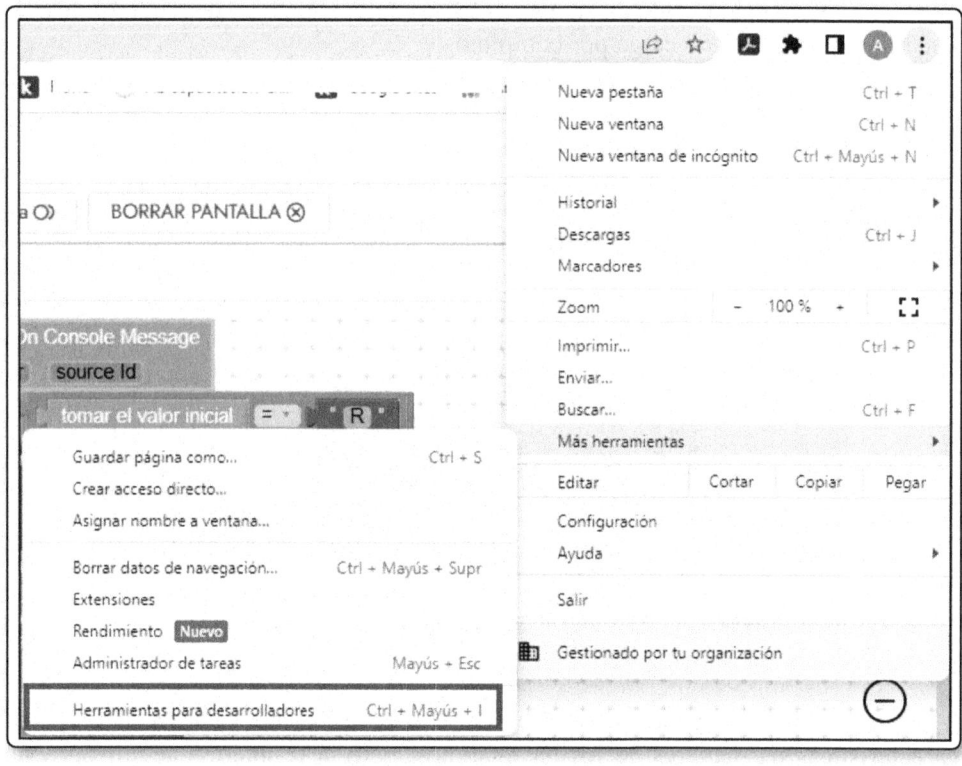

Imagen 6.27 Acceder a la consola de Chorme

Al abrir las herramientas para desarrolladores, se nos desplegará un panel en la parte derecha del navegador, en ese panel, debemos seleccionar la opción "Console".

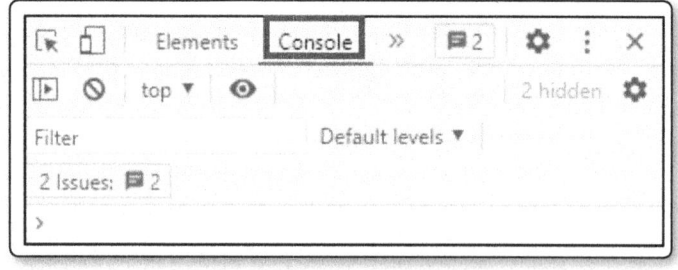

Imagen 6.28 Consola de Chorme

Esta consola no solo permite al desarrollador de la página web enviar mensajes, sino que también es capaz de interpretar código **JavaScript**[43] (JS).

Entonces, el evento de la imagen 6.26 se va a activar cuando se imprima un mensaje en la consola del *VisorWeb1* y lo va a almacenar en la etiqueta -3 del *TinyBD*, posterior a esto, abre la Screen2. Este mensaje se imprime gracias a la siguiente línea que se encuentra en el archivo "registro.php".

```
echo "<script>console.log('$id_obtenido'); </script>";
```

Pero ¿qué se imprime en la consola? El id que se genera para el nuevo usuario que se acaba de registrar, claro, si el registro se realizó de forma correcta.

Y como complemento para cerrar con este tema, cuando se quiere trabajar con JavaScript se utilizan las siguientes etiquetas de HTML.

```
<script> … código en JS … </script>
```

Y cuando se quiere imprimir un mensaje en la consola se utiliza la instrucción.

```
console.log("mensaje");
```

Pero como estamos trabajando con un archivo PHP necesitamos la instrucción *echo* para que el mensaje se pueda enviar desde el lado del servidor al del cliente.

```
echo "mensaje";
```

Entonces, en esta instrucción, estamos mezclando JavaScript con PHP y HTML. Si estos conceptos te resultan difíciles de procesar o no muy comprensibles te recomiendo que profundices en estos lenguajes, porque de momento, en palabras simples, es todo lo que necesitas saber, respecto a la dinámica implementada en nuestra red social.

¿Por qué esto no lo habíamos realizado antes? Porque si recuerdas, al componente Web le hacíamos una petición y posteriormente le programábamos una respuesta a esa petición. Con el Visor Web no es así, puesto que no le estamos haciendo una petición directamente al componente, la estamos haciendo al navegador, entontes, podemos utilizar la herramienta de la consola como medio para conocer la respuesta del servidor a esa petición que hizo el navegador.

---

43 JavaScript es un lenguaje de programación que permite implementar interacciones en páginas web, es decir, las vuelve dinámicas e interactivas. Si quieres conocer más acerca de este lenguaje de programación, te recomiendo que des lectura al siguiente artículo de internet proporcionado por Amazon. *https://aws.amazon.com/es/what-is/javascript/*

6.4 SCREEN2

Previo a la construcción de la interfaz de esta pantalla, vamos a definir dos componentes nuevos que vamos a utilizar: Swipe Refresh Layout y Side Menu Layout. Posteriormente, vamos a agregar los componentes propuestos en el MockUp, incluidos en el segundo *Artboard* del proyecto.

Esta pantalla tiene por objetivo, desplegar el tablón de la red social del usuario, con las características mencionadas en los requisitos del proyecto.

6.4.1 Swipe Refresh Layout

Esta disposición al igual que las demás, permite agrupar y alinear otros componentes en su interior de forma vertical u horizontalmente. Lo interesante de esta disposición es que se puede "Actualizar" a petición del usuario, es decir, se puede recargar.

¿Cómo se recarga? Desplazando el dedo hacia abajo sobre la disposición, de la misma forma que lo hacemos cuando recargamos algún sitio de internet en nuestro celular cuando navegamos por Chorme Mobile o algún otro explorador.

6.4.2 Side Menu Layout

Este componente, al igual que los botones flotantes tienen la característica de un componente no visible, pero son totalmente visibles, pues crea un menú de opciones lateral que se vuelve visible/oculto cuando presionamos las 3 rayitas (imagen 6.29), pero no afecta el acomodo de la interfaz gráfica cuando se muestra/oculta.

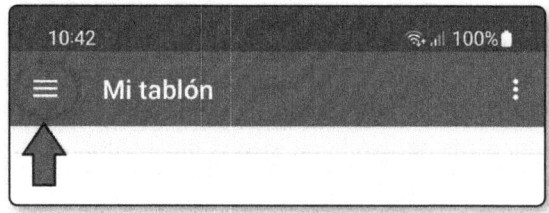

Imagen 6.29 Side Menu Layout

Al igual que el componente Visor de Lista con Imágenes y Texto, las opciones de este menú se crean desde el código.

Vamos a ver un poco de sus configuraciones particulares. Primero podemos definir el color del fondo (imagen 6.30), el de los elementos tanto habilitados como deshabilitados (imagen 6.31), así como el de la opción seleccionada (imagen 6.32), todo por separado.

Imagen 6.30 Color del fondo del Side Menu Layout

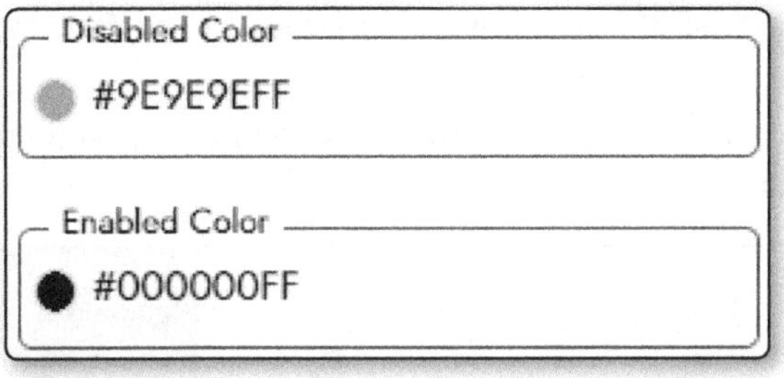

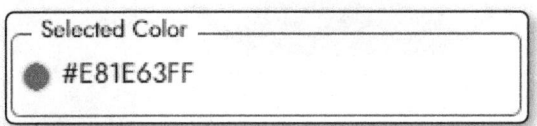

Imagen 6.31 Color de los elementos des/habilitados del Side Menu Layout

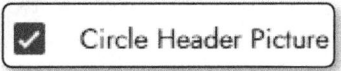

Imagen 6.32 Color de la opción seleccionada del Side Menu Layout

Después, podemos habilitar o no el **Header Picture** (imagen 6.33), establecer la imagen de esta propiedad, así como del encabezado completo, y personalizar los títulos que ambos conllevan (imagen 6.34).

Imagen 6.33 Activar el Header Picture del encabezado del Side Menu Layout

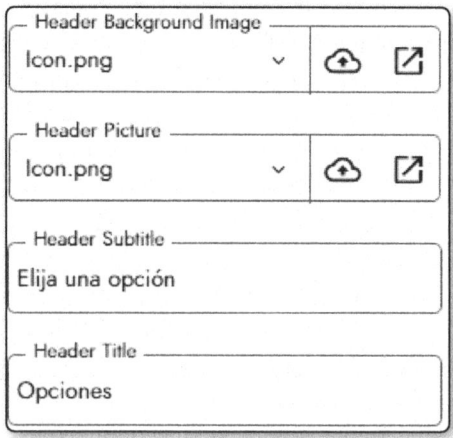

Imagen 6.34 Propiedades del encabezado del Side Menu Layout

Y una vez configuremos nuestro componente en el siguiente apartado, lucirá de la siguiente manera.

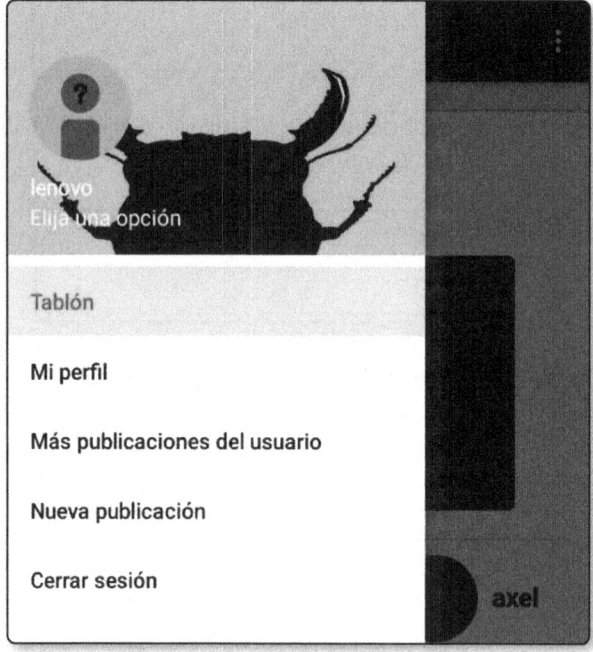

Imagen 6.35 Side Menu Layout desplegado

¿Siempre mostrará la imagen "Usuario.png" en el menú? Desafortunadamente sí, puesto que no podemos enviar y recibir imágenes entre el servidor y Kodular.

6.4.3 Agregando los elementos a la pantalla

Los componentes que agregaremos a esta Screen2 estarán agrupados de la siguiente forma.

⯈ Swipe Refresh Layout
  - Visor Web 1
  - Disposición Horizontal 1
    – Botón 1
    – Space 1
    – Etiqueta 1

⯈ Side Menu Layout
⯈ Web 1
⯈ Web 2
⯈ Web 3
⯈ Notificador 1
⯈ TinyBD 1

Y los vamos a configurar de la siguiente manera.

Elemento	Características
Screen 3	Imagen de fondo: Icon.png Animación de apertura y cierre: Fundido Orientación: Vertical Título: Mi tablón
Swipe Refresh Layout 1	Ancho y alto: Ajustar al contenedor
Disposición Horizontal 1	DispHorizontal y Vertical: Centro Alto: 10% Ancho: Ajustar al contenedor
Botón 1	Alto: 6% Ancho: 11% Imagen: like.png[44] Color del texto: #000000FF
Space 1	Ancho: 2%
Etiqueta 1	Tamaño de letra: 20 Texto: Me gusta
Side Menu Layout	Header Background Image: Icon.png Header Picture: Usuario.png Header Subtitle: Elige una opción
Web 1	URL: http://socialbugkodular.000webhostapp.com/conteo.php

---

44 Este recurso lo puedes encontrar en la carpeta del capítulo.

El resultado debe verse como el siguiente.

Imagen 6.36 Screen 2 del tercer proyecto

6.4.4 ¿Ya terminamos con la interfaz?

Sé que, de momento, por los componentes que hemos insertado en las tres pantallas, no se le haya mucha forma a la aplicación, esto es porque la mayoría de la interfaz, en esta ocasión está contenida en los archivos PHP que desplegaremos en los visores web. ¿Por qué lo hicimos así? Por la practicidad que esto conlleva a la hora de realizar las consultas a la base de datos, de transferir la información entre el cliente y el servidor, entre otras cuestiones.

Además, en este proyecto estamos trabajando con imágenes en la base de datos y desgraciadamente el componente Web en esta versión de Kodular (y parece que en algunas anteriores también) no podemos transferir archivos, únicamente podemos enviar y recibir texto. Por estos motivos la visualización de la red social como tal, está contenida en el código HTML dentro de los archivos PHP.

6.4.5 Código de la Screen2

Primero vamos a declarar las siguientes variables globales, las cuales explicaremos y utilizaremos a continuación.

Imagen 6.37 Variables globales para la Screen2 del tercer proyecto

Después vamos a programar el evento de apertura de esta pantalla, el cual le solicita al componente *Web1*, obtener la información de la URL que ya le establecimos; además, crea las opciones del *Side_Menu_Layout1*, que en este caso son 5: tablón, mi perfil, más publicaciones del usuario, nueva publicación y cerrar sesión; todas habilitadas, pero únicamente la primera debe estar verificada (porque es la primera vista que carga cuando se abre la pantalla).

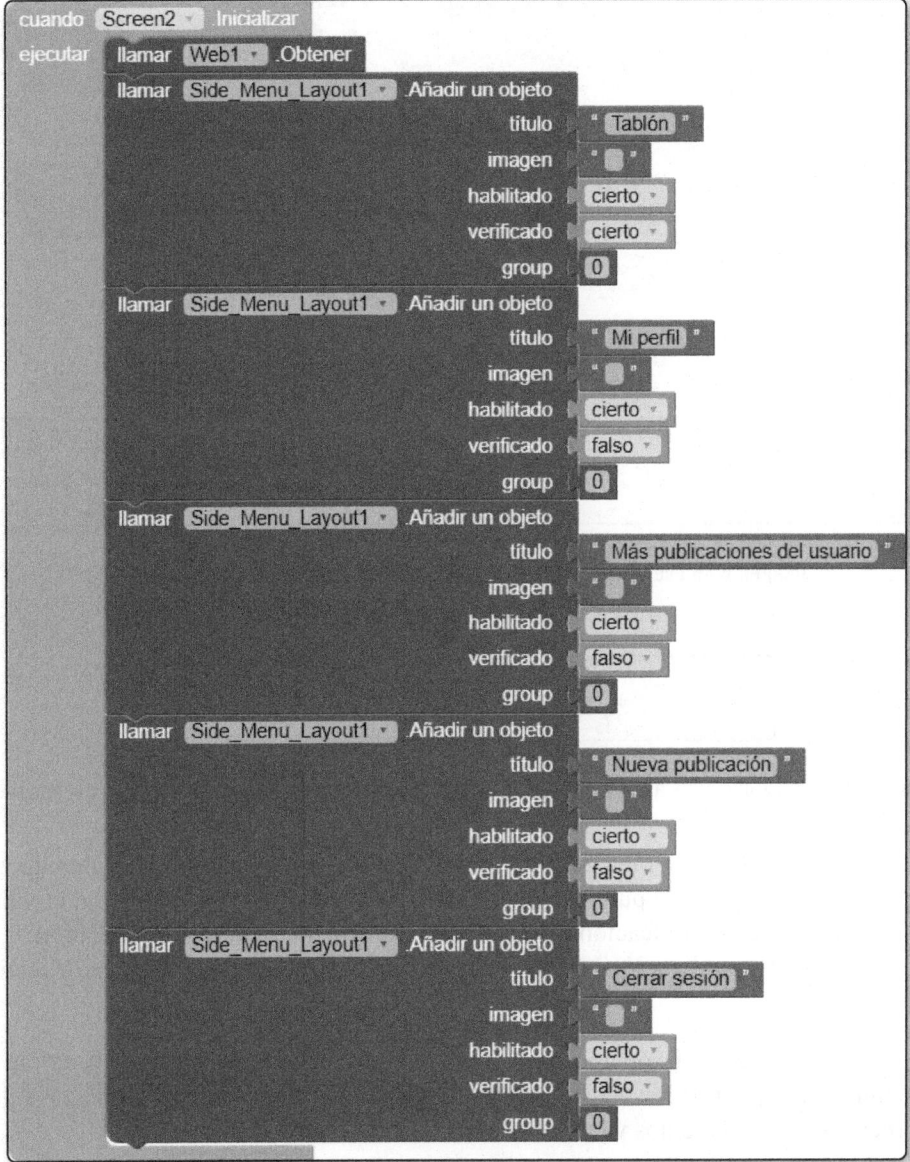

Imagen 6.38 Evento de apertura de la Screen2 del tercer proyecto

Ahora vamos a programar las acciones que queremos que realice cada opción del menú.

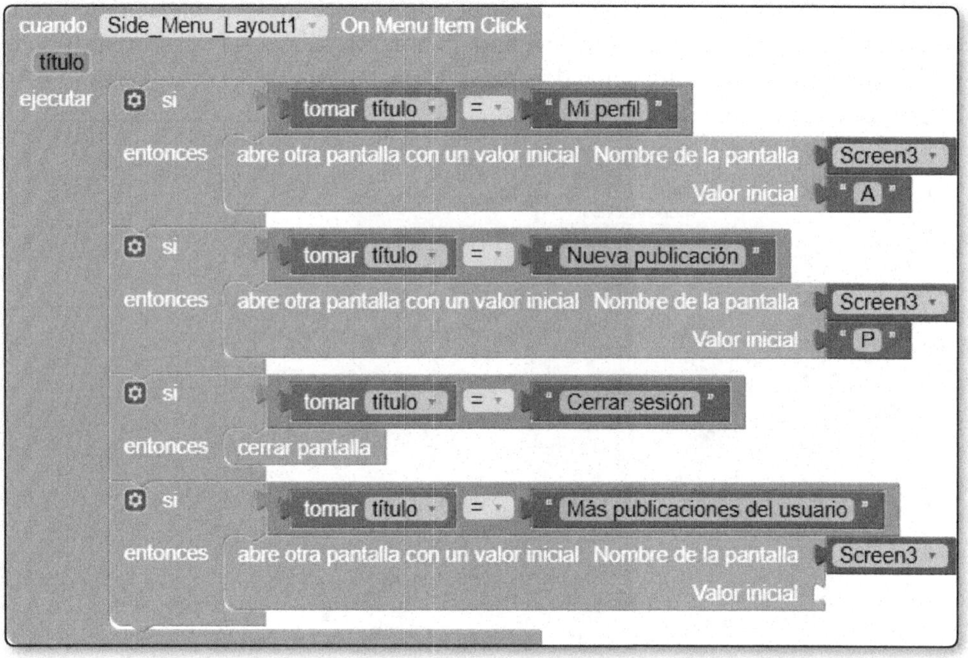

Imagen 6.39 Evento que se activa cuando se selecciona una opción del menú

Imagen 6.40 Valor inicial de apertura de la Screen3 cuando el título es "Más publicaciones del usuario"

Si se elige la opción de "Mi perfil" se abre la Screen3 con el valor inicial de "A", si se elige "Más publicaciones del usuario" se abre la Screen3 con el valor inicial del ID de la publicación mostrada (se explica con detalle más adelante), y si se elige "Nueva publicación" también se abre la Screen3, pero con el valor inicial de "P".

Y si se elige la opción de "Cerrar sesión", simplemente se va a cerrar la pantalla, para que nos lleve a la Screen1, y ya explicamos que, aunque se pase por Screen3, directamente nos va a llevar a Screen1.

Pero, para la opción "Tablón", no programaremos ninguna acción, puesto que, el menú solo estará disponible en la Screen2, así que no tiene caso.

Te recomiendo, que, a partir de este momento, a la par de la lectura de este apartado, revises el documento que viene en la carpeta del capítulo llamado "Corrida de escritorio Social_Bug.PDF", porque allí realizamos una, con el objetivo de que se aclare la funcionalidad completa del código de esta pantalla.

Ahora vamos a programar el evento de respuesta del servidor web de la siguiente manera.

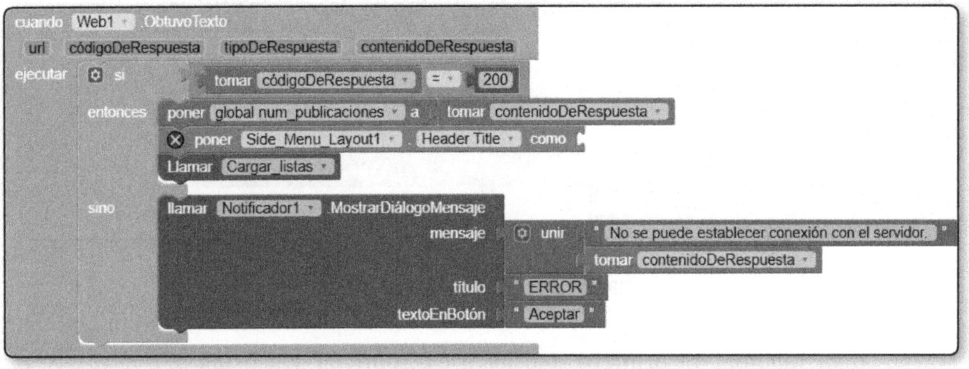

Imagen 6.41 Respuesta del servidor web al obtener las publicaciones

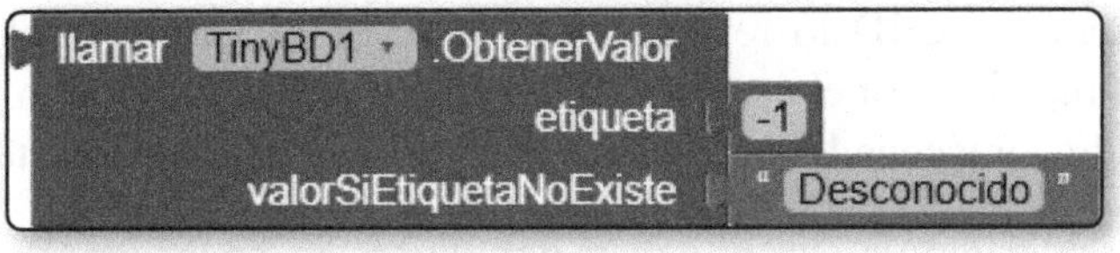

Imagen 6.42 Poner *Side_Menu_Layout1.HeadrerTitle* como

Una vez se cuenta con el número que define la cantidad de publicaciones almacenadas en la base de datos (sino se pudo obtener, le mostramos un diálogo de mensaje al usuario con el error generado), se guarda en la variable global *num_ publicaciones*, se establece el título del **Header** del *Side_Menu_Layout1* con el nombre del usuario y manda llamar a la función *Cargar_listas* la cual la vamos a construir, como se muestra a continuación.

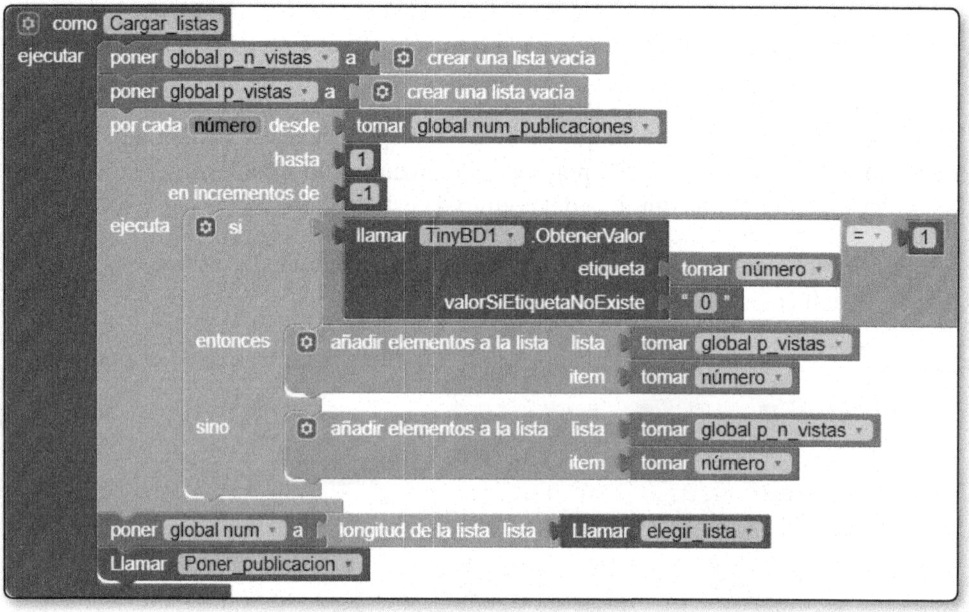

Imagen 6.43 Función *Cargar_listas*

Esta función, lo primero que hace es, reiniciar las listas *p_n_vistas* y *p_vistas*, a continuación, se ejecuta un ciclo la misma cantidad de veces que el número de publicaciones existentes, es decir, que *num_publicaciones*. Este ciclo en cada iteración comprueba contra la etiqueta del *TinyBD* correspondiente, en base al ID de la publicación (este ID lo representa el valor de la variable del ciclo llamada *número*), si ya fue vista por el usuario, y ¿cómo sabremos eso? Bueno, si ya fue vista, la etiqueta tendrá almacenado un 1. Aún no hemos construido esa parte, pero así será.

Si la publicación no ha sido vista por el usuario, se insertará su ID al final de la lista *p_n_vistas* (recuerda que así se comporta la instrucción **añadir elementos a la lista**), pero si ya fue vista, se insertará su ID al final de la lista *p_vistas*. Esto generará dos listas de publicaciones, ordenadas de la más reciente a la más antigua, pero… queremos exactamente lo opuesto, queremos que las publicaciones se muestren desde la más antigua, bueno, pues esto lo vamos a corregir a la hora de leer las listas.

Después del ciclo, la función *Cargar_listas* establece el valor de la variable *num* con la longitud de la lista que le devuelva la función *elegir_lista*, la cual se construye de la siguiente forma.

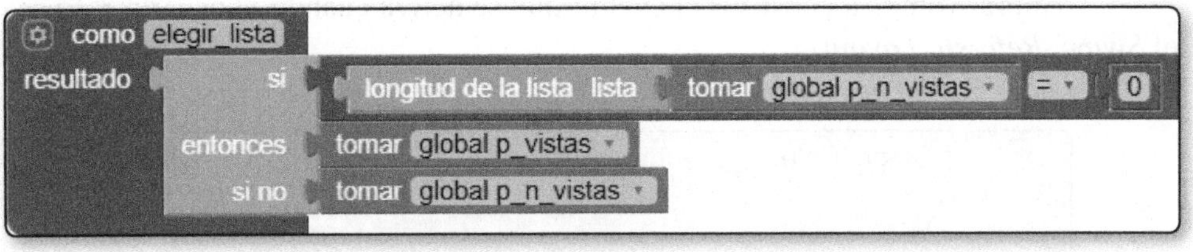

Imagen 6.44 Función *elegir_lista*

Esta función decide desde que lista se van a mostrar las publicaciones, si desde la que contiene a las no vistas (*p_n_vistas*) o desde la que contiene a las vistas (*p_vistas*), al evaluar la longitud de las publicaciones no vistas (que tienen mayor prioridad). Si la longitud de *p_no_vistas* es cero, significará que el usuario ya las vio todas y que los ID se encuentran en la lista de las publicaciones vistas, pero con una que se encuentre en *p_no_vistas*, se mostrará primero.

Finalmente, la función *Cargar_listas* manda a llamar a la función *Poner_publicacion*, la cual se construye como se muestra a continuación.

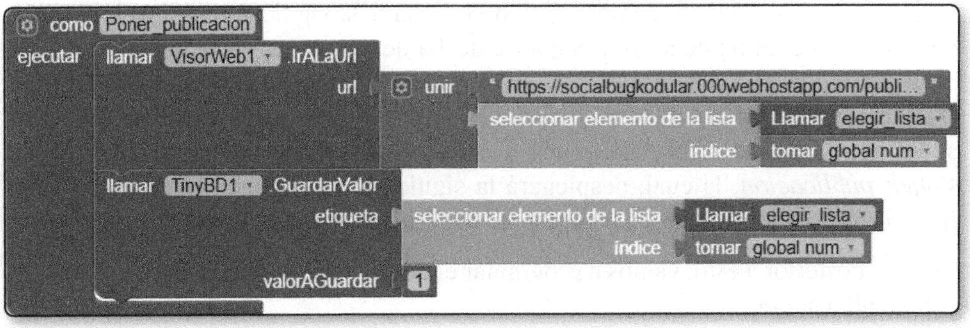

Imagen 6.45 Función *Poner_publicacion*

Esta función, despliega en el *VisorWeb1* la publicación menos reciente de la lista correspondiente. ¿Cómo? Porque está seleccionando el elemento número *num* y *num* contiene la longitud de la misma lista, por lo tanto, va a obtener la última publicación de la lista, es decir, la más antigua. En la imagen 6.45 no se alcanza a ver completo el enlace, pero es el siguiente.

https://socialbugkodular.000webhostapp.com/publicacion.php?id=

Después, la función *Poner_publicacion* guarda en la etiqueta del *TinyBD* número, elemento *num* de la lista correspondiente, un uno, lo que le indica a la función *Cargar_listas*, que la próxima vez que se carguen los ID, la publicación desplegada ya fue vista por el usuario.

Ahora, vamos a construir el evento que se activa cuando el usuario refresca el *Swipe_Refresh_Layout1*.

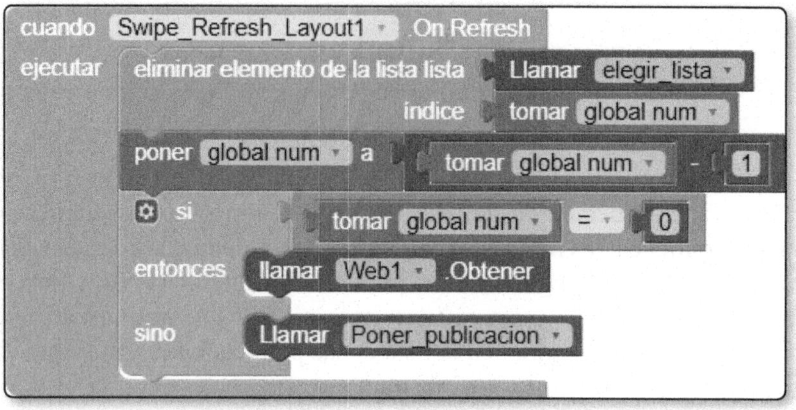

Imagen 6.46 Evento del Swipe Refresh Layout

Este evento tiene como objetivo el mostrar la siguiente publicación, por lo que, primero elimina de la lista la que se acaba de ver. A continuación, evalúa si ya se acabaron las publicaciones, es decir, si *num* llegó a cero, si esto es así, llama al *Web1* a obtener el número de publicaciones y todo el proceso previamente expuesto se repite. Pero si *num* no ha llegado a cero, entonces manda llamar a la función *Poner_publicacion*, la cual, desplegará la siguiente publicación más antigua de la lista correspondiente sobre la pantalla del usuario.

Posterior a esto, vamos a programar el que el usuario pueda darle «me gusta» a una publicación.

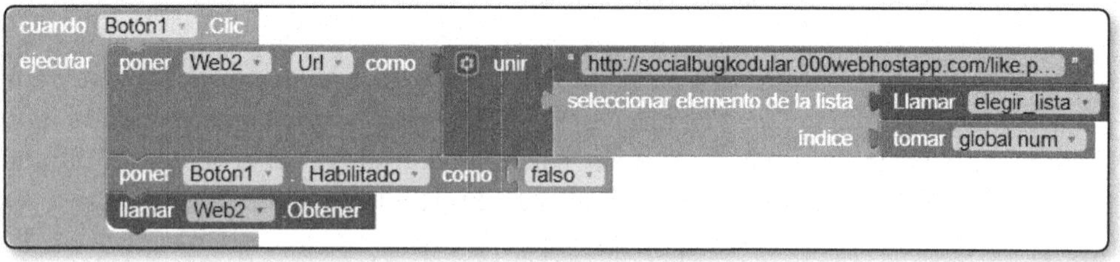

Imagen 6.47 Darle «me gusta» a una publicación

Lo primero que hace el evento **Botón1.Clic** es establecer la URL del componente *Web2*, para ello, unimos el enlace correspondiente del servidor con el ID de la publicación que se está mostrando. En la imagen no se alcanza a visualizar completa la URL pero es la siguiente.

http://socialbugkodular.000webhostapp.com/like.php?id=

Después se deshabilita a sí mismo para que solamente se le pueda dar un «me gusta» a la publicación (aunque si se llega al final y las listas se repiten, el usuario podrá indicar nuevamente que le gusta la misma publicación). Finalmente, el *Web2* envía la petición HTTP al servidor. Por lo que es necesario programar la respuesta de este.

Imagen 6.48 Respuesta del servidor después de darle «me gusta» a una publicación

Este evento, lo único que hace es, si obtuvo una respuesta exitosa (1) cambiará la imagen[45] del *Botón1* y el texto de la *Etiqueta1* para indicarle al usuario que el «me gusta» se dio de forma correcta.

Ahora, vamos a programar un evento muy importante, que nos indicará cuando la página desplegada sobre el *VisorWeb1* por la función *Poner_publicacion* haya cargado exitosamente.

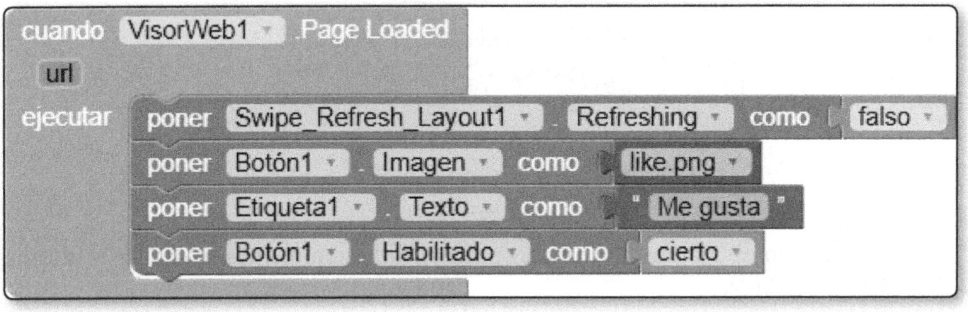

Imagen 6.49 Evento que se activa cuando la página del Visor Web carga con éxito

_____

45 Esta imagen la podrás encontrar en los recursos del capítulo.

En primer lugar, desactiva del *Swipe_Refresh_Layout1* el *Refreshing* que indica que la página está cargando (imagen 6.50), puesto que, si no se desactiva, aunque la página desplegada haya cargado exitosamente, el *Refreshing* se quedará activo infinitamente en la pantalla y no podremos refrescar la disposición de nuevo.

Y en segundo, regresa a su estado original al *Botón1* y a la *Etiqueta2*, por si el usuario indicó que le gustó la publicación anterior.

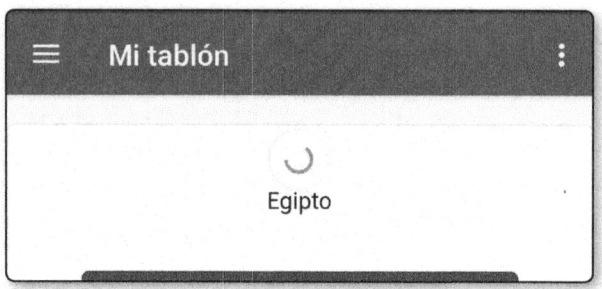

Imagen 6.50 *Refreshing de la Swipe_Refresh_Layout*

Finalmente vamos a programar los últimos dos eventos que se relacionan con la Screen2. De ambos, ya conoces su función.

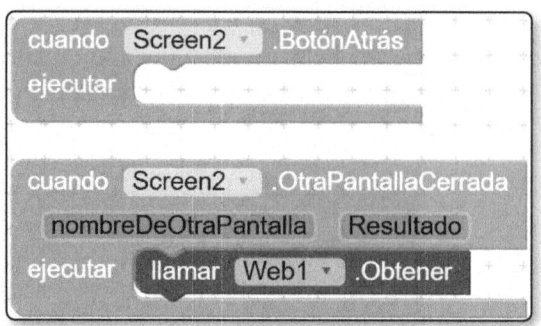

Imagen 6.51 Eventos de la Screen2 del tercer proyecto

¡Excelente! Hemos terminado satisfactoriamente nuestro tercer y último proyecto. ¡Felicidades!

6.5 RETO

Esta aplicación tiene dos desperfectos, uno se puede arreglar directamente en Kodular, pero el segundo si requiere de la modificación de la base de datos del servidor web (esto incluye a los archivos PHP) y de los algoritmos de la aplicación.

El primero y más sencillo, es que, por la estructura del despliegue de las publicaciones, tienes que terminar de ver todas para poder comprobar si hay nuevas, por lo que, tendrás que crear una opción en el menú lateral para que, se le permita al usuario recargar las listas y saber si hay publicaciones nuevas que no ha visto, aunque no termine de repasar todas las publicaciones anteriores.

Y el segundo, es que, si recuerdas, las publicaciones vistas se almacenan de forma local, esto quiere decir que un mismo usuario tendrá diferentes publicaciones vistas y no vistas si accede a nuestra red social en múltiples dispositivos, por lo que, para solucionar este problema, debemos crear un campo nuevo en la tabla *usuarios* de la base de datos, para que almacene la última publicación vista por el usuario ¿por qué almacenar este dato y no el ID de cada publicación vista? Porque, por ejemplo, si el usuario vio la publicación 3, por la estructura implementada en la aplicación, es seguro que pasó previamente por la publicación 1 y por la número 2.

Esto por consiguiente afecta en cómo evaluamos si las publicaciones fueron vistas, porque ya no compararemos cada ID contra su respectiva etiqueta en el *TinyBD*, sino que tendremos que evaluar el número almacenado en el servidor, aplicando el siguiente criterio: las publicaciones con un ID menor o igual al dato almacenado en el registro del usuario, implicarán que ya fueron vistas por el usuario, pero las publicaciones con un ID mayor, implicarán que aún no han sido vistas por el usuario.

Si necesitas ayuda con el archivo PHP podrás encontrarlo en la carpeta del capítulo como "reto.php". Este archivo recupera y almacena de la tabla *usuarios*, el valor del campo *VISTAS* (si quieres usar este archivo tendrás que ponerle exactamente igual al campo dentro de tu tabla *usuarios*). La implementación de esta doble funcionalidad dentro del archivo PHP se explica con detalle más adelante.

Para agregar un campo adicional en la base de datos, debemos acceder a la vista de **estructura** de la tabla *usuarios* y en el apartado **add columns**, dar clic sobre el botón "Go".

Imagen 6.52 Agregar una nueva columna a la tabla

Después se nos pide que asignemos los atributos de esta nueva columna.

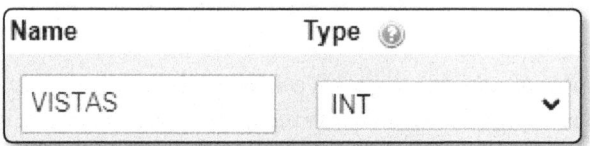

Imagen 6.53 Atributos de la nueva columna

Ahora bien, teniendo el archivo "reto.php" y el campo *VISTAS* en la base de datos, tu labor es hacer las modificaciones necesarias a los bloques de la Screen2 para obtener y cargar el valor de la última publicación que haya sido vista por el usuario y en base a ese dato, agrupar correctamente a las publicaciones vistas y a las no vistas.

Te voy a proporcionar un par de pistas para darte un rumbo y puedas completar el reto de forma exitosa. Con el siguiente bloque de instrucciones, podrás almacenar en la base de datos, la última publicación vista por el usuario.

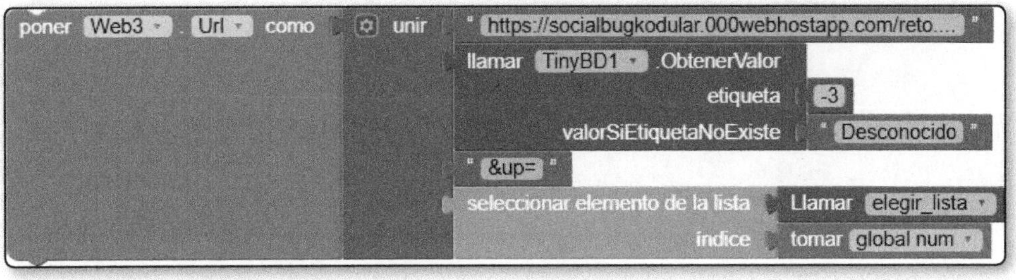

Imagen 6.54 Almacenar la última publicación vista por el usuario

¿Qué hace este bloque? Establece la URL para el componente Web3 como:

https://socialbugkodular.000webhostapp.com/reto.php?id=

Con el ID del usuario y con la última publicación vista.

Y con el siguiente bloque, podrás recuperar el valor de la última publicación vista por el usuario.

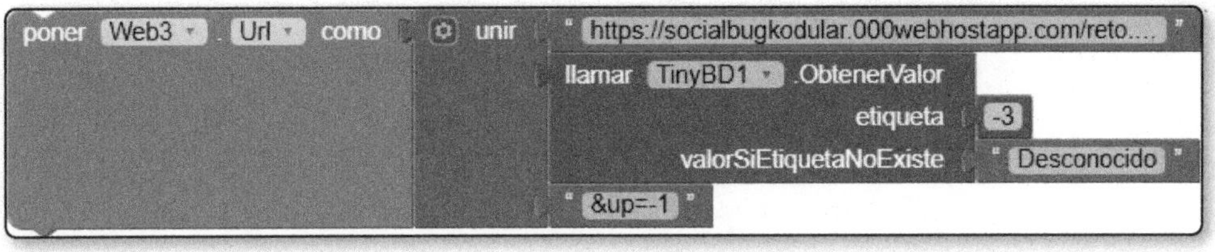

Imagen 6.55 Recuperar la última publicación vista por el usuario

Entonces, ya lo único que tienes que hacer (de esta parte de la dinámica), es saber dónde acomodarlos, para que se cargue y descargue la información en la sección necesaria del código.

Otra cosa que tienes que modificar, son las instrucciones mostradas en la imagen 6.56, las cuales se ubican dentro de la función *Cargar_listas*. Puesto que, en lugar de comparar las ID de cada publicación contra su respectiva etiqueta del *TinyBD*, tienes que hacer, que en base al número de la última publicación vista por el usuario y al número total de publicaciones, crear con ciclos las listas *p_n_vistas* y *p_vistas*.

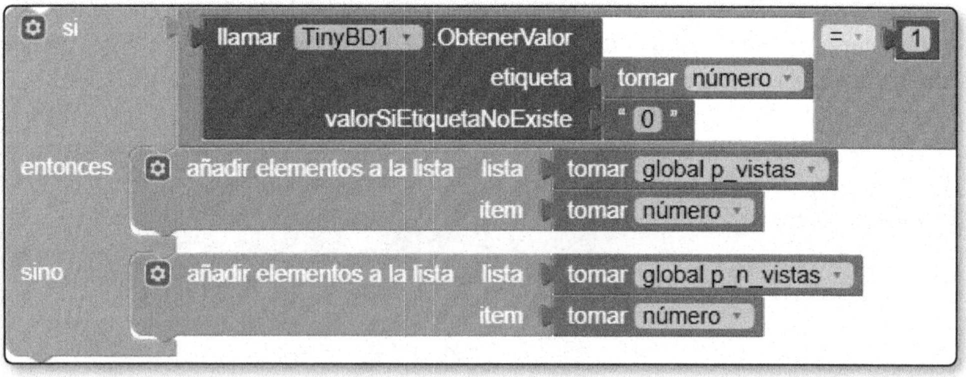

Imagen 6.56 Evaluación de las publicaciones vistas dentro de la función *Cargar_listas*

También tienes que modificar el evento del *SwipeRefreshLayout1*, para que cada vez que se recargue la publicación, se cargue a la base de datos la última publicación vista, claro si es que la publicación en pantalla no había sido vista por el usuario previamente, porque si ya hubiera sido vista, no se debe actualizar el registro.

Espero que con toda esta explicación haya quedado claro, lo que se busca resolver del reto y cómo se puede implementar la solución.

7

PUBLICAR UNA APLICACIÓN

¡Felicidades! Has completado todos los proyectos, lo que te convierte en todo un experto en el diseño de aplicaciones móviles Android con Kodular. Ahora que, ya que tienes las aplicaciones listas para distribuirlas, te enseñaré a publicar tus aplicaciones en 3 alternativas de tiendas virtuales, así que ¡No te pierdas este capítulo!

En el desarrollo de este capítulo, te dejaré algunos enlaces hacia un par de tutoriales que están disponibles de forma gratuita en la plataforma de YouTube, que no son de mi autoría, así que en este apartado aprovecho para darle todos los créditos correspondientes al autor de cada uno de ellos.

Pero primero, es de vital importancia que tratemos un par de conceptos necesarios para poder publicar de forma correcta nuestras aplicaciones.

7.1 DETALLES PREVIOS A LA PUBLICACIÓN

Antes de exportar nuestra aplicación en formato *AAB* o en formato *APK*, debemos aplicarle unas configuraciones al proyecto que son necesarias para su correcta publicación en las tiendas virtuales, para ello abriremos sus configuraciones, en el apartado de *publishing*.

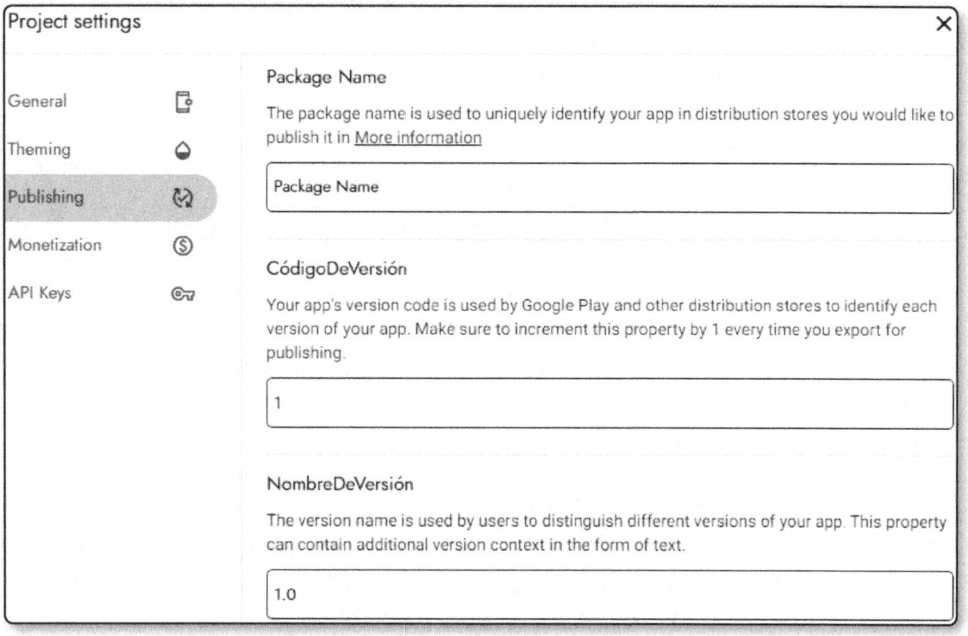

Project settings　　　　　　　　　　　　　　　　　　　　　　　　　✕

General

Theming

Publishing

Monetization

API Keys

Package Name

The package name is used to uniquely identify your app in distribution stores you would like to publish it in More information

Package Name

CódigoDeVersión

Your app's version code is used by Google Play and other distribution stores to identify each version of your app. Make sure to increment this property by 1 every time you export for publishing.

1

NombreDeVersión

The version name is used by users to distinguish different versions of your app. This property can contain additional version context in the form of text.

1.0

Imagen 7.1 Configuraciones de publicación de nuestra aplicación

Ahí, tenemos 3 campos vitales que debemos llenar, de la siguiente manera.

El campo **Package name**, se debe llenar con el nombre del paquete de nuestra compañía, aunque seamos desarrolladores independientes. El nombre del paquete es el que identifica a nuestra aplicación de forma única dentro de las tiendas virtuales, por lo que no debe repetirse. Por lo general, los nombres de los paquetes inician con "com.lo_que_sea". Dentro de *lo_que_sea*, puede llevar más puntos y las frases que quieras, por ejemplo, puedes utilizar la siguiente estructura para los nombres de tus paquetes.

```
com.nombre_empresa.tu_nombre.nombre_app
```

Esto permite, que, si dos o más aplicaciones llegaran a llamarse de la misma forma, el nombre del paquete sea el encargado de relacionar cada una con su respectivo desarrollador.

El **nombre de la versión** nos permitirá a nosotros como desarrolladores y a nuestros usuarios, conocer la distribución de la aplicación que se está lanzando. Este campo lo podemos llenar por ejemplo con valores como 1.5, 2.0, 1.2.3, etcétera.

Finalmente, el **código de la versión** le permitirá específicamente a Play Store, conocer la distribución de la aplicación que se está lanzando. Este valor debe incrementarse de uno en uno, por cada actualización que sufra la aplicación, es decir, por cada vez que exportemos la aplicación en formato *AAB*.

7.2 PUBLICAR NUESTRA APLICACIÓN EN PLAY STORE

La primera tienda de aplicaciones que trataremos será **Play Store**, el único inconveniente es que tendremos que pagar la cantidad de 25 dólares aproximadamente para poder utilizar sus servicios; cabe mencionar que este pago es único, es decir, una vez que tengamos nuestra cuenta en **Play Console** habilitada, podremos subir la cantidad de aplicaciones que deseemos, con la capacidad de gestionarlas de forma total. Pero, si lo que estamos buscando son alternativas gratuitas, está, por ejemplo, la tienda de Amazon o la misma comunidad de Kodular.

Entonces, si queremos subir nuestra aplicación a Google Play, debemos acceder al siguiente sitio web.

https://play.google.com/console/signup

En la primera ventana, si es la primera vez que accedes a la plataforma, te preguntará el tipo de cuenta que deseas crear, puedes seleccionar la opción *para ti*, puesto que, a menos que la quieras para una organización, crearemos una cuenta de tipo **personal**.

Imagen 7.2 Iniciar con Play Console

Posteriormente debemos llenar los campos solicitados con nuestra información personal correspondiente y esperar a que Google nos verifique la cuenta.

Para no extenderme tanto en la explicación (porque si hay varios puntos a considerar para poder publicar una aplicación en Play Store) mejor, pongo a tu disposición el siguiente video tutorial para que tú puedas configurar todas las opciones paso a paso, a tu ritmo y de una forma más dinámica a que si te pongo 20 páginas con capturas descritas con texto.

Lo único que quiero recalcar es que, en este tutorial, se utiliza Android Studio como entorno de desarrollo, pero no hay ningún inconveniente con esto, puesto que ya sabemos cómo generar tanto el archivo *APK* como el *AAB* necesario desde nuestro entorno que es Kodular.

Una recomendación personal, es que, realices los pasos indicados en el video, una vez que tu cuenta de Play Console ya esté verificada, puesto que así podrás seguir a la par, el camino descrito para concretar la publicación de nuestra aplicación.

https://www.youtube.com/watch?v=vBHmJHp8Ldo

Si en un futuro, deseáramos lanzar una actualización para nuestra aplicación, debemos realizar todos los cambios necesarios en Kodular, después incrementar en 1 el valor del **código de versión**, modificar el **nombre de versión**, y generar un archivo *AAB* de nuestra aplicación. Posteriormente, debemos seguir los pasos que se exponen en el siguiente video tutorial.

https://www.youtube.com/watch?v=9rlPBvT4fiY

7.3 PUBLICAR LA APLICACIÓN EN LA TIENDA DE AMAZON

Para poder subir una aplicación móvil para Android, debemos acceder a la plataforma de desarrollador de Amazon, la cual se encuentra en el siguiente sitio.

https://developer.amazon.com/settings/console/home

Quisiera aplicar la misma dinámica que en el apartado anterior, puesto que no quisiera atiborrar el texto con capturas y engorrosas descripciones, por lo que, mejor te voy a proporcionar un video tutorial que nos explica como concretar esta acción.

Solamente es importante mencionar que, para la tienda de Amazon, se nos pide el archivo *APK* de nuestra aplicación y no el *AAB* como lo solicitaba Play Console.

https://www.youtube.com/watch?v=icQZ6h6T5MQ

Aunque el video fue realizado hace más de dos años previo a la publicación de este libro, la interfaz de la plataforma *developer* de Amazon, no ha cambiado mucho, y el tutorial se puede llevar a cabo sin mayores diferencias.

Si en un futuro, deseáramos lanzar una actualización para nuestra aplicación, debemos realizar todos los cambios necesarios en Kodular, como ya lo expusimos anteriormente, pero que no está de más recordarlos; posteriormente, debemos incrementar en 1 el valor del **código de versión**, modificar el **nombre de versión**, y generar un archivo *APK* de nuestra aplicación. Finalmente, debemos seguir los pasos que se exponen en el siguiente video tutorial, el cual se encuentra en el idioma inglés, pero que cuenta con subtítulos al español.

https://www.youtube.com/watch?v=SZvVfHA6egA

7.4 PUBLICAR EN LA COMUNIDAD DE KODULAR

Finalmente, en este apartado veremos cómo publicar nuestras aplicaciones móviles para Android, nuestros códigos, preguntas, comentarios o lo que queramos en la comunidad de Kodular. Para ello debemos acceder al siguiente enlace o utilizar algún método de los expuestos en el capítulo 1 para llegar a ella. Es importante que tengas en mente lo expuesto en el capítulo 1.1, alrededor de la imagen 1.6, respecto a este apartado de Kodular.

https://community.kodular.io/

A continuación, lo único que debemos hacer es, iniciar sesión por supuesto, y dar clic sobre el botón *New topic*.

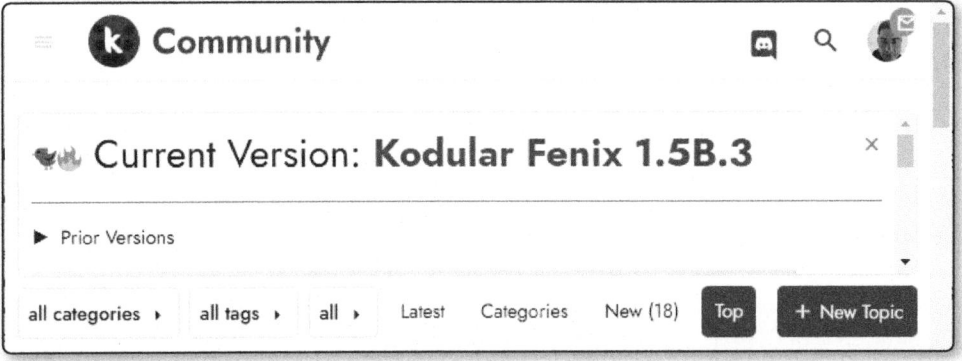

Imagen 7.3 Comunidad de Kodular

Posteriormente, debemos llenar los campos requeridos en el cuadro que aparece a continuación.

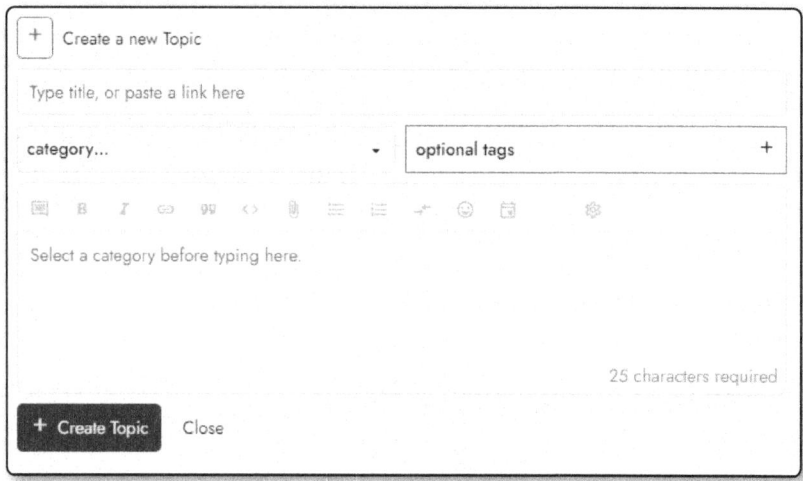

Imagen 7.4 Crear una publicación en la comunidad de Kodular

Para compartir nuestra publicación, debemos darle un título, asignarle una categoría y algunas etiquetas opcionales y por supuesto un cuerpo. En el cuerpo de la publicación podemos insertar texto y personalizarlo, por ejemplo, dándole estilo de negritas, cursivas, etcétera; además, podemos añadir enlaces, archivos adjuntos, emojis, animaciones GIF, viñetas, entre otros elementos.

Apéndice A

UN EMULADOR DE ANDROID

Este apéndice, fue redactado con ayuda del super hermano del autor, Axel Saldívar, Isaac Saldívar (¡Hola de nuevo Isaac!). Aquí, te enseñaremos a descargar e instalar un emulador de un dispositivo Android sobre tu ordenador, es decir, crearás un dispositivo virtual. Para ello, utilizaremos el software de **NOX**, el cual, aprenderemos a instalar y configurar en los siguientes pasos.

1. En tu navegador de preferencia entra a la página *https://noxofficial.com/*

2. En la página encontraras dos botones para iniciar la descarga, deberás seleccionar el que se adapte al sistema operativo de tu ordenador, ya sea Windows o MAC.

Imagen A.1 Enlaces de descarga de NOX

3. Al presionar el botón te dirigirá a otra página en la cual deberás presionar el botón "Download now" (Este botón será el mismo independientemente de que versión seleccionaste en el paso anterior).

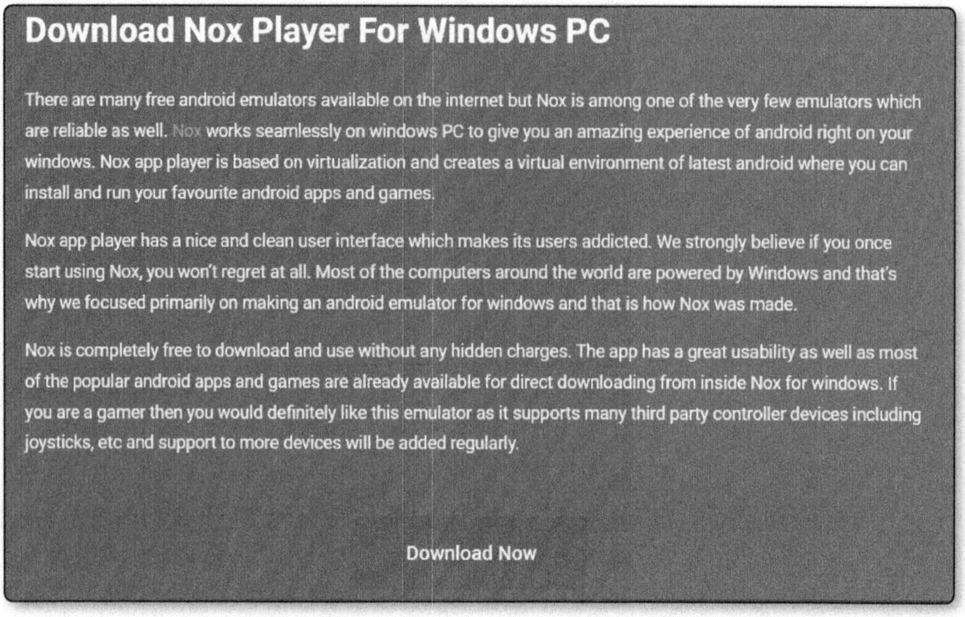

Download Nox Player For Windows PC
There are many free android emulators available on the internet but Nox is among one of the very few emulators which are reliable as well. Nox works seamlessly on windows PC to give you an amazing experience of android right on your windows. Nox app player is based on virtualization and creates a virtual environment of latest android where you can install and run your favourite android apps and games.
Nox app player has a nice and clean user interface which makes its users addicted. We strongly believe if you once start using Nox, you won't regret at all. Most of the computers around the world are powered by Windows and that's why we focused primarily on making an android emulator for windows and that is how Nox was made.
Nox is completely free to download and use without any hidden charges. The app has a great usability as well as most of the popular android apps and games are already available for direct downloading from inside Nox for windows. If you are a gamer then you would definitely like this emulator as it supports many third party controller devices including joysticks, etc and support to more devices will be added regularly.
Download Now

Imagen A.2 Descargar el software de NOX

4. Deberás esperar hasta que se descargue el instalador y después deberás localizarlo en tu dispositivo (usualmente lo encontraras en la carpeta "Descargas").

   a) También puedes ubicarlo en la sección de descargas de tu navegador, aunque este cambiará dependiendo del que utilices.

Downloads
nox_setup_v7.0.5.0_full_intl.exe
Open file
See more

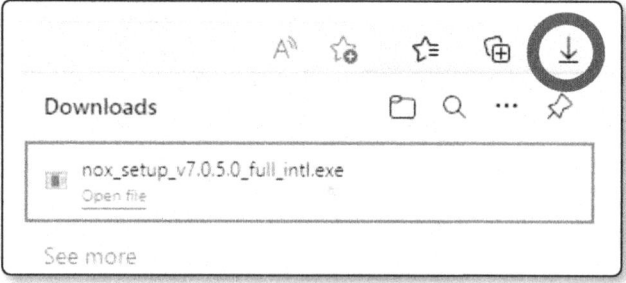

Imagen A.3 Descargas del navegador

5. Ahora deberás abrir el instalador, te preguntará que si deseas que esta aplicación modifique nuestro pc, a lo que debemos permitirle presionando "Si".

6. Esperamos a que se abra el instalador y nos aparecerá esta pantalla, a lo cual seleccionaremos "Install". No olvidemos aceptar la licencia.

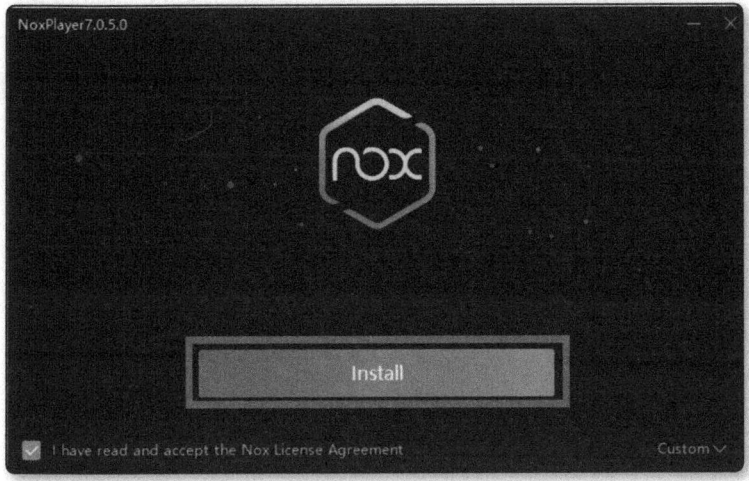

Imagen A.4 Instalar NOX

7. Despues de esto nos aparecerán unas publicidades a las cuales vamos a rechazar seleccionando "Reject".

8. Ahora esperamos a que se instale, sabremos cuando se termina ya que en la pantalla aparecerá un nuevo botón "Start", el cual presionaremos.

Imagen A.5 Instalación finalizada

9. Esperamos a que arranque el emulador y a continuación, nos pedirá iniciar sesión con Google Play, así que insertaremos nuestro correo electrónico y contraseña, después Google nos pedirá algunas cosas a las cuales debemos aceptar.

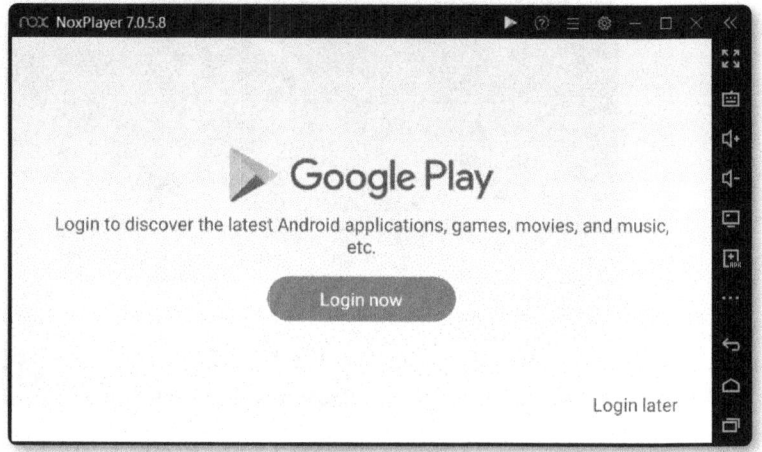

Imagen A.6 Iniciar sesión con Google

¡Y listo! Ya tenemos nuestro emulador instalado, y funciona tal cual, como si tuviéramos un dispositivo físico.

Ahora bien, desde la pantalla principal de nuestro dispositivo virtual, vamos a acceder a la carpeta *Tools*, en la cual, encontraremos la aplicación de Play Store, para poder instalar la aplicación de Kodular y poder probar nuestras aplicaciones en tiempo real (recuerda que mencionamos en el capítulo 1, que se puede realizar de la misma manera, que en un dispositivo físico).

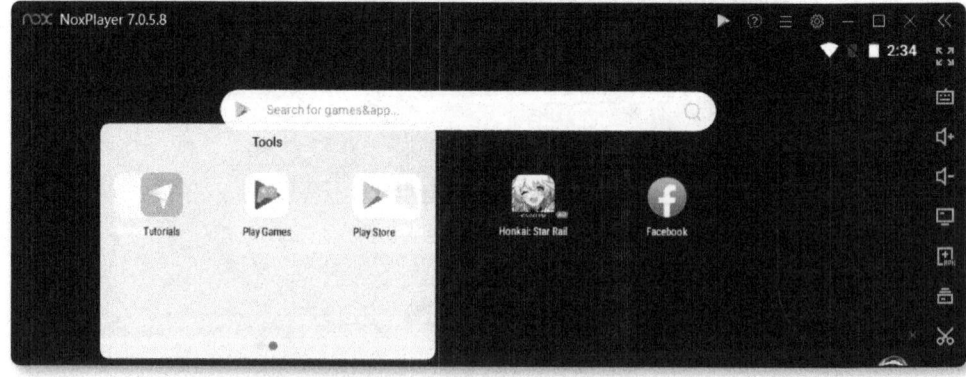

Imagen A.7 Pantalla principal del emulador

Para demostrar lo anterior, vamos a probar en tiempo real la aplicación del juego de tres en raya. Solamente que, en lugar de utilizar el código QR proporcionado por Kodular, utilizaremos el código (imagen 3.1), el cual, escribiremos sobre el campo de texto y daremos clic sobre el botón con forma de avión de papel.

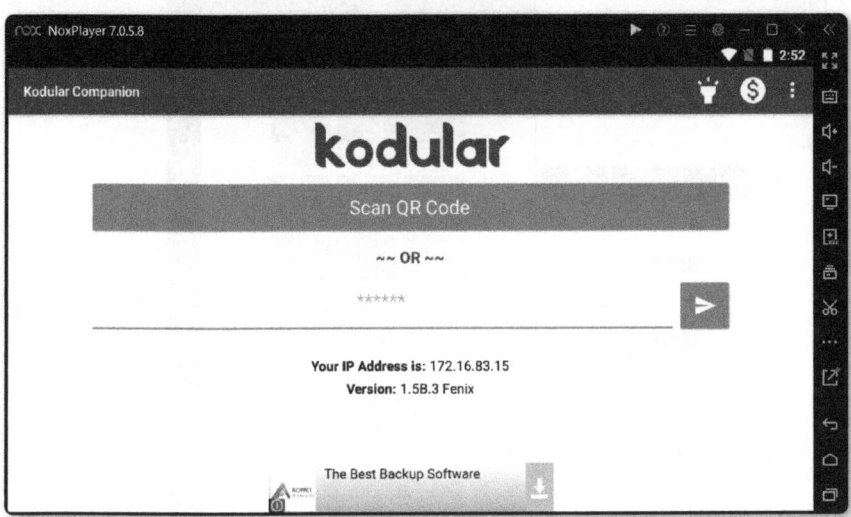

Imagen A.8 Aplicación de Kodular corriendo en el emulador

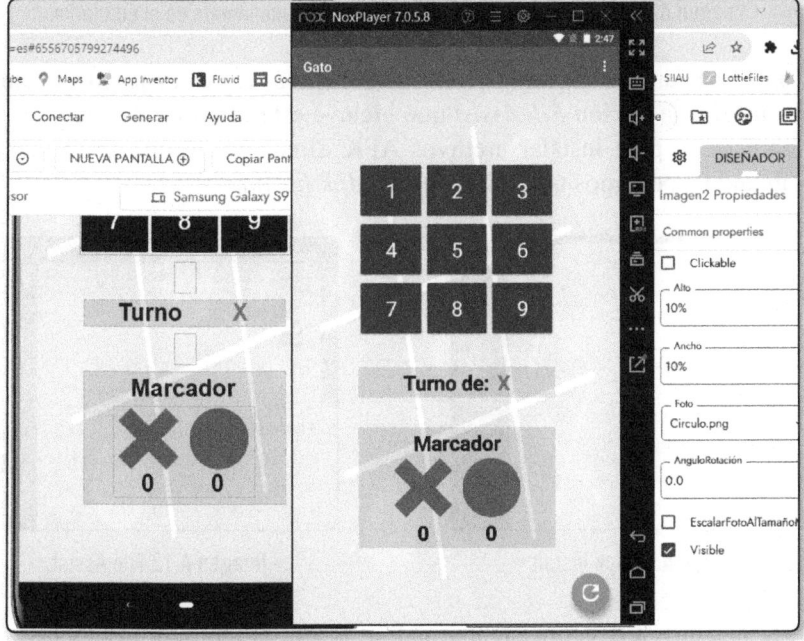

Imagen A.9 Probando la aplicación en tiempo real desde el emulador

Y cualquier cambio que realicemos en Kodular, se ve reflejado inmediatamente en el emulador.

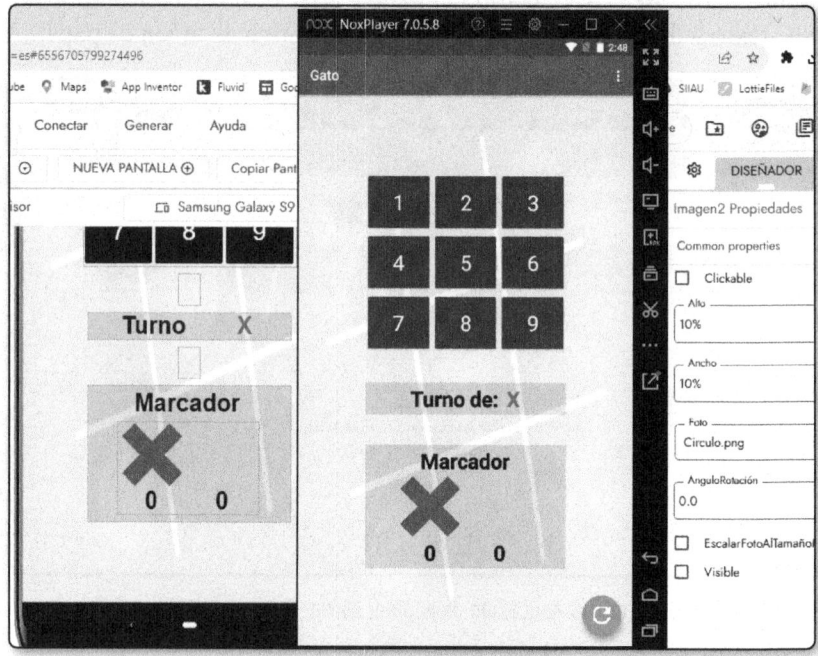

Imagen A.10 Imagen2 no visible se refleja instantáneamente en el emulador

Por otra parte, si queremos compartir archivos entre el equipo y el emulador, podemos utilizar la opción *FileAssist* que incluye este software de NOX en la barra lateral derecha, y para instalar archivos APK directamente que se encuentren en nuestra máquina, podemos utilizar la opción *Apk Install*.

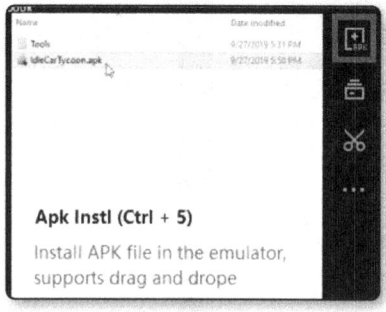

Imagen A.11 Apk Install

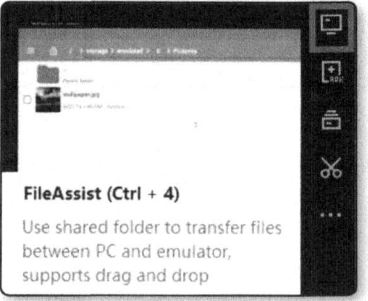

Imagen A.12 File Assist

Te dejamos a ti y a tu creatividad, el seguir explorando todas las opciones que este software emulador de Android tiene para ofrecerte.

Apéndice B

ÍNDICE DE COMPONENTES EN KODULAR

Para que puedas encontrar rápidamente la explicación de algún componente dentro del libro, en la siguiente tabla te dejo los componentes ordenados alfabéticamente, que se trataron a lo largo del libro y en qué capítulo encontrarlos.

La explicación de las configuraciones generales de los componentes se encuentra en el capítulo 3.2 y el renombrar componentes se encuentra en el capítulo 5.5.2.

Si necesitas más información sobre algún componente en específico, puedes acceder directamente a la documentación de Kodular, para ello, debes dar clic sobre el componente e ingresar al enlace "Más información".

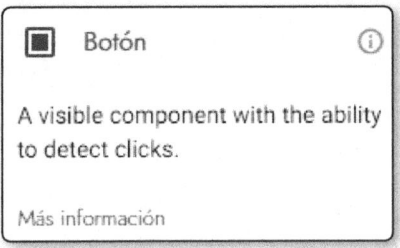

Imagen B.1. Acceder a más información del componente

A continuación, te muestro la tabla mencionada en el principio del apéndice.

Componente	Capítulo
Animaciones Lottie	Capítulo 5.4.3.
Botones flotantes	Capítulo 4.1.6.
Botones	Capítulo 4.1.3.
Campos de texto	Capítulo 5.2.1.
Casillas de verificación	Capítulo 5.2.2.
Cryptography	Capítulo 5.2.5.
Disposiciones tabulares	Capítulo 4.1.2.
Disposiciones tarjetas	Capítulo 5.3.1.
Disposiciones verticales y horizontales	Capítulo 4.1.1.
Etiquetas	Capítulo 4.1.4.
Imágenes Sprite	Capítulo 5.4.2.
Imágenes	Capítulo 4.1.5.
Lienzos	Capítulo 5.4.1.
Notificadores	Capítulo 4.1.7.
Pantallas	Capítulo 3.6.
Pelota	Capítulo 5.4.2.
Reproductor de audio	Capítulo 5.4.4.
Side Menu Layout	Capítulo 6.4.2.
Space	Capítulo 4.1.1.
Swipe Refresh Layout	Capítulo 6.4.1.
TinyBD	Capítulo 5.2.4.
Visor de lista con imágenes y texto	Capítulo 5.5.1.
Visor Web	Capítulo 6.3.1.
Web	Capítulo 5.2.3.

MATERIAL ADICIONAL

El material adicional de este libro puede descargarlo en nuestro portal web: *https://www.ra-ma.es*.

Debe dirigirse a la ficha correspondiente a esta obra, dentro de la ficha encontrará el enlace para poder realizar la descarga.

Cuando descomprima el fichero obtendrá los archivos que complementan al libro para que pueda continuar con su aprendizaje.

INFORMACIÓN ADICIONAL Y GARANTÍA

- ⮞ RA-MA EDITORIAL garantiza que estos contenidos han sido sometidos a un riguroso control de calidad.

- ⮞ Los archivos están libres de virus, para comprobarlo se han utilizado las últimas versiones de los antivirus líderes en el mercado.

- ⮞ RA-MA EDITORIAL no se hace responsable de cualquier pérdida, daño o costes provocados por el uso incorrecto del contenido descargable.

- ⮞ Este material es gratuito y se distribuye como contenido complementario al libro que ha adquirido, por lo que queda terminantemente prohibida su venta o distribución.

SÍGUENOS EN INSTAGRAM Y ACCEDE GRATIS A NUESTRA BIBLIOTECA DIGITAL DURANTE 30 DÍAS.

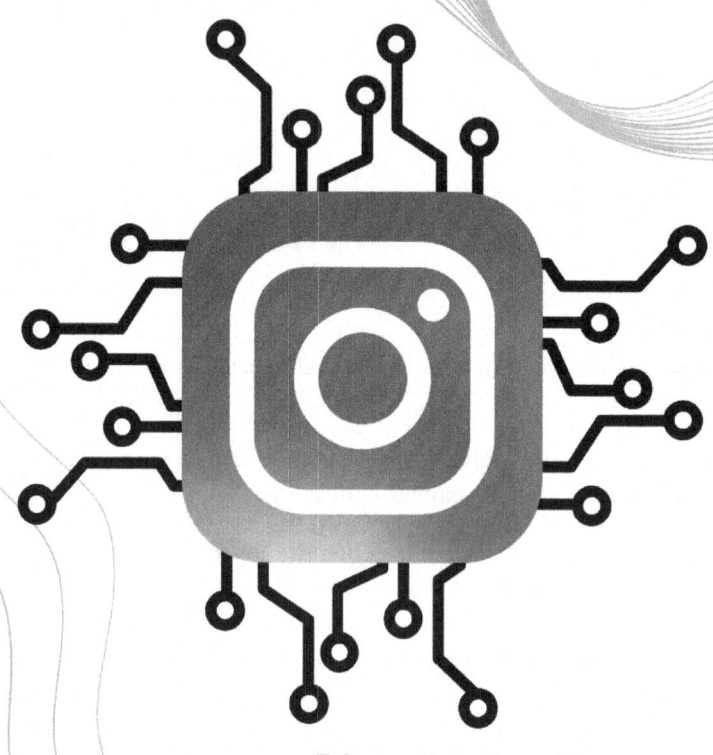

@grupoeditorialrama

¡ENVIANOS TU MAIL POR PRIVADO!

Grupo Editorial
ra-ma

40 ANIVERSARIO